Donors of Longmen: Faith, Politics, and
Patronage in Medieval Chinese Buddhist Sculpture

龙门石窟供养人

中古中国佛教造像中的信仰、政治与资助

〔美〕倪雅梅 著

陈朝阳 译
赵诣 朱品岩 校译

龙门石窟研究院 编

中华书局

图书在版编目(CIP)数据

龙门石窟供养人:中古中国佛教造像中的信仰、政治与资助/
(美)倪雅梅著;陈朝阳译. —北京:中华书局,2020.10(2024.1重印)
书名原文:Faith,Politics,and Patronage in Medieval Chinese
Buddhist Sculpture
ISBN 978-7-101-14761-2

Ⅰ.龙… Ⅱ.①倪…②陈… Ⅲ.龙门石窟-研究
Ⅳ.K879.234

中国版本图书馆 CIP 数据核字(2020)第 183453 号

龙门石窟研究文库　　河南古都文化研究中心学术文库

书　　　名　龙门石窟供养人——中古中国佛教造像中的信仰、政治与资助
著　　　者　〔美〕倪雅梅
译　　　者　陈朝阳
校 译 者　赵　诣　朱品岩
编　　　者　龙门石窟研究院
责任编辑　黄飞立
责任印制　陈丽娜
出版发行　中华书局
　　　　　　(北京市丰台区太平桥西里38号　100073)
　　　　　　http://www.zhbc.com.cn
　　　　　　E-mail:zhbc@zhbc.com.cn
印　　　刷　天津善印科技有限公司
版　　　次　2020 年 10 月第 1 版
　　　　　　2024 年 1 月第 2 次印刷
规　　　格　开本/880×1230 毫米　1/32
　　　　　　印张 11⅛　插页 2　字数 250 千字
印　　　数　4001-6000册
国际书号　ISBN 978-7-101-14761-2
定　　　价　68.00 元

目录　CONTENTS

1

目
录

中文版序

听闻本书中文版即将出版,应译者陈朝阳博士的邀请,我十分乐意为中译本作一篇短序。

拙著《龙门石窟供养人——中古中国佛教造像中的信仰、政治与资助》的写作始于本人 20 年前在龙门的考察研究,原书出版距今也已有 14 年了。在很长一段时间内,龙门石窟的造像艺术与赞助活动都是我研究的主题。对我而言,龙门作为研究对象的吸引力是难以抗拒的。在我执教的堪萨斯大学附近,有全美著名的纳尔逊—阿特金斯艺术博物馆(Nelson-Atkins Museum of Art)。该馆以丰富的中国艺术收藏而闻名,其中就比较完好地保存了龙门石窟宾阳中洞的皇后礼佛图。伫立其前凝思,这些历尽风霜而不改风韵的古老面孔总是诱惑着我去开启一场溯流而东的时空之旅。洛都郊外,龙门自古就是王孙贵游之地,伊河碧水,香山红叶,与两岸佛国相映照,有种难以言说的殊胜与美妙。

此次拙著中文版得以刊行,与更广大的中国读者相遇,首先得益于陈朝阳博士的辛勤付出与不懈努力。感谢她在浩森的书海中选择了我的著作,并愿意将之介绍给更多的学界同侪与龙门同好。其次,我要感谢我的两位学生——赵诣博士与朱品岩博士。两年多来,他们在自己的学习和研究之余,花费了大量时间承担本书的校译工作。无可否认，学术著作的翻译，尤其是涉及宗教艺术领域的人文学术，是一项非常复杂的工程。在不同学术体系的语境中，对于艰深晦涩的宗教概念和学科术语的转译，对译者的学科素养以及对两种不同文化的了解程度都提出了很高的要求。我可以想象他们为此书中文版的刊行所付出的辛劳。最后，我要感谢龙门石窟研究院为本书出版提供的帮助与支持。

同敦煌一样，对于龙门石窟的研究自从 20 世纪初始就是一门国际性的学问。长期以来，龙门以其独特的魅力吸引了来自全球的学者为之做了大量的工作。我希望我在此书中对龙门石窟艺术的探讨，可以或多或少地促进国际龙门研究的交流，为这一延续百年的良好传统添砖加瓦。

倪雅梅

于 2020 年夏

导言

　　位于河南省洛阳市南郊约12公里处的伊河两岸龙门山上，凿刻着2 345个石窟，发愿铭文近3 000品，佛像约100 000尊，这些佛像大小不一，小至几厘米，大到17米。自北魏（386—534）于494年迁都洛阳直至唐朝（618—907）安史之乱（755）洛阳陷落，在约260年的时间里，龙门一直被当作佛教造像的理想场所。那些出资开窟造像的人们是构建龙门这段历史的主体。而本人的旨趣不仅在于发现这些供养人是谁，而且要找出他们愿意支出这笔供养费用的原因。由于比邻国都，龙门供养人囊括了社会各个阶层：皇帝、皇后、皇太后，其他皇室成员，贵族、太监、宫廷女官，皇家工匠、和尚、尼姑、邑义、文武官员、当地名流，以及地方官员、行会社团。但是对于龙门来说，最值得注意的事情是在这些供养人当中，有相当一部分人的造像旁侧都刻有造像铭文，他们或亲自主笔，或委以旁人来撰写，铭文中一些篇幅较长的赞文，则由当时著名的文人以骈体文的形式撰写，有的仅仅只是一个署名而已，而更多的造像铭文内容则由供养人本人创作，以此来表明他们的信仰和造像动机。这便是为什么龙门可以恰到好处地成为研究供养关系的个案。而其他的一些石窟，或许比龙门石窟历史更悠久，或许有更为复杂和考究的雕刻与绘画工艺，但是只有龙门石窟,保留了成千上万个中古中国供养人的心声。

　　龙门作为佛教朝圣之所,在沉寂了上千年之后,于19世纪末被来自国外的艺术专业的学生重新"发现"。1894年,艺术教师冈仓觉三[①](Okakura Kakuzo)从中国返回日本,用宾阳中洞的照片制成幻灯片,举办了讲座,进而将龙门介绍给了日本的其他学者。关野贞(Sekino Tadashi)在1906年和1918年分别对龙门石窟进行了田野调查,于1926年至1931年编撰成多卷本《支那佛教史迹》。法国采矿工程师 F. Leprince-Ringuet 于1899年带回了龙门石窟的照片和拓片。爱德华·沙畹(Édouard Chavannes),法兰西学院著名的汉学家,看到这些照片和拓片后深受启发。1907年夏天,他在龙门进行了为期12天的调查,1909年至1915年间陆续出版了多卷本《华北考古考察图谱》,书中刊印了550品碑刻题记的拓片、题记的译文、龙门佛像的照片以及他的描述笔记。美国实业家和艺术品收藏者弗利尔(Charles Lang Freer)于1910年到龙门旅游,由摄影师周裕泰在龙门拍摄的照片胶卷,如今就存放在华盛顿弗利尔美术馆。

　　19世纪以来,中国人一直致力于研究龙门的碑刻题记。关百益于20世纪二三十年代先后在龙门进行了10次调查研究。1935年,他出版了《伊阙石刻图表》,书中收录了2 200余品碑刻题记,并附有部分照片和拓片。1936年,日本京都帝国大学东方文化研究所的考古学家水野清一(Mizuno Seiichi)、长广敏雄(Nagahiro Toshio)在龙门花费了非常重要的6天时间,在武装警卫保护下拍照、记录、墨拓,并编纂成书,于1941年出版三卷本《龙门

① 译者注:即冈仓天心。

石窟研究》，该书在此后的数十年一直被认为是关于龙门石窟的权威之作。

然而，20世纪早期的研究记录对于龙门石窟来说却是一把双刃剑。伴随着龙门石窟造像图片的出版，掠夺和毁坏在二三十年代纷至沓来。当地的石匠、北京的无良文物贩子和西方收藏家、美术馆策展者勾结在一起，合力完成了这些掠夺。宾阳中洞东壁的帝后礼佛图及其他一些浮雕如今流落于纳尔逊—阿特金斯艺术博物馆、大都会艺术博物馆和弗利尔美术馆，而各种各样被盗凿石像的手、头、身子的残片被陈列在中国、日本、北美和欧洲的博物馆里。从21世纪学者的观点来看，具有讽刺意味的是，这些照片一方面曾激起了掠夺欲望，另一方面却是如今关于龙门石窟早期面貌的唯一记录。

中华人民共和国成立后，新成立的龙门文物保管所在1954年对龙门石窟造像进行了首次摸底调查。1990年龙门石窟研究所成立，2002年该机构变更为龙门石窟研究院。经过龙门石窟考古学者数十年的工作，《龙门石窟窟龛编号图册》于1994年面世；1998年《龙门石窟碑刻题记汇录》（上、下）出版；1999年十二册的《龙门石窟总录》出版，该书对每一个石窟都有文字描述、线描图以及黑白照片。2002年至2003年陆续出版的《龙门石窟造像全集》共有十册，用彩色照片记录了每一尊造像。

中国学者对龙门石窟释读性的研究始于宫大中，他在1981年出版的书中详尽地讨论了一些主要洞窟的造像图像学、断代和供养关系。此后，针对个别洞窟的详实的考古报告不断涌现，例如温玉成对古阳洞和双窑进行了细致的研究。他通过类型学的方法,并结合大量具有打破关系①且有造像日期的像龛所衍生出的统计数据,为没有明确纪年的造像确定时间范围。常青对北市丝帛行净土堂和药方洞的造像进行了深入研究,并且对神王、地藏菩萨和其他一些龙门密教造像也有图像学方面的探讨。刘景龙则对大卢舍那像龛作了详尽的调查。

来自日本和西方的学者更为关注造成龙门地区造像形式发展变化的因素,特别是北魏迁都后的汉化问题。吉村怜(Yoshimura Rei)和石松日奈子(Ishimatsu Hinako)讨论了北魏时期龙门样式的发展,特别指出龙门和云冈石窟造像及东晋南朝(317—589)艺术风格的相关性。亚历山大·索柏(Alexander Soper)和艾玛·邦克(Emma Bunker)认为北魏晚期龙门在样式和造像方面受到了南朝的影响。最近蒋人和(Katherine Tsiang)阐述了龙门造像汉化怎样形成孝文帝政治策略的一部分。阿部贤次(Stanley Abe)则分析了部分现代日本和西方学者所认为南朝文化具有的优越和支配性地位的假设。

龙门石窟碑刻题记的拓片自乾隆时期(1736—1795)以来就作为艺术品被收藏。从19世纪到目前,古阳洞内的北魏铭文被书法艺术中碑学派别作为创作诠释的灵感来源,同时由于这些铭文中存在大量的异体字,晚清时期也被语言学家所研究。对铭文

---

① 译者注:"打破关系"是考古学意义上的术语,主要用于确定时间顺序,最早用于考古墓葬发掘中。人们在地表活动,不仅形成地层堆积,还能留下破坏原有地表的沟、坑、井等遗迹,以及高于地表的墙台等遗迹。沟、坑、井等遗迹在使用过程中形成的内部填充物,或废弃后形成的填充物也是一种堆积,墙台高于地表的遗迹本身就是堆积,这些堆积统称"遗迹堆积"。这些遗迹堆积形成后,往往又被新的地层堆积埋没,但根据它们特有的质色等特征,可以和地层堆积相区别,从而确定其存在。

沟穴类遗迹在形成时破坏原先的堆积,这种现象叫"打破"。显然被打破者形成年代早于打破者的形成年代。

内容进行深入研究的工作则从20世纪才开始。一些学者从这些铭文中发掘出了北魏和唐朝佛教发展的些许特征。在这个方面值得注意的是冢本善隆(Tsukamoto Zenryū)和李玉昆的研究。由于相当多的碑刻题记是有明确纪年的,因此常常被用来重构龙门地区的历史,尽管这不总是一件简单的事情。例如,关于古阳洞内最早纪年的铭文,在学界激发了关于古阳洞开凿时间的大量争论,蒋人和、张乃翥、刘景龙、温玉成、曾布川宽(Sofukawa Hiroshi)、龙晦对此各有观点。李玉昆就碑刻题记中涉及的宗教和政治问题写了数篇文章。阎文儒辨识了和卢舍那大像龛相关的碑铭以及附加在其旁的四十八身阿弥陀像。孙冠文从供养人、受益人和造像目的等方面对造像记进行分类研究。

西方学者中,对龙门捐资造窟情况的研究仅有亚历山大·索柏,其写于1960年的论文《北朝皇家礼拜窟:供养人、受益人、日期》对相关内容进行了探讨,作者把北魏政治形势的详实史料和龙门有限的信息相结合,提出了自己对宾阳洞捐资者的看法。没有人对其他北魏重要洞窟,或者是包括卢舍那大像龛在内的三十余唐窟供养人的情况进行研究。1983年,当我在芝加哥大学研究所参加神父范德本(Father Harrie Vanderstappen)关于中国佛教雕塑的研讨课/会时,读了张若愚在1980年发表的关于宾阳南洞完工的创新性论文。他将李泰所造功德碑的解读和石窟造像工程的分析同当时政治事件结合在一起,认为李泰造像的目的是为夺嫡造势。张若愚的研究方法很有说服力,也激起了我对供养人课题的兴趣。当我对龙门供养人作进一步深入研究的时候,温玉成的文章《古阳洞研究》《龙门所见两〈唐书〉中人物造像概说》中关于出资造像的内容研究也为我提供了帮助。

如果没有东西方伟大的汉学家、考古学家、艺术史学家对龙门的学术研究，本书是不可能完成的。于1979年至1991年出版的关于龙门唐代雕塑的三篇详尽调查资料使我受益匪浅。首先是丁明夷的文章《龙门石窟唐代造像的分期与类型》。在文中，他根据诸如大衣、手势、佛座等图像学因素的变化，将龙门唐代有纪年佛像和菩萨像分为七个变化阶段，并由此归纳出初唐阶段龙门的三个变化时期，推断龙门地区的佛教宗派有净土宗、华严宗、三阶教、禅宗和密宗。其次是曾布川宽在1988年的长篇文章《龙门石窟唐代造像的研究》中广泛研究了龙门唐代主要洞窟，在文章中，他根据自己广博的佛教经典知识、朝代历史、高僧传记以及像玄奘那样伟大的朝圣者们的著作，结合当时政治和宗教趋势背景，研究龙门捐资和造像的问题。值得称道的是台湾"中央研究院"的颜娟英（Yen Chüan-ying）将整篇文章翻译成了中文。最后是冈田健（Okada Ken）从1987年到1991年发表的《龙门石窟初唐造像论》，他在文中仔细分析了选定的唐窟，如宾阳南洞、宾阳北洞、敬善寺、阿育王造像、万佛洞、清明寺和卢舍那大像龛，赞同龙门初唐造像和同时期长安造像是持续发展关系的观点。冈田健最重要的贡献之一是指出了皇家宫廷在洛阳的周期性活动与他们在龙门捐资造像行为的相关性。

我的研究重点在于通过供养人来了解这个地方。龙门的每一个洞窟都是独特的，因此它一定代表了关于信仰、动机以及供养人选择的特有情形。为了理解供养人开窟造像的目的，我对窟龛内部结构和外围信息的所有因素都进行了梳理。内部结构包括：主尊的选择，主尊的样式，洞窟的形制，窟龛的规格，雕刻工艺的水平，发愿铭文的内容，窟龛的位置以及该窟龛同其他相关供养人捐造窟龛的位置关系。外围信息包括：供养人的信仰，与受惠者的关系，社会角色，同有影响力的僧人的关系，同时期社会政治事件，宗教信仰的趋势，皇族宫廷在洛阳的活动以及洛阳全体民众的状况。

这本书是按照时间顺序来叙述说明的，从493年古阳洞开凿开始，到730年最后一个大规模有明确纪年的工程——卢舍那大像龛附加雕刻的四十八身阿弥陀像结束。

第一章介绍了僧人慧成。作为北魏皇室成员，他联合几位实力雄厚且有影响力的当地人发起了开凿古阳洞的工程，并在古阳洞后壁雕琢了三尊巨大的主像组合以及南北两壁的八大列龛。这项工程是为北魏政权和孝文皇帝所做的功德，特别体现了皇帝和佛之间的密切关联。公元500年，宣武皇帝刚刚即位，决定为已故的父母孝文帝和文昭皇太后做两个功德窟。

第二章的主题便是讨论宾阳中洞作为功德窟的社会和精神功效。

第三章讨论了造窟的实际花费，费用是如何支出的，造像记中用于描述费用支出的修辞手法，以及这种修辞手法是如何被性别和身份所限制的。这里我介绍了北魏最后一个实际统治者胡太后出资开窟造像的相关问题。从534年北魏政权被迫撤离洛阳，到637年唐太宗重新到洛阳之前，龙门造窟的捐资实际上是停滞状态。尽管唐太宗本身并不是一个佛教徒，但是他的众多子女和后妃是信仰佛教的。

第四章描述了在7世纪四五十年代李唐皇室在龙门捐资的情况，尤其是魏王李泰在641年为纪念其已故母后将废弃的宾阳南洞重新修葺完工的事件，他的这一举动得到了豫章公主、南平公主及其丈夫刘玄意的支持。正如张若愚所讲,李泰为已故皇后做功德窟,实际上是想用自己的孝心打动父亲,为他取代自己的兄弟获得太子之位增加筹码。

第五章调查了一大批初唐供养人,他们捐资的情况反映了6世纪兴起的佛教教法消亡的观念。他们对末法时代偶像能否经受得起灾害冲击充满了焦虑,这种焦虑表现在造像记中他们对龙门岩石材料持久性的热情称赞,也表现在他们复制某些印度佛像的决定里,例如优填王样式的释迦牟尼形象、阿弥陀佛和五十二菩萨、释迦牟尼最初在菩提迦耶(Bodhgayā)的摩诃菩提寺院(Mahābodhi Monastery)悟道成佛的形象。他们除了是超自然的艺术品外,也被认为是正统佛法文物的真迹。

第六章的主题是唐高宗和皇后武则天捐资助造的卢舍那像龛,龛中的巨型主尊采用犍陀罗雕塑风格,反映了当时效仿印度佛像风尚的巅峰状态。综览各种关于图像学、年代学、捐资人,以及这个历史遗存建造目的的理论,我个人认为这个大像龛大约是在660年由高宗皇帝下令开凿的,在665年的时候,工程由于高宗身体欠佳而搁浅,672年由皇后武则天重新下令凿建,至676年完工。

第七章描述了在卢舍那大像龛北侧几个作为附属功德的大型石窟是如何同时开凿的。已为大家熟知的供养人有方丈慧简,他是卢舍那大像龛的倡议者之一;万佛洞的发起者女官姚神表、内道场智运禅师。我提出清明寺是由善导发起雕凿的,他是另一位在卢舍那像龛中被提及的僧人。我认为双窟是由唐高宗和武皇后之子周王李显为纪念双亲而做的功德窟。另有一些小型洞窟和窟龛是由一些和皇室有联系的其他成员所雕凿的:一位宫苑总监、一位著名的将军、一位出使印度的皇家使节，以及一位皇家工匠。

第八章考察了730年在卢舍那大像龛旁增刻的四十八尊等身阿弥陀佛像，这些佛像的供养人是玄宗朝以执掌内侍省事务高力士为首的太监，也是为当今皇帝本人所造。四十八身造像代表了阿弥陀所发的四十八誓愿，并将卢舍那像龛转化为净土象征，他们是为了敬拜而造，抑或是作为誓愿来转变和拯救不信佛教的皇帝。

在写这本书的过程中，我不止一次地被问及这样的研究是否是"真正的艺术史"。虽然我本可以简单地回应说佛教造像是中国视觉文化的重要组成部分，并且它们的功能与观想的宗教实践紧密相联，然而，我更认可的答案是，这样的研究表明龙门供养人如何就所造偶像样式作出有目的的选择，以赋予造像可以被同时代人轻松理解的意义。在我所经受的训练和理解中，艺术史的精髓在于分析风格所传达的含义。在本书中，我认为龙门的供养人就他们所造佛像的样式作出了各种各样的选择。五六世纪之交，是早期云冈继承的中亚模式和从南方传来的中原模式之间的过渡时期，似乎龙门的供养人认为老样式代表了过去王朝的统治者，而新的中原样式则代表了当今和未来的统治者。在龙门，供养人模仿某一种佛像风格或是早已完工的窟龛，很可能是为了和之前有较高身份地位的捐资人建立联系。这方面不乏例子，例如野心勃勃的皇甫度仿造皇家工程宾阳中洞，皇家僧人惠简造的弥勒佛像惟妙惟肖地复制了卢舍那独特的面部表情。龙门那些忠实地复制了印度造像的范本佛像必定被赋予了特殊的宗教性功用，例如鹿野苑风格的优填王释迦牟尼形象和犍陀罗风格的毗卢舍那形象。尽管龙门供养人从来不认为他们出资所造的佛像是艺术品，但很快这些造像都被供养人冠以"非凡"或"壮丽"的称号，这说明尽管造像的美学效果次于其功德效用，供养人也会有意识地追求前者。

就龙门供养人而言，造像风格及样式的选择所传达的意义背后是他们造像目的和动机的问题。据我估算，北魏晚期一个小型石窟造像的费用是一名中央政府官员半年的俸禄，这些高额的工程开支使我更加相信供养人的捐资行为是具有高度目的性的。龙门石窟的证据表明，除了在偶像前供奉之外，并没有其他的宗教仪式活动，这就表明这个地方首要的宗教功效是通过造像和礼佛来做功德的。和人们在敦煌莫高窟看到的不同，龙门没有什么迹象可以表明开辟的宽敞空间是为了社会或宗教仪式而建造，亦没有迹象表明它们是为了被供养人的后代瞻仰而建造。简言之，对于大多数龙门供养人来说，其主要完成的行为似乎就是捐资开窟造像并供奉佛像，此后它们便成为在灵界自行产生因果报应的引擎，由后世参访者敬拜供奉来推动业力运转。供养人在造像记中所表达的思想要么是造像在造成之际一次性为受惠人产生功德，要么是造像以自己的机制永久性地推动业力运转，这就揭示了供养人发起石窟造像的几种不同宗教因缘。

龙门的供养人相信他们的偶像有传递佛法、保护佛法的功效，能够作为法身的贮藏所，教导忠实的信徒，转变那些没有信仰的民众，激励神灵拯救在恶道轮回的生灵，并且产生业力功德。他们坚信他们献纳的铭文会把功德传递给铭文内容提到的名字，他们也相信崖壁上的石灰岩能够经受岁月的洗礼直到世界终了。同样明确的是许多供养人有特定的社会目的，这些目的通过捐资开龛造像得以实现。龙门是个公共场所，并且很容易从都城到达。尽管皇家洞窟(如宾阳中洞、火烧洞和大卢舍那像龛)没有被其他像龛所打破的现象表明这些地方对旁人是个禁区，但是其他的大型洞窟对民众是开放的，允许他们进入礼拜或者是允许附刻自己的龛像。不仅那些源源不断有纪年的碑刻题记可以验证龙门关于这方面的信息，而且史书上也有皇室成员多次参观龙门的记载。唐诗中描述了文人学士和政府官员在龙门山上的寺庙逗留参观，又写到帝都那些追求时髦的年轻人在清明时节到自然风景优美的龙门郊游野餐，享受春天的美好时光。

正是由于其公共性，龙门也成为适宜刻石纪念亡者以实现传统社会目的地方。具有政治意味的孝道或者是对皇室的忠诚能够很容易地通过窟龛的发愿铭文传达出来，虽然他们是以佛教词汇来表达的。通常受皇室差遣的供养人也会借此机会表达其对王位的忠诚，毕竟这样的展示对他们颇有益处。例如被皇帝资助的僧人和住持、内道场尼姑和太监等。尽管许多供养人把他们开窟造像的功德以简短的感恩声明形式献给了皇帝或是父母，但是他们追求社会赞扬的心理也是显而易见的，因为在那些发愿铭文中，供养人通过对开龛造像出资的说明强调了他们的捐纳或布施。当魏王李泰为其亡故母亲"开藏而散龟贝"来造像时，也就向所有人证明了他的孝道。两位清信士宣称自己为皇帝造像"辄罄家财"，他们对皇帝的忠心得到了国家的认可；同样，一位年轻的贵族清信女声称她"割钗带之半"，为其密谋推翻摄政王的统治而被处死的亡父造像。甚至在一个没有发愿铭文留存的洞窟中，一位皇室出资人用图像语言宣扬了他为亡故双亲造像所付出的自我牺牲般的精神。宾阳中洞内刻了两部本生经，其中一部经中那位王子布施了他所有的财产;另一部经中,王子为了救其他的生灵而舍弃了自己的身体。有人可能会认为供养人关于造像花费的修辞过于夸张,但是从现存的资料中,我们似乎可以看出为了造像的确是倾其所有。巨额造像费用的证据和对它们的描述都直接把龙门供养人和传统的丧葬习俗联系在一起,因为同样在那些传统丧葬习俗中,耗资不菲的神道碑也被用于彰显毋庸置疑的孝道和忠诚。

我确信这些信仰和动机体现在龙门的造像和碑刻题记中,但是这样的研究必然是诠释性的,过度解读和误读材料是不可避免的风险。在接下来的篇幅中,凡是涉及推测的地方,我会努力将其讲清楚,但是应该提醒读者的是我不愿意因不谨慎的考量而放弃作出诠释的机会。我的目的是允许龙门的供养人发声,但是如果我的看法歪曲了他们的原意,欢迎指正。

第一章　皇帝即如来

太祖即是当今如来。

——道人统法果（约 342—423）①

　　站在古阳洞的洞口，你可以看见一个巨大而昏暗的石室，从地面至窟顶有 11 米高，进深有 12 米，壁面上雕刻了大量不同规格的像龛（图 1.1）。在众多杂乱无章的小龛之中，有三层平行的大龛，最下边的那行下沉至地平线以下，中间那行略高于视线，最高的一行高出头顶许多。顶部呈蜂窝状，大大小小的方形像龛星罗棋布，每个像龛内刻有单尊佛像。据龙门石窟研究院的考古学家统计，古阳洞内共有 1 350 个像龛和 685 品造像题记。

　　在洞窟正壁，是一尊巨大的高浮雕坐佛，乍一看似乎是悬浮在后壁顶部一般；两旁侍立的菩萨也像是悬浮在半空中（图 1.2）。这三尊像是在古阳洞开凿的最初阶段完工的，当时的地面正好在

---

① 魏收：《魏书》卷一百一十四《释老志》，北京：中华书局，1974，3031 页。

图 1.1　古阳洞（贺志军摄）

图 1.2　古阳洞西壁主佛（张亚光摄）

顶层龛的下部。①大约在 508 年，洞窟的地面往下拓展，第二层龛
也在此时被雕凿，十年之后，洞窟地面被再次降低，以容纳新凿刻

---

① 这个造像组合通常被认为是造于 505 年之前，因为 505 年王史平造像记是正好沿
　着菩萨披巾底端边缘处刻的（参见刘景龙、李玉昆主编：《龙门石窟碑刻题记汇
　录》，北京：中国大百科全书出版社，1998［以下称《题记》］，1852），而 506 年孙大
　光造像记（《题记》，1856）则刻在菩萨外衣和披巾之间（参见刘景龙主编：《龙门二
　十品：北魏碑刻造像聚珍》，北京：中国大百科全书出版社，1997，文前图 7《主佛左
　胁侍菩萨》）。

的第三层龛。主尊三尊像的庞大尺寸表明了其供养人应当是一位帝王。窟内各式各样雕刻精美、细节精良的像龛也佐证了这一观点，但是由于这个洞窟题记的关键内容缺失，变得非常难以处理，也没有外部的史料记载证明主尊为皇家所赞助，因此自从20世纪以来，确认古阳洞或者说其主尊的捐资供养者就成为研究和论战的重要议题。

原始工程的问题

对供养人的认定是和识别古阳洞的初始规划紧密联系的。然而，学界不管是在古阳洞原始工程的构成问题上，还是在开窟的日期、图像含义以及政治上的重要性等相关问题上都存在争论。古阳洞本身所提供的证据，既丰富，又片面，有时甚至是互相矛盾的。相当多的发愿铭文冗长复杂，然而它们的信息价值不仅被石窟的破败状况和可能的原始疏漏所影响，而且被文学语言的简练性和不可避免的夸张性所削减。从风格学与图像学的角度而言，龙门石窟与其直接先驱云冈石窟的关系，是迥异且复杂的。对这一问题，学界的解读大相径庭。在该章中，我在参考中国、日本和西方学者观点的基础上，提出我个人关于古阳洞原始工程，以及供养人的宗教诉求和政治目标等相关问题的看法。

我认为古阳洞的原始工程包括南北壁上层的八大龛和正壁庞大的三尊像组合。其最初的供养人是出身皇室的比丘慧成，古阳洞是他和其他一些与皇家无关的供养人共同合作的产物，其中

图1.3　古阳洞北壁龛示意图

有些人的名字在铭文中被提及。[①]在八大龛中，慧成个人出资镌刻
了最接近入口处的北壁一号龛（N1）（图1.3）。这八大龛的规格相
同，大约都是高2.5米，宽1.5米，龛内造一坐佛和两尊胁侍菩萨。
佛手施禅定印，袈裟斜披在裸露的右肩上，即所谓的中亚服饰。
N4是唯一的例外，它位于北壁的最里面，龛内主佛着汉式服装，

---

① 持有这种观点的有石松日奈子和温玉成。石松日奈子：《龙门石窟古阳洞造像考》，
《佛教艺术》第248期，2000年1月，13—51页；温玉成：《古阳洞研究》，载龙门石窟
研究所编：《龙门石窟研究论文选》，上海：上海人民美术出版社，1993，143—212
页。持不同观点的则有蒋人和：《早期佛像火焰式纹身光之演变及对古阳洞起源的
一些探想》，载龙门石窟研究所编：《龙门石窟一千五百周年国际学术讨论会论文
集》，北京：文物出版社，1996，218页；Stanley Abe（阿部贤次）：*Ordinary Images*
（Chicago：University of Chicago Press，2002），pp.251—256。

袈裟外披,内着僧祇支。此龛没有造像铭文。北壁其余三个大龛均有冗长的铭文,刻在每龛右侧浮雕石碑上。N3 是杨大眼在 504 年左右捐造的功德龛,N2 由魏灵藏在 502 年左右捐造,N1 是慧成在 498 年捐造。南壁四龛中最里面的 S4 龛和最外侧入口处的 S1 龛均无造像题记,S3 是由孙秋生和他所属的一个邑社在 502 年所造,S2 由比丘法生所造,完工于 504 年(图 1.4)。仅有三方造像题记是有明确纪年的,然而这些日期也存在诸多问题。此外,龛像的内部证据表明完工于 504 年的造像龛并非是由其最初的赞助者完成的。

　　慧成在其造像铭文里记载了他作为出资人的缘起,与龙门其

图 1.4　古阳洞南壁龛示意图

他造像题记采用阴刻的技法有所不同,这是唯一一品阳刻的书法作品(图1.5)。所有汉字以粗体方笔逐字界格,阳刻于碑面之上,其美学目的是显而易见的。书丹者名字刻于造像记的尾端,这种情况是较为少见的。除了一个有造诣的书法家参与之外,阳刻技法的运用导致需要采取减地的方法来凿除铭文以外的大量背景石。这种不必要的金钱和劳动力的耗费表明了供养人较强的经济实力和较高的社会地位,同时也表明该造像题记有别于其他造像记的重要性。

图1.5 慧成龛始平公造像记

造像记的标题是"始平公像一区",始平公是比丘慧成已故的父亲,也是此龛造像功德的受益人。正文是以"造像套语"开篇的,接下来写到为国捐造石窟,为亡父捐造石像,最后以祈福书丹者和记录作文者的名字、日期结束,但是标明日期的铭文已经损毁。①造像记开头写道:"夫灵踪□启,则攀宗靡寻。容像不陈,则

①《题记》,1842。沙畹和索柏的翻译对我帮助很大:Édouard Chavannes, *Mission archéologique dans la Chine septentrionale*, 2 v. (Paris: Ernest Leroux, 1909, 1913, and 1915), v.1, pt.2, pp.475—476; Alexander Coburn Soper, *Literary Evidence for Early Buddhist Art in China* (Ascona: Artibus Asiae Publishers, 1959), pp.135—136。

崇之必□。是以真颜□于上龄，遗形敷于下叶。暨于大代，兹功厥作。"

这是佛教造像的理由。如果佛的形象没有被创造出来，人们怎么能够信仰佛教，佛教又怎能作为一种宗教而持续发展？正如古时佛性与法身(Dharmakaya)以释迦牟尼的形式表现出来，释迦牟尼样貌的塑像就是被创造出来以供佛法栖附。有灵之体与金石之像服务于同样的目的——表现和传播佛教的宗旨与教义。"造像套语"不仅在五六世纪那些独立的造像碑中，而且在云冈和龙门冗长的造像记中都是较为寻常的开头方式。然而自4世纪佛教造像在中国产生以来，需要文字来为造像的意义辩护似乎是件很奇怪的事情。亚历山大·索柏认为造像套语是为了弥合信徒在佛陀本身的超然神性与俗世制作的粗糙神像之间所感受到的巨大反差的一种努力。① 然而造像也面临其他的问题，佛经对信徒需要佛陀具象的行为是持反对态度的。例如佛在《金刚经》中讲道："若以色见我，以音声求我，是人行邪道，不能见如来。"②

对于其他的造像缘由，文人沈约(441—513)提出一种解决该问题的方法："法身无像，长住非形，理空反应，智灭为灵。"③ 沈约的观点在他那个时代是有代表性的。如来，或者化身佛释迦牟尼都已涅槃，不再以肉身的形式出现，因此他的身体不再被法身所占据。将无形的佛法之身强行赋予一种形象，以及尝试去重现已经解脱于六道轮回之外的佛陀，即使这种行为会被认为是

龙门石窟供养人

---

① Soper, *Literary Evidence*, p.138.

② A. F. Price and Wong Mou-lam(黄茂林), trans., *The Diamond Sutra and the Sutra of Hui-neng* (Boston: Shambhala, 1990), ch.26, p.47.

③ 转自Soper, *Literary Evidence*, p.72. 译者注：语出沈约《寺刹佛塔诸铭颂·弥陀佛铭》，载《广弘明集》卷第十六，上海：上海古籍出版社，1991，218页。

亵渎神圣，人们仍然相信佛法会弥散于世间并栖附于这些佛像。①如果这种观念没有被接受，那么也就不会有佛像。然而在佛教信仰产生之初，关于该议题的矛盾就已然存在，因为早期佛经对该问题就十分关注：《佛说作佛形象经》大约在3世纪被首次译成汉语。②它向每一位捐造佛像的信徒许诺了无比美好的来生。

这种矛盾被佛教的反对者所利用，在578年的禁佛辩论中，北周武帝（560—578年在位）意欲压制佛教并且毁灭经像，他说"真佛无像"，一位勇敢的僧人回击道："诏云，'真佛无像'，诚如天旨，但耳目生灵，赖经闻佛借像表真，今若废之，无以兴敬。"③

对艺术教化作用的阐证，在这一时期不仅仅局限于佛教造像的范围内，同时也延及对各门类艺术的讨论。南朝画家谢赫的《古画品录》首先提出绘画的目的是："明劝戒，著升沉，千载寂寥，披图可鉴。"④这种无处不在的对于图像制作和艺术欣赏的理论阐述，表明南北朝时期（420—589）相当多的人仍然信仰儒家学说中

---

① 正像 Nancy Falk 所指出的那样，礼拜佛像或者是佛遗迹的问题"正好在此时出现，因为根据大多数传统的教义，佛继续出现在这个世界上是不可能的，佛最后的功绩是让自己完全且永远离开这个世界"。参见 Nancy Falk, "To Gaze on Sacred Traces," *History of Religions* 16, no.4(May 1977):284。

② Robert Sharf 的英文译文，参见 *Religions of China in Practice*, ed. Donald S. Lopez, Jr.(Princeton: Princeton University Press, 1996), pp.261—267。

③ 英文翻译参见 Soper, *Literary Evidence*, p.119。译者按：此处的僧人指惠远，参见《广弘明集》卷十，159页。

④ William R. B. Acker, *Some T'ang and Pre-T'ang Texts on Chinese Painting*, 2 v. (Leiden: E. J. Brill, 1954—1974), v.1, p.3.先前，曹丕(187—226)就从道德和精神层面捍卫了文学的价值："盖文章，经国之大业，不朽之盛事。"参见黄兆杰(Siu-kit Wong):《中国早期的文学批评》(*Early Chinese Literary Criticism*)，香港：三联书店，1983，21页。《毛诗序》的作者也持这样的观点："故正得失，动天地，感鬼神，莫近于诗。"

要求艺术服务于道德教化的观点。对于佛教卫道者来说,借鉴同样的辩论策略来解决道义和艺术之间的对立,并非难事。关于表现佛形象的问题,可以通过强调图像本身救赎功能的特点来解决。

比丘慧成的铭文继续写道:"比丘慧成,自以影濯玄流,邀逢昌运,率渴诚心,为国造石窟□(寺),□系答皇恩,有资来业。"

我把这几句话作为慧成开凿原始石窟的声明来解读,我们看到的古阳洞就是在铭文中被他称为"石窟寺"的地方。① 慧成说他是"为国造石窟",这就表明慧成认为该石窟是在统治家族和北魏政权需要精神支柱时开凿的,例如迁都这样的大事件。公元 493年至 495 年,孝文帝决定将首都从平城迁到洛阳,迁都事件使统治阶级内部出现巨大的分歧和阻碍,孝文帝顶住重重压力才得以艰难完成迁都。慧成给出了他之所以开凿石窟的另外两个原因:第一个就是"答皇恩"。在我看来,慧成作为北魏王朝的效忠者,他所开凿的石窟是为孝文帝迁都洛阳完成的功德工程。慧成的第二个理由是"有资来业"。"来业"很可能就是指洞窟上层其他人资助开凿的列龛,这些人是在慧成的指导下来这里捐造龛像的,因此慧成也顺理成章地希望看见它们顺利完工。

在慧成提出"有资来业"的时候,仅仅提到了他资助的这个石窟和为他父亲始平公所造的那个像龛。由此而言,认为慧成的石窟工程包括八大列龛的说法是饱受争议的。这八大列龛在细节

① 龙门石窟保管所前所长温玉成列出了把古阳洞称之为石窟寺的三种证据(《古阳洞研究》,载龙门石窟研究所编:《龙门石窟研究论文选》,202 页)。古阳洞内有两则关于此名的记载,一个是杨大眼造像记,另一个是 514 年造像记(题记号为 2023 和2241),《洛阳伽蓝记》卷五也有记载。我认为前两条记载指的就是古阳洞,就像我在第三章提到的那样,但是 516 年之后,石窟寺就专指胡太后的石窟。而《洛阳伽蓝记》大约写于 549 年,因此,我想该书指的应该不是古阳洞。

上并非完全一致,很可能是逐一建造的,而之后所造的窟龛刻意模仿了之前的像龛。但八大龛作为一个整体并非由一个单独的捐资供养人统一规划设计的。然而这样的看法其实是不合理的,因为这些龛在整体设计、规格大小以及主像图式上都是非常匹配的,所有这些都表明在工程启动之际应当是有完整计划的,龛形、大小以及主要佛像的坐姿在这时就统一勾勒出来了。而在次要的地方会出现一些变化:龛内的背景装饰、门楣的雕刻以及碑铭,等等。该石窟内尚未完工的雕刻揭示龛和门楣的装饰是放在最后完成的,如果有碑铭的话,碑铭也是在像龛完工之后雕刻的。这样看来,尽管八大列龛完工的时间是从 498 年至 504 年不等,但是,这八大龛在 493 年左右,即迁都的旨意发布后就开始统一勾画并且动工了。

附刻在八大龛周围、完工日期在 495 年之前的小像龛,也表明八大列龛是作为整体工程同时进行的。在北壁,499 年之前所造的解伯达像龛,卡在慧成造像龛(N1)和魏灵藏造像龛(N2)之间,而 496 年一弗妻小龛则刻在杨大眼像龛(N3)和 N4 匿名龛之间的靠上部位。南壁的证据也指向了相同的结论:498 年高楚龛刻在法生造像龛(S2)和 S1 匿名龛之间。所有这些证据有力地表明八大列龛在 495 年完工的那些小龛之前,就已经在壁面上布局好甚至开始动工了。

由贵族出资兴造的大一些的龛像也是可以说明问题的。495 年尉迟夫人造弥勒像龛在魏灵藏佛龛(N2)之上,而 498 年北海王元详(476—504)造弥勒像龛则被挤在了尉迟像龛之上。①如果说在两壁的主要位置尚有可利用的空间,那么很难想象这些贵族愿

---

① 北海王元详龛底部半截供养人雕塑表明该龛是被刻意嵌入其中的(在尉迟夫人龛的上方),并且嵌入的技术不够精妙。

意把自己的像龛置于远离视线的位置，除非说顶部的位置代表了更高的身份。但事实并非如此。尉迟夫人（454—519）是长乐王丘穆陵亮（451—502）之妻，是北魏政权的上层人物，而马振拜和他的平民邑团所造像龛几乎和她的像龛处于同一高度。

在我看来，尽管西壁三尊大像在服饰类型方面同南北两壁的八大列龛有所不同，但也是慧成原始工程的一部分。事实上，作这种对比有助于理解整个工程的意义，接下来将对其进行详细介绍。4.85 米高的佛像损毁已经相当严重，像身低处和台座靠砖石支撑着（参见图 1.2）。窄肩、消瘦的身形，盘腿打坐的姿势，身着与 N1 龛相同的佛装，外披袈裟，内僧衣在腰部处系带，双手结禅定印。该佛像表现的很有可能是佛陀释迦牟尼。左侧头部已遭毁坏，但其新月形的双眼和三角形的鼻子依然是清晰可辨的。丰满的嘴唇露出慈祥的微笑，表情愉悦，展现对世人的悲悯。

两侧侍立的菩萨有 3.7 米高（图 1.6）。头戴花曼宝冠，颈戴项链，饰璎珞宝珠，肩部有圆形饰物，戴臂钏。卷发垂向肩部，披帛自肩部斜下交叉于腹前圆环内。同中亚的裸肩样式相比，这种披帛覆肩的样式被视作汉族的风尚。下身穿一条有着窄条褶皱的飘逸长裙——抑或称之为裹裙，在裙尾悬垂成之字形褶皱，覆盖在赤裸的双脚之上。两尊菩萨内侧的手均已碎裂，但似乎可以看出手部紧贴胸口，而且很有可能手持莲花花苞。南壁菩萨外侧手持一把桃形扇，扇子里有一个半身人像从莲花里升出，很有可能代表极乐世界的重生。[①]北壁菩萨手握净瓶，乃为沐浴斋戒仪式所

---

① Diana P. Rowan 已经明确指出这个物件是手持小折扇，参见"Identifying a Bodhi-sattva Attribute: Tracing the Long History of a Small Object," *Oriental Art* 47 (2001), 1:31—36。

图 1.6 古阳洞北壁菩萨（张亚光摄）

用。头光则在他们身后以浅浮雕的形式表现,头光最内部是莲花花瓣,中央刻有飞天,中圈由一圈宝石环绕,最外一圈的火焰纹则代表了弥散的佛光。

　　简言之,西壁三尊大像是采用高浮雕技法雕凿的体量巨大的工程项目,设计华美,细节精妙。主佛雄伟壮观,比胁侍菩萨明显高大许多。其庄严的特点使其具有皇家的风范。身光和头光以浅浮雕的技法雕刻,以线性和图样化的风格来装饰,这是中国汉族雕刻艺术的特点。主佛的服饰同样具有汉族特征。总的来说，参观者看到主佛后的主要印象就是汉化特征和皇家风范。

相比之下，两侧壁面上的大型佛龛直接的视觉效果则显得更加中亚化：身着较少衣物，四肢更加圆润，背景人物的姿势由于生机勃勃的动感效果而显得更加开放。除了一尊释迦牟尼像，其他主尊都身着中亚样式的袈裟，也就是我们常说的袒右式：一侧肩膀被袈裟覆盖，而另一侧则裸露。袈裟的衣褶斜搭在胸前，表现为弧状之字形线条的衣纹（N4除外）。所有列龛的内部背景均由阳刻表现的饰以飞天的头光、华丽的光轮、各级僧徒和乾达婆组成，这些要素使得像龛充满生机和活力。

慧成龛是中亚风格最为浓郁的一个像龛：繁缛的细节、真切的动感以及它的背景效果（图1.7）都表现出这一艺术特征。主像底座的平台立面刻以接圆式二方连续环形联珠纹，图案中饰以迦楼罗和一对化生童子的半身像[1]，环形联珠纹被浅浮雕的三叶草形所分开。佛座的下部是一个高浮雕的香炉，两条龙盘踞在香炉周围，还有二胡跪供养人在跪地敬拜，这或许就代表比丘慧成。香炉的两侧是四位身着胡装的人物，他们合十跪地，对佛礼拜，这些人物很可能就是慧成的父亲、伯叔抑或兄弟。他们所跪平台的立面刻着挂满串串葡萄的葡萄藤。[2]葡萄是在汉代从西域传入中国的。朝拜者的侧面卧着两只狮子，狮子是释迦族的族徽，它象征着皇室的出身。狮子的上方是两个四臂夜叉，身上仅穿围腰

---

① 这种识别来自李文生编著：《龙门石窟装饰雕刻》，上海：上海人民美术出版社，1991，68页。

② 这些植物被刘景龙识别为石榴树。刘景龙主编：《龙门二十品：北魏碑刻造像聚珍》，5、6号。

图 1.7　古阳洞 498 年慧成为始平公造像龛

布,戴项圈和宝石手钏,一只脚放在一个瘦小弯腰的雕像背部。
这些践踏无明恶鬼的护法常常被雕刻成像柱的样子。他们其中
一个的双手放在臀部,作胜利的姿势,另一个双手则举起头顶的
平台。平台的外观则被刻上精致的忍冬图案。①龙的前肢盘在平
台之上,它的身体向上扬起,形成像龛的拱形外观。龙头向后反

---

① 沟口三郎(Mizoguchi Saburo)说忍冬纹设计有时被称作"棕叶式",代表棕榈叶,象
　征着胜利的荣耀。参见 Seiroku Noma(野间清六),*Arts of Japan Vol.I:Ancient
　& Medieval*(Tokyo:Weatherhill and Shibundo,1973),p.23。感谢我的学生
　Karen Mack 提供的这条引文。

转,口中衔着拱形门楣上垂下来的花绳。佩戴珠宝的仙人手握花绳穿过帷幕。仅在石头上刻出了仙人的上半身,当他们将花环呈献给佛时,仿佛飞向了观看者。中间画有飞天头像的环状物和圆形的莲花图案交替组成特别的画面。这就是慧成龛外部框架的华丽雕刻。

龛内的佛像头部已经缺失,在其后部刻了三圈头光,最里面一层是由一串珍珠或宝石环绕的莲花花瓣组成,中间一层刻有十位屈膝敬拜的飞天,最外层是一串珠宝和另外十二位飞天。其中十位正在飞舞并向佛献纳,在佛头两侧的另外两个飞天屈膝跪在莲花上,莲花的茎秆伸出佛的头光。这些形象不应该被作为头光的一部分来解读,而应该是飞翔在头光前面,和佛处在同样的空间。在青铜像中,可以通过金属线的支撑创造出人物的悬浮效果,但在石刻雕塑方面,则需要通过营造错觉的方式,借颜料色彩的对比增强漂浮的视觉效果。光晕的火焰纹做成凸起的线条,同另外的圈层呈同心圆的比例直冲龛顶,在其底部刻有跳跃的小龙。在佛龛的顶部有九身乾达婆,在她们翩翩起舞的时候打鼓、吹笛、弹奏琵琶。整体来看,佛安静地坐在中央,周围是生机勃勃的动感画面,从而表明这是一个佛国世界,而非仅仅是一个令人敬畏的单体佛像。

在我看来,具有中亚风格的慧成龛和汉化风格的正壁大像的对比乃有意为之,意在模仿云冈 16 窟。16 窟的西壁、南壁和东壁排列着五个大型佛龛,这些龛凿于 5 世纪 60 年代晚期或是 70 年代早期,即 16 窟被暂时废弃之前的那段时间,具有鲜明的中亚风格。而在 16 窟的后壁是一尊着汉族服装的立佛,这尊立佛很可能是在 489 年,即云冈出现身着汉族服饰的佛像

1.8　山西大同云冈石窟 16 窟北壁立佛　　　　　图 1.9　云冈石窟 16 窟南壁西侧大佛龛

后完工的（图 1.8）。①我认为慧成设计八大龛是模仿云冈 16 窟那组五大佛龛以及北壁身着汉化服饰的大立佛，二者存在很多相似之处。更进一步讲，我认为慧成为其父所造像龛是模仿云冈 16 窟的第 4 龛，也就是南壁西侧的最大像龛（图 1.9）。在第 4 像龛的基底是一组供养人，而在像龛的两侧是一组地神，托举着反转龙体的前爪，两条龙向上蜿蜒，形成穿窿形门楣的下侧边缘。在门楣内侧，是浮雕技法雕刻的跪拜仙人，这些仙人有着丰满、圆润

---

① 我赞成吉村怜的观点，参见其文章"Donyō gokutsu zōei shidai," *Bukkyō geijutsu* 212（1994）：26—29。译者按：中译文请见吉村怜、丛燕丽：《昙曜五窟的修建情况》，《文物世界》2004 年第 4 期，30—38 页。

的四肢和躯干，面部是中亚人的特点。中间坐着释迦牟尼佛，两侧侍立着两尊菩萨，龛的后部刻满佛的头光、身光以及浅浮雕凿刻的生机勃勃的仙人。主佛身着中亚服饰，衣边的之字形褶皱斜搭在胸前，袈裟的衣褶覆盖在裸足上，进而垂至像龛的地面。佛头颇圆，面部亦非常丰满，躯干健硕，浑圆的胳膊轻轻垂在身体侧方。

尽管慧成龛具备相同的形式要素和中亚服饰，但是人物形象风格还是表明其造像时间稍晚一些。慧成龛的造像显得更修长且更富于棱角；四肢更加瘦长，缺乏浑圆的感觉；躯干较平而不再一味圆润。这些变化反映出 5 世纪 80 年代中期开始的北魏政权汉化政策所导致的造像风格，其程度也随着皇室南迁而增加。慧成龛的主佛在风格上比云冈第 4 龛更接近后期的风格，但接近到什么程度，还要另当别论。

被破坏的日期

很明显，我认为古阳洞是模仿云冈 16 窟的风格而建，可能是在 489 年至 493 年迁都之间 16 窟完工之后开始的，其时云冈大规模的开窟造像已经停止。然而慧成龛的具体日期仍然是学界争论的一个焦点。古阳洞壁面上众多斜裂纹中的一条刻痕贯穿在这块碑刻铭文底部的日期上。年号太和没有被破坏，下面的汉字"二"仍可被识别，但是他们之间的石头被破坏掉了。由于太和这个年号被持续使用了二十三年之久，那么这个被破坏的汉字很可能就是"十"或者"廿"，具体日期则为太和十二年（488）或者太和廿二年（498）。翻看 19 世纪金石学图书早期的录文，我们发现他们在释读日期上是存在分歧的。一位是孙星衍,他在 1802 年出版的《寰宇访碑录》中记载的日期是 488 年;另外一位是王昶,他在 1805 年出版的《金石萃编》中记载的日期为 498 年。①现代学者宫大中仔细审查了清代这方碑刻的拓片后,揣测这个神秘的汉字是"十";然而与之相反的是,温玉成认为早期的拓片保存的汉字是"廿"。②从我个人的识别情况来看,保存于北京中国国家图书馆内这张 19 世纪中叶的拓片,其上该汉字的残存痕迹并不足以被清晰地释读。③

由于 488 年北魏仍定都平城,那么年代的差异就显得尤为重要。云冈的石窟仍旧在开凿,佛装仍然是中亚样式,而到了 498 年,首都已迁往洛阳,北魏孝文帝设计的文化和政治的汉化改革已经有了长足的发展。龙门石窟研究院的官方观点是龙门石窟的开凿始于北魏 493 年迁都之后,因此这个日期只能是 498 年。④

第一章 皇帝即如来

---

① 孙星衍:《寰宇访碑录》卷二,台北:台湾商务印书馆,1968, 24 页;王昶:《金石萃编》卷二十七,上海:宝善书局,1921, 5a 页。黄易将此日期识读为 488 年,参见中国古代书画鉴定组编:《中国古代书画图目》卷二十三,北京:文物出版社,1986—2001,京 1—6030.22。

② 宫大中:《龙门石窟艺术》,上海:上海人民出版社,1981, 212 页;温玉成:《古阳洞研究》,载龙门石窟研究所编:《龙门石窟研究论文选》,197 页。

③ 这两方拓片参见中国书法编辑组编:《龙门二十品》,北京:文物出版社,1980, 注释 3,据说藏于北京中国国家图书馆。一个是完整的拓本,跋尾纪年为咸丰(1851—1861);另外一个是从几方拓本上摘取汉字拼接在一起的拓片。完整的拓片亦见 *Visible Traces: Rare Books and Special Collections from the National Library of China*, edited and compiled by Philip K. Hu(New York: Queens Borough Public Library/Beijing: National Library of China, 2000), pp.134—135。编者把这个汉字读作"廿",即二十。

④ 参见李文生:《龙门石窟北朝主要洞窟总叙》,载龙门文物保管所、北京大学考古系编:《龙门石窟》一,北京:文物出版社/东京:株式会社平凡社,1991, 276 页;温玉成:《古阳洞研究》,载龙门石窟研究所编:《龙门石窟研究论文选》,197 页;《题记》,25 页。

但是该院研究人员张乃翥和芝加哥大学的蒋人和提出了有意思的不同观点，他们认为该日期应该为488年。张氏认为，慧成龛的底层位置迫使495年尉迟夫人龛和498年北海王像龛移至顶部，也就暗示慧成龛一定凿于495年之前。更进一步讲，佛像身着旧式佛装，单肩裸露的中亚样式被大约在489年云冈造像中开始出现的汉族佛装所取代。[1]蒋氏持有的488年完工的观点是基于古阳洞八大列龛和云冈5世纪80年代的图像发展历程之间一系列的相似之处提出的。[2]具体来说，她指出慧成龛身光火焰纹的类型是线形方式雕刻的（阴刻），在其他大型像龛中火焰纹会像丝带一样刻成束状（阳刻）。她总结了云冈石窟内线形火焰纹到带状火焰纹变化的过程，指出大约在470至480年间线形火焰纹出现在云冈第9窟和第10窟，而带状火焰纹出现在第5窟和第6窟，时间约为490年。因此，她认为慧成龛出现的线形火焰纹意味着该龛的开凿要早于486年。

古阳洞的确存在从线形火焰纹类型向带状类型变化的情况，但并非是在5世纪80年代。相反，有纪年的像龛所提供的证据则揭示了这种突然出现的变化是在502年夏季。在最早的有纪年的像龛中均可发现线形火焰纹，也就是从495年开始，还包括502年的大多数像龛。这些像龛是：495年尉迟夫人造像龛、499年之前的解伯达造像龛、501年郑长猷造像龛、502年高树造像龛（五月）、比丘惠感造像龛（五月），侯太妃造像龛（八

---

[1] 张乃翥：《龙门石窟始平公像龛造像年代管窥》，《中原文物》1983年第3期，91—93页。这种服饰上的变化通常归因于486年朝廷颁布的服装制度（《魏书》卷七下《高祖纪》，161页）。

[2] 蒋人和：《早期佛像火焰式纹身光之演变及对古阳洞起源的一些探想》，载龙门石窟研究所编：《龙门石窟一千五百周年国际学术讨论会论文集》，213—215页。

月）。大约在这一时期，火焰纹的转变开始发生。502年五月完工的孙秋生造像龛、504年的法生造像龛（图1.10）、大约完工于504年的杨大眼造像龛、507年的元燮造像龛、517年的元祐造像龛中，都有带状火焰纹。简言之，线形火焰纹类型用于495年至502年所造像龛之中，线形火焰纹在慧成像龛中的存在并不能论证慧成龛的造像日期是488年；实际上，这些证据再次证明了498年的说法。

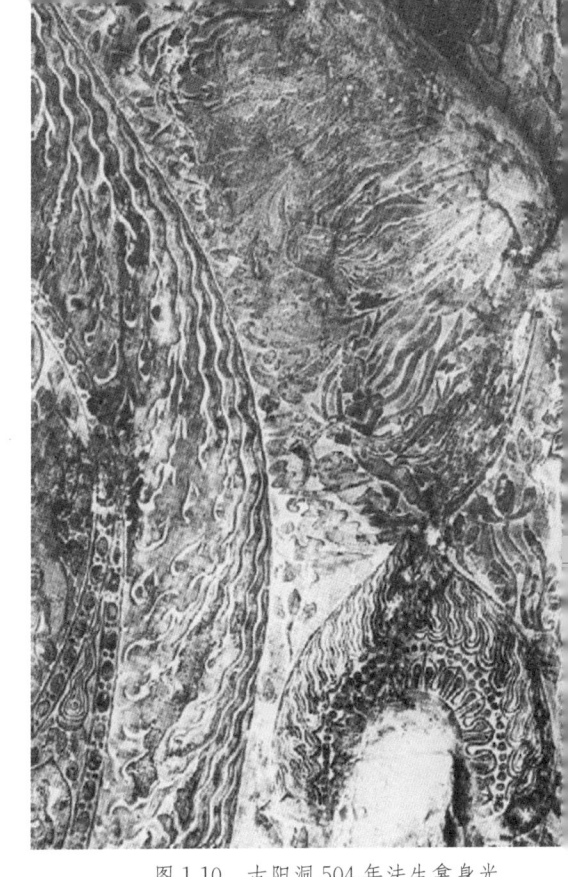

图1.10 古阳洞504年法生龛身光中的飞天和带状火焰纹

解读工程

对493年前后凿建的八个造像龛的描述是同八大列龛所蕴含的寓意相一致的，我认为其意在代表北魏的七个统治者和一位继承人。这种理念在云冈造像中亦有所表达。学者普遍认同沙门统昙曜（410—486）在云冈所开凿的五大窟代表了北魏460年之前的五位皇帝（他们是：道武帝，386—409年在位；明元帝，409—423年在位；太武帝，423—452年在位；景穆皇帝拓跋晃，452年追赠；文成帝，452—465年在位），454年铸造的五尊青铜释迦佛像也代表了他们。皇帝即佛的意识理念由道人统法果提出，他宣称皇帝"即是当今如来"①。由此可见,16 窟内的五个造像龛也很有可能是代表过去的五位皇帝。②此时,昙曜五窟已经完工,五位皇帝也完成了他们的统治历程,但是到了慧成的年代,另外两人已经或正在掌控皇权:已故的献文帝(465—471 年在位)和继任者孝文帝(471—499 年在位)。我认为按照慧成的设计,身着中亚服饰的七尊佛像代表着七位皇帝。在当时通过造佛像的方式来礼拜七位皇帝是很常见的。492 年,一位僧人"为了纪念七位皇帝"③发起铸造了三尊巨大的青铜造像。同年,在河北定县为"七帝寺"造弥勒佛像,495 年的一方造像记即为"七帝寺"而刻。④慧成在造像记中声明其所造石窟是"为国而造",该声明就体现在代表过去和现在整个北魏帝系的造像龛之上。

第八龛是不同寻常的 N4 龛,该龛内的主佛身着汉式佛装(图1.11)。学者推测身着汉服的原因是这个佛像完工的时间晚于其他七个。在云冈,贯穿 489 年均可见中亚样式僧袍佛像,而汉式僧袍则是在那之后出现的(云冈有纪年的此类龛如此之少,以至于这一结论似乎存在把这个问题过于简单化之嫌)。如果是同样的发展体系,那七尊身着中亚僧袍的佛像可能要早于那一尊身着汉式僧袍的佛像。然而那些带纪年的像龛背光从线形火焰向带

---

① 英文参见 James O. Caswell, *Written and Unwritten: A New History of the Buddhist Caves at Yungang* (Vancouver: University of British Columbia, 1988), p.21。原文见《魏书》卷一百一十四《释老志》,3031 页。

② Caswell 认为 5 世纪 80 年代所刻的佛龛有意采用旧式样模仿"昙曜五窟"(*Written and Unwritten*, pp.44 and 89)。

③ 同上书,27 页。Sato Chisui(佐藤智水),"The Character of Yün-kang Buddhism," *The Memoirs of Tōyō Bunkō* 36(1978): 39—83, *esp. pp.*73—76.

④ 前者参见北京图书馆金石组编:《北京图书馆藏中国历代石刻拓本汇编》,郑州:中州古籍出版社,1981—1991,第 3 册,22 页;后者参见 Soper, *Literary Evidence*, p.101。

图 1.11　古阳洞 N4 龛

状类型转变的证据则表明从中亚服饰到汉服的转变是在 502 年，在这一年里出现了最早两例身着汉式僧袍的像龛和最晚一例身着中亚服饰的佛像。①因此，假如身着中亚僧袍和汉式僧袍的佛像类型均在 502 年雕凿，那么 N4 龛就未必会晚于其他像龛。

尽管 489 年云冈石窟已经开始出现汉化服饰的佛像，但是龙门石窟的造像者并没有囿于这种风格演变的约束，而是有足够的

---

① 赵双哲龛参见温玉成：《龙门北朝小龛的类型、分期与洞窟排年》，载龙门文物保管所、北京大学考古系编：《龙门石窟》一，212 页；《题记》，1848。高树龛参见刘景龙主编：《龙门二十品：北魏碑刻造像聚珍》，12 号。

文化自信来作出传达内涵的造像选择。对于慧成造像龛来说，中亚服饰可能已经是传统和过去的代名词，就像云冈的"昙曜五窟"和定都平城时的那些皇帝们在位期间的造像风格一样，然而据同时期甚至是未来趋势所见，汉化风格的服饰所代表的是新都洛阳和孝文帝的汉化政策。尽管有服饰方面的不同，但是 N4 龛的更多细节表明该龛是同其余七个龛在同时期构思和开工的。N4 龛不仅在规格、龛形以及主佛方面同其他龛相仿，而且有一个细节是尤其令人信服的：身光中的飞天形象亦完全相同，这个细节也表明 N4 龛和其余七个龛是同时开工的。

N4 龛更多的异常要素表明该龛是弥勒像龛。在像龛的底部有一个平台，平台上有两尊卧狮，狮头向后朝着主尊。正像蒋人和指出的那样，这一点和古阳洞下部典型的弥勒菩萨像龛相似，那些像龛内的狮子也是头部扭向弥勒菩萨，两边各有一个地神双手托举着一尊造像。蒋人和解读出两只狮子之间残存的已经遭破坏的像柱是半身地神，她提出 N4 龛原本要刻一个交脚弥勒菩萨形象，但后来却刻成身着汉化服饰的佛。①假如事实果真如此，八大龛原始工程便是要刻出七个过去佛和一个未来佛弥勒，这是5 世纪时雕刻多层石塔的常见主题。②尽管目前从上方所拍 N4 龛的照片表明破坏之处是一个香炉侧方两名跪地的敬拜者，但是两侧的狮子则毫无疑问表明该龛是一个弥勒像龛。③更进一步讲，在

---

① 蒋人和：《早期佛像火焰式纹身光之演变及对古阳洞起源的一些探想》，载龙门石窟研究所编：《龙门石窟一千五百周年国际学术讨论会论文集》，216 页。亦参见蒋人和：《龙门古阳洞重构中的时间、文本和造像的歧异》，载巫鸿主编：《汉唐之间的宗教艺术与考古》，北京：文物出版社，2000，339—340 页。

② 参见 Abe, *Ordinary Images*，pp.125 and 135，figs. 3.15 and 3.23。

③ 中国石窟雕塑全集编辑委员会编：《中国石窟雕塑全集 4　龙门》，重庆：重庆出版社，2001，图版 17。

门楣中央有一个小龛,内刻有释迦牟尼和过去佛、多宝佛对坐的形象,就像《妙法莲华经》第十一章描绘的那样。释迦牟尼与多宝佛并坐的形象经常和弥勒组合在一起,因此这一对佛像的出现更进一步表明 N4 龛佛像和弥勒之间有着刻意的联系。

尽管 N4 龛的主尊是佛的形象,但我还是在此提出和其相关的弥勒因素,意在暗示未来的君主。如果那七位身着中亚风格服饰的佛像代表了北魏的七位皇帝,那么 N4 龛的佛像应该代表北魏未来的统治者,也就是皇位继承人。皇帝的长子拓跋恂(482—497)在 493 年被立为皇太子①,代表皇位继承人的 N4 龛大约在 493 年完工,这个落成日期很可能与这一历史事件有关联。

我们可以将这些特征扩展至其他七个大龛来作进一步的分析。清泉女子大学的石松日奈子认为八大龛从中亚风格向汉化风格的转化是通过佛、菩萨以及飞天身上的汉化佛衣穿着比率的变化来体现的。②通过仔细分析,她观察到中亚服饰化占比程度最高的是 S4 龛,这个龛在南壁最里端,该龛内的佛、菩萨以及飞天全部身着她所谓的"西方类型"。些微带有汉化色彩的是 S1 龛,该龛位于南壁最外端,龛内的佛和飞天是"西方类型",菩萨则结合了东西方的特色(冠上的飘带是西方特色的,而身上的披帛则是汉化特色的一部分)。S3(完工于 502 年)和 S2(完工于 504 年)龛内的菩萨已经完全汉化,但是这两个龛的门楣雕凿融合了东西方的因素。石松日奈子认为慧成龛(N1)要比 S4 和 S1 汉化程度

① 《魏书》卷二十二《废太子传》,587—589 页。
② 石松日奈子:《龙门石窟古阳洞造像考》,《佛教艺术》第 248 期,2000 年 1 月,20—26 页。

高,因为菩萨的衣装已经完全汉化(披巾覆盖肩部)。N2 和大约完工于 504 年的 N3 一样,除了主佛和身光中的飞天之外,业已完全具有汉化风格。N4 除了身光中的飞天之外也已完全汉化。简言之,汉化因素的比重似乎看起来是连续增加的,尽管有一些不均衡的情况出现,但是还是按照逆时针的方向从完全中亚风格的 S4 依次走向完全汉化风格的 N4。如果说最具有汉化风格的像龛代表最新的统治者,也就是皇位继承人的话,那么最具有中亚风格的像龛则可能代表了最早的统治者——道武帝,这两者之间的像龛则按照时间顺序代表了不同的皇帝。

始平公

现在回头来看比丘慧成的造像铭文,紧接上文写的是慧成造像是为亡父做功德:

> 父使持节、光禄大夫、洛州刺史始平公,奄焉薨放。仰慈颜以摧躬□,匪乌在天,遂为亡父造石像一区。愿亡父神飞三[会],[智]周十地。

目前还没有人能够成功地从史料中识别这个始平公是何人,但是从他的头衔可以推测其身份地位。光禄大夫的显贵头衔和洛州刺史的职位既可能是生前授予,也可能是死后追赠,然而使持节的称号并不是一个职位,而是在某一职位之上的威权强化。确认始平公的身份像磁石一样吸引着研究龙门的学者,尽管很多人都进行了尝试,但是几乎没有人可以确定他们已经查明了始平公的身份。①一些人提出的人选是如此离谱，以至于我开始觉得，愿意花费大量时间寻找这个始平公大概可以看作是一个汉学家进入老年的标志。当然了，这是一个玩笑。但是当我看到元偃墓志的时候确实还是被吸引住了。②元偃于 498 年 12 月 30 日葬于洛阳。据他的墓志铭记载，其人死于 498 年 7 月 11 日，此时他被封为太中大夫。据墓志记载，492 年他被封为安西将军，之前元偃

① 温玉成在《古阳洞研究》（载龙门石窟研究所编：《龙门石窟研究论文选》，204—205 页）一文中把学界的说法分成几种类型。大村西崖（Ōmura Seigai）认为始平公是元修义（汝阴王元天赐的第五子），他的孙子元孝矩在西魏（535—557）时袭爵始平县公，据此推断修义也曾袭爵始平公（《支那美术史雕塑篇》，东京：佛书刊行会图像部，1915，196 页）。问题是元修义不是死在太和末年，也没有担任过洛州刺史（王昶《金石萃编》卷二十七，5b 页）。冢本善隆（Tsukamoto Zenryū）认为是元绪（449—507），他在 500 年之后担任洛州刺史（《支那佛教史研究：北魏篇》，东京：弘文堂书房，1942）。但是此人并没有封为始平公，498 年之后又活了很长时间。中田勇次郎（Nakata Yujiro）认为是贾镫，因为他在魏孝文帝迁都前，任洛州刺史五年（《龙门造像题记》，东京：中央公论社，1980）。但是贾镫卒于景明初年，也没有始平公的封号。宫大中认为是侯尼须，他有始平公这个头衔（《龙门石窟艺术》，213 页）。但是根据侯尼须之孙元宁（464—524）墓志（赵万里：《汉魏南北朝墓志集释》，北京：科学出版社，1956，图版 197），侯尼须有各种头衔，但他本人并未担任过洛州刺史。金维诺认为慧成和孝文帝是堂兄弟的关系，但是并没有给出他的俗名（参见龙门保管所编：《龙门石窟》，北京：文物出版社，1960，1 页）。

　　蒋人和与林泗水认为是冯熙（卒于 495 年）。参见林泗水：《北魏书法导论》，台北：撰者自印，1972；蒋人和：《早期佛像火焰式纹身光之演变及对古阳洞起源的一些探想》，载龙门石窟研究所编：《龙门石窟一千五百周年国际学术讨论会论文集》，217 页；Katherine R. Tsiang, "Changing Patterns of Divinity and Reform in the Late Northern Wei," *Art Bulletin 84* (June 2002), no.2; 245, n.72. 冯熙是文明太后（441—490）的哥哥，孝文帝即位之初，辅佐孝文帝的统治，当孝文帝于 471 年亲政后，朝中大臣认为冯熙作为外戚对政治的影响过大，因此将其派往南方，担任洛州刺史。冯熙为政不仁厚，而信佛法，自出家财，在诸州镇建佛像精舍，合七十二处，写一十六部一切经。在诸州营塔寺多在高山秀阜，伤杀人牛。有沙门劝止之，熙曰："成就后，人唯见佛图，焉知杀人牛也。"（《魏书》卷八十三上《冯熙传》，1819 页）冯熙死于 495 年，但是这种观点最大的问题是他从来没被封为始平公。

② 北京图书馆金石组编：《北京图书馆藏中国历代石刻拓本汇编》第 3 册，35 页；转录赵万里编：《汉魏南北朝墓志集释》，图版 155。译者按：作者所述时间与拓本时间有异："北魏太和二十二年（498）十二月二日葬。"

已经被封使持节、安北将军、镇都大将始平公。496 年,迁都洛阳之后,他又被封为城门校尉。然而这仍然不足以作为一个定论,尽管元偃的头衔中有始平公的字样,但他死后被授予的是太中大夫而非光禄大夫。此外,他的墓志铭中对洛州刺史一职并未提及。尽管如此,慧成为其父造像的日子是 498 年 9 月,正好是在元偃死后的两个月,这个现象仍然是很值得深思的。

即便是最终没有确认始平公本人,但是在探寻他身份的过程中,亦可见龙门的供养人和受惠人对研究者的吸引力以及供养人碑刻铭文所具有的价值。这些碑刻铭文不仅仅是宗教套语,更是真真切切的宗教和社会活动的遗物。它包含了供养人向他的时代、他的后裔甚至是他所处的因果循环所讲述的重要故事。更进一步讲,始平公的身份不能够通过查询史料的方法来识别,这再次确认了考古资料的重要性,就像龙门石窟的造像铭文和洛阳北邙山贵族坟墓上的墓志。这些材料文本所涵盖的信息在儒家体系下的文人书写的正史中是看不到的,这些人往往会忽略或是轻视那些具有自我意识的女性、有人格魅力的宗教人士、富商、内朝的太监,而这些一手资料所关联的人或事件的信息是没有被后期的篡改和审查所破坏的原始信息。最后需要提及的是,致力于确认诸如慧成和始平公这些不出名的供养人和受惠人的身份是重要的工作,它矫正了人们喜欢把所有引人注目的工程归因于皇权的偏好。也就是说,并非所有恢宏庞大的造像工程都是由皇帝本人发起的。

慧成的造像铭文结束语如下:

□玄照则万□斯明,震慧向则大千斯时,元世师僧父母眷属,凤骞道场,鸾腾兜率。若悟洛人间,三槐独秀,九棘云敷。五有群生,咸同斯愿。①

在铭文的结尾处有单独一行字——"太和[廿]二年九月十四日讫。朱义章书,孟(广)达文"。龙门的绝大多数造像铭文都是匿名的,因此有署名的书法家和作者是非同寻常的,也进一步说明捐资造像者拟将此龛雕刻成具有高品位美学价值的艺术佳作。造像记的书法家朱义章淹没在历史之中,但是孟广达在古阳洞内还撰写了另外一方造像记,也就是 S3 龛,传统上称之为孙秋生龛。

孙秋生龛

大约由 140 名平民佛教信徒捐资修造的孙秋生龛在规格和式样上同慧成造像龛几乎完全一致,除了装饰图案有一些差别(图1.12)。门楣和像龛壁面上的细节可以看出佛像和飞天属于中亚类型,表明孙秋生龛也是基于慧成龛的样本来开凿的,但是前文提及的身光中的带状火焰纹则确证了 502 年这个完工日期。像龛的左侧是一块大型浮雕石碑,上面刻着造像铭文。铭文的开头说这个平民团体是在两个当地官员的带领下捐资造像的,这两个官员是:荥阳太守孙道务、颍川太守卫白犊。荥阳在洛阳东侧,是离洛阳最近的一个郡,大约有 75 公里,而颍川则坐落在洛阳本地,位于荥

① "左九棘,孤、卿、大夫位焉,群士在其后。右九棘,公、侯、伯、子、男位焉,群吏在其后。面三槐,三公位焉,州长众庶在其后。"三槐和九棘在此比喻朝廷的官员。参见《周礼·秋官·朝士》,载《十三经》,北京:北京燕山出版社,1991,上册,483—484 页。

图 1.12　古阳洞 502 年孙秋生造像龛

阳的东南方向,二者相距大约 75 公里。①造像铭文内容如下:

　　　　大伐②太和七年,新城县功曹孙秋生、新城县功曹刘起祖

　　　　二百人等,敬造石像一区。愿国祚永隆,三宝弥显。有愿弟

① 谭其骧主编:《中国历史地图集》第 4 册《东晋十六国　南北朝时期》,上海:地图出版
　社,1982,地图 46、47。
② 此处汉字"代"的书写是异体字,这种书写现象持续至唐代,参见《题记》0670 和
　0779。

子等荣茂春葩，庭槐独秀。兰条鼓馥于昌年，金辉诞照于圣岁。现世眷属，万福云归，洙①轮叠驾。元世父母及弟子等来身神腾九空，迹登十地，五道群生，咸同此愿。孟广达文，萧显庆书。（按：后附 140 位邑社成员的名单）景明三年，岁在壬午，五月戊子朔，廿七日造讫。②

孙秋生龛开工的日期是 483 年，这是龙门出现的最早纪年。这个观点也引起了广泛的争议，同时催生了各种学说。冢本善隆、阎文儒、常青以及蒋人和认为这个日期就是孙秋生龛的开工日期。③本人认为 483 年对于皇室背景的供养人和有造诣的雕塑家出现在洛阳来说，似乎为时尚早。我并不能理解在那个时候为国家在洛阳捐资修建石窟有何历史动力。洛阳在 4 世纪早期屡遭劫掠，此后在一些北方少数民族政权的统治之下更显凋敝，即便是在北魏时期，洛阳的人口被北迁至平城，因而又被进一步掏空。当孝文帝在 493 年秋天决定迁都洛阳之时，他不得不对洛阳城进行重新建设，并回迁人口。除此之外，石松日奈子的研究也表明，公元 500 年之前洛阳地区没有任何石雕佛像，很可能就是因为这里缺少重要的精英。④

① 我认为"洙"即"红"。马车上的红轮子是贵族身份的标志，参见《中文大辞典》，台北：中华学术苑，1973，14779.755。

② 《题记》，2296；Chavannes, *Mission archéologique*, v.1, pt.2, pp.479—481。

③ 参见蒋人和：《龙门古阳洞重构中的时间、文本和造像的歧异》；徐自强主编，龙门石窟研究所编，阎文儒、常青著：《龙门石窟研究》，北京：书目文献出版社，1995，21 页。

④ 根据她的研究，这个地区现存纪年最早的石佛雕像是在公元 500 年。她不仅发现纪年为 501 年和 533 年之间的多个石像碑，而且发现了两个纪年是 500 年的造像碑；这就表明慧成龛完工后不久，古阳洞在洛阳地区确立了造石佛雕像的传统。石松日奈子：《北魏河南石雕三尊像》，《中原文物》2000 年第 4 期，48—60 页。

对于这个不太合乎情理的日期有一个最可能的解释,那就是汉字"十"被意外地漏掉了,开工的日期实际上应该是 493 年。①人们可能会认为龙门石窟碑刻题记的准确性是能够得到很好的保证的,但实际上错误却是普遍的。在北魏造像铭文中汉字被遗漏的情况包括:宋景妃造像记的年号漏掉了第二个字,慧成造像记中孟广达的"广"字遗漏,郑长猷造像记中的地名,等等。②493 年,当皇帝突然到达洛阳宣布迁都的时候,对当地有影响的人来说,是一个用公开显示忠诚和虔敬的方式来欢迎皇帝的良好时机。

孙秋生和刘起祖的官职也表明为何他们如此急于向皇帝表达忠心。功曹,北魏时是将军府诸曹之一,位居六至九品,虽然官位不高,但此官多用本地大族权贵。③新城县位于伊川南 5 公里处龙门的正南方,这也表明孙秋生和刘起祖是当地有影响的人,所以北魏统治者想要得到他们的支持,故授予这些荣誉头衔。他们也很可能非常富有,因而在造像工程中大笔捐资,名字也被列在造像铭文的显著位置。

在这块碑剩下的四分之三处刻着普通邑社成员的名单,经过调查发现,他们当中的一些人同时也是古阳洞内其他造像龛的发起人,另有一些人和别的造像龛也有一定程度的关联。例如高文绍、高天保和高珍保参与由高树组织,共有 32 个信徒捐造的石像

---

① 温玉成、李玉昆、龙晦、长广敏雄、水野清一、吉村怜和石松日奈子均持有该观点,根据 Hyun-sook Jung Lee, "The Longmen Guyang Cave: Sculpture and Calligraphy of the Northern Wei (386—534)"(Ph. D. dissertation, University of Pennsylvania, 2005), p.108.

②《题记》,1137、1842、2520。

③ 刘景龙编著:《龙门二十品:碑刻与造像艺术》,北京:中国世界语出版社,1995,一《新城县功曹孙秋生刘起祖二百人等造石像》。

一躯,二者完工的时间几乎在同时,都是 502 年 5 月。①

有 8 个卫姓人也参加到孙秋生的造像工程当中,包括一个叫卫白尔的,此人一定是颍川官员卫白犊的兄弟或侄子。魏灵助则很可能是 N2 龛发起人魏灵藏的兄弟或者侄子。

魏灵藏龛

由魏灵藏主导所造像龛(N2)同慧成龛(N1)非常相似,这一点表明该龛可能也是开工于 493 年。根据孙秋生等人所造像龛(S3)

图 1.13　魏灵藏龛

---

① 同上书,八《邑主高树等三十二人造石像》。

的特征,魏灵藏龛大约完工于 502 年。尽管主佛的胸前火焰状的圆形物上刻有浅浮雕的吉祥标志,但主佛仍然身着中亚服饰,就像 N1 和 S3 的主佛一样外衣呈"之"字形斜披在胸前(图 1.13),身光、身光中的飞天、胁侍菩萨以及龛的规模和形状同那两个龛相比也是非常相似的。其他诸多细节同孙秋生龛也高度一致,所有这些都表明魏灵藏龛的完工时间也接近 502 年。很明显,造像者通常会把窟龛的后壁留在最后去完成,就像在附属于侯太妃龛(502)那个未完工的像龛和孙秋生龛内上部看到的未完工的情况一样。龛内部的背景雕刻向我们揭示了龛像完成的大概时间。魏灵藏像龛之内,主佛的身光不是线状的火焰纹类型,而是始见于 502 年的钩形带状火焰纹。进一步来讲,龛内的飞天拥有修长纤细的四肢,弯曲得十分明显,这种式样也是在 502 年引入造像的(下面会有讨论)。

造像记刻在一块浮雕的碑面上,位于造像龛的右侧,碑的顶部同孙秋生造像龛题记碑一样刻着几条蜿蜒的龙,在碑额中间处刻着汉字"释迦像",两侧分别刻有两个名字"魏灵藏"和"薛法绍"。目前这块造像记已经被破坏殆尽,但是内容被一些老拓片保存下来了。[1]造像记的开篇写道:

夫灵迹诞遘,必表光大之迹;玄功既敷,亦标希世之作。自双林改照,大千怀缀暎之悲;慧日潜晖,唅生衔道慕之痛。是以应真悼三乘之靡凭,遂腾空以刊像。[2]爰暨下代,兹容厥作。

---

[1]《题记》,2024; Chavannes, *Mission archéologique*, v.1, pt.2, pp.487—489。

[2] 这个指的是优填王造像的故事。释迦牟尼在忉利天为其母亲说法,优填王非常思念他,于是罗汉带着匠人升入忉利天为优填王造佛像。参见 Martha L. Carter, *The Mystery of the Udayana Buddha* (Naples: Istituto universitario orientale, 1990)。

下一部分是造像的功德献词：

> 巨鹿魏灵藏、河东薛法绍二人等，求豪光东照之资，阙兜
> 率翅头之益。敢辄磬家财，造石像一区。凡及众形，罔不备
> 列。愿乾祚兴延，万方朝贯。愿藏等挺三槐于孤峰，秀九棘
> 于华菀。芳实再繁，荆条独茂，合门荣华，福流奕叶。[1]命终之
> 后，飞逢千圣；神顾六通，智周三达。旷世所生，元身眷属。
> 舍百障则鹏击龙花，悟无生则凤升道树。五道群生，咸同
> 斯庆。

魏灵藏的造像铭文在结构上和慧成以及孙秋生等人的造像
铭文十分相似，包括正文开头部分对皇室的献词。在佛教传入中
国前流行的神鸟飞向天空的意象以及"三槐""九棘"的经典比喻，
更进一步表明这个造像记也是由孟广达撰写的。

造像记的最后写道："陆浑县功曹魏灵藏。"陆浑县位于龙门
西南50公里处。魏灵藏很可能是当地非常有影响的人，故被北
魏政府封为功曹这一荣誉官职，那么魏灵藏就完全有动机通过造
像这一举动来回报皇帝的礼遇，而他的造像记也确实公开记录了
他的荣誉头衔和对于皇室恩典的回馈。

供养人团体

一些要素表明慧成与以孙秋生为主的邑社以及魏灵藏是共

---

[1] 沙畹注解合欢树和椰枣树都是有刺的（*Mission archéologique*，v.1，pt.2，p.488，
n.12）。

同协作捐资造像的。首先,他们的功德献词在内容、结构和语言特色方面是相似的,也就表明他们都邀请了孟广达为他们写造像记。其次,在孙秋生造像团体中的魏灵助(译者按:作者将此字识读为 qiu),很可能和魏灵藏有关联。再次,这些供养人的社会地位也具有互补性的作用。孙秋生和魏灵藏都是当地有影响的汉族士绅,不凡的实力吸引了朝廷授予其官职,从而获取他们对北魏政权的忠诚和支持。当孝文帝在 493 年决定迁都之时,很可能他们在洛阳地区的官职已经得到了确认。作为公爵之子,慧成高贵的出身使其被赋予了为国家开造石窟的使命,同时他也拥有相应的声望来鼓励洛阳的地方实力派加入这一造像工程。作为僧侣,他自然也具备设计规划造像方案的宗教知识与权威。在迁都之前,他很可能生活在平城,并且造访过云冈石窟。事实上很难想象,如果他没有见过云冈石窟的话,为何会选择在洛阳附近开窟造像。最后,这三组人的造像目的应当是紧密相联的。孝文皇帝迁都洛阳的决定在许多鲜卑贵族中激起了叛逆的情绪,这种情绪甚至最终导致了太子拓跋恂的叛乱。[①]在这样的政治氛围之下,公开表示对皇帝的忠诚是明智的举动。从献词中可以看出,孙秋生和魏灵藏已经接受了皇室任命的功曹职务,作为回报,他借造像一事对皇帝表达了忠心。此时皇帝对鲜卑贵族成员的忠心也是存疑的,而慧成作为其中的一分子,则借在新都附近为国开窟,公开向北魏政权和国家表示了忠诚,并且对孝文皇帝的汉化改革表示支持。

　　这八大像龛可以有最多八组供养人,尽管目前只有慧成、魏

---

① 拓跋恂不慎卷入背叛父亲的阴谋中,后被孝文帝于 497 年赐死。《魏书》卷二十二《废太子传》,587—589 页。

灵藏和孙秋生的名字为人们所熟知。在剩余的五个像龛中,其中两个像龛的供养人和他们应该不是同一批人:比丘法生为北海王造像的 S2 龛和杨大眼将军为已故孝文帝所造的 N3 龛,后者大约完工于 504 年。其余三龛 S4、S1、N4 是不可分割的专用龛,既然这三龛没有造像碑,那么这些供养人没有打算留下造像记也是有可能的。他们可能本来有单独的发起人,为了某种原因,决定不再雕刻造像铭文,抑或是像阿部贤次所说的那样,或许慧成就是这四个角上的像龛(N1、N4、S1、S4)的供养人。[1]他可能利用这个四个龛制定了初始工程的框架,再来邀请其他人捐造剩余的四个像龛。

三尊大像组合

石窟原始工程的其他组成部分是正壁身着汉化服饰的大型佛像组合。在慧成的造像铭文中,他声称:"诚心为国造石窟,□□系答皇恩。"在我看来,八大龛和正壁大像同献词是相互呼应的。杂糅着中亚和汉化类型的八大龛代表着北魏七个皇帝和一个继承人,意在纪念和保佑拓跋皇族,也就是"国",而纯正汉化类型的正壁主尊大像则代表了当今在位的皇上孝文帝,慧成这样做的目的就是要亲自颂扬孝文帝并为他祈福。

尽管具有打破关系的纪年龛可以确认正壁三尊大像的完工时间不晚于 505 年,但我认为这些造像是 499 年孝文帝驾崩之前就已设定好的,起初是作为礼物献给皇帝的功德像。这一想法基

---

① Abe, *Ordinary Images*, pp.250—256.

于温玉成的理论,他认为这三尊大像完工的时间大约是500年左右。根据他的论证,在这组大像雕刻中所见到的一些新颖的装饰图案被完工于502年的各种像龛的雕刻技师们尝试性地运用,由于像龛的完工时间是502年,那么开工的时间则很可能是500年或501年,这也就表明这三尊大像必须在500年前完工才有可能被当成模仿的样本。[1]

古阳洞内正壁的一佛二菩萨有四个新特色:大像身着汉化服饰,所有的头光中包含有倒钩的带状火焰纹,菩萨的头光中刻有新式的直立型飞天,菩萨身着的帔帛在腹前交于一个玉环。这些特点突然在502年的像龛中都有所表现。根据我们之前所讨论的,阳刻带状火焰纹的类型最早在502年的孙秋生龛中可见,最早身着汉化服饰的佛像出现在赵双哲造像龛,日期是502年7月20日,最早帔帛穿过玉环的菩萨形象是完工于502年7月20日的比丘惠感造像龛。[2]古阳洞内所有在502年之前凿刻的飞天以一种全身舒展的姿势飞翔,以高浮雕的形式刻出,四肢滚圆,就像在云冈石窟中所看到的那样(参见图1.7)。中亚类型的飞天最晚的例子出现在502年5月的高树造像龛中。以浅浮雕技法雕刻的修长、纤细、直身而双腿明显向后弯曲的飞天形象最早出现在502年8月侯太妃造弥勒像的横梁式拱顶中。[3]从那之后,古阳洞内所有的飞天形象都是这种类型。例如503年的马振拜造像龛、504年的法生造像龛(参见图1.10)、504年之后完成的杨

---

[1] 温玉成:《龙门北朝小龛的类型、分期与洞窟排年》,载龙门文物保管所、北京大学考古系编:《龙门石窟》一,212页。

[2] 前者参见上文,212页;《题记》,1848。后者参见刘景龙主编:《龙门二十品:北魏碑刻造像聚珍》,13号;《题记》,1846。译者按:完工日期原文如此。

[3] 龙门文物保管所、北京大学考古系编:《龙门石窟》一,212页,插图96。

大眼造像龛。①

说起502年夏季有纪年的造像龛,必须特别提两个细节。一个就是完全老式的造像龛在这一时间段内最后一次出现。例如完工于502年7月20日高树造像龛,佛像是中亚类型的,飞天是旧式的造型,头光中有线性火焰纹等。另外一个细节是,502年所有造像龛中没有一个具备大像的全部四个新特点。例如侯太妃造像龛,有最早的新式飞天类型,但是该龛也有旧式的线性火焰纹头光类型。据此我们可以推断,导致这些变化的原因是:并没有一批全新的工匠来到这里雕刻这些较小的像龛。显然,那些已经在龙门做工的工匠看到了承载这些图案的某些载体,并且他们开始尝试性地把一种或两种图案纳入他们已经熟知的造像样式。

三尊大像得以引入几种新的图案,是因为在雕凿的过程中有意采用了一种不同风格的艺术语言。为了体现孝文帝的汉化改革,在造像的过程中不得不尽可能采取汉化样式,实际上,新式图案均来源于中国艺术,或是同时代的,或是古典的。吉村怜已经证明新风格的飞天借鉴于同时期南齐(479—502)的本土墓葬艺术。②古阳洞内的新式飞天(参见图1.10)同南朝都城建康(今南京)附近的南齐皇陵中刻在画像砖上的翩翩飞舞的天人非常接近(图1.14)。这些天人飞舞在长着翅膀的羽人形象的上方,他们正

① 前者转引自刘景龙主编:《龙门二十品:北魏碑刻造像聚珍》,插图167;后者插图181和182。
② 吉村怜著,谢建明译,阮荣春校:《南朝天人像对北朝以及周围诸国的传播》,《东南文化》1992年第2期,34—35页。亦参见吉村怜:《龙门古阳洞佛龛所见庄严意匠的意义》,《佛教艺术》第250期,2000年5月,13—52页。

图 1.14　江苏丹阳吴家村齐和帝（萧宝融）墓室西壁飞舞的天人

带着一只老虎游历天国。这个例子来自丹阳县出土的齐和帝（501—502 年在位）皇陵墓室的西侧墙壁上。[1]法生造像龛中的飞天和南齐墓室中的天人都是以一种近乎垂直的姿势往前飞，向后飞扬的衣袍遮住身体的轮廓，垂至膝盖下方，下肢隐藏在飘扬的衣褶下面，而披巾从肩膀和手臂处飘向后方。另一个刻有这种天人形象的南齐皇陵开建于 493 年，完工于 501 年，换句话说，与古阳洞内最早的像龛处于同一时间。[2]

---

[1] 尤振克：《江苏丹阳县胡桥、建山两座南朝墓葬》，《文物》1980 年第 2 期，1—16 页。

[2] 参见 Audrey Spiro（司白乐），*Contemplating the Ancients: Aesthetic and Social Issues in Early Chinese Portraiture*（Berkeley and Los Angeles: University of California Press, 1990），p.124；Audrey Spiro, "Shaping the Wind: Taste and Tradition in Fifth-Century South China," *Ars Orientalis* 21（1991）: 95. 亦见町田章（Machida Akira）著，劳继译：《南齐帝陵考》，《东南文化》1986 年第 1 期，43—63 页。我对司白乐在南齐墓葬方面提供的参考文献深表感激。

披巾穿过玉环的形象来源于东汉时期的艺术,在四川地区的石墓碑和神道门上就刻有披巾穿环,末梢处被一条龙衔着的艺术造型。[①] 就像蒋人和观察到的,与钩带状火焰纹类型相似的某些造型也可以在东汉艺术中看到。[②]最近在陕西省发掘的墓室墙壁上有浅浮雕的石质方格,一个代表吉庆的公羊被弧状的丝带样的图案包围着,带状物的尽头处理成钩

图1.15　陕西绥德东汉墓西壁的吉祥羊和云气

形的样子(图1.15)。这些造型的本意很可能是"云"或者"气",常常用来暗指神仙或者是长生不老的背景设置。艺术家们运用想象力把中国传统的"气"转化成佛光万丈的火焰纹(参见图1.10)。

　　在雕刻创作中引入中国传统图案的雕塑家一定熟知东汉丧葬画像和南齐墓室画像砖的图案构成。索柏曾经指出南齐豫州(今安徽寿县)的艺术家对都城建康时下流行的艺术风格相当熟知,因为两者之间的距离不过200公里。500年,南齐大将裴叔业(438—500)将豫州拱手让给北魏政权。[③]如果来自豫州的艺术家

---

① 参见大村西崖:《支那美术史雕塑篇》,图版178、180。

② Tsiang, "Changing Patterns of Divinity and Reform", pp.234—235.

③ Alexander Soper, "South Chinese Influence on the Buddhist Art of the Six Dynasties Period", *Bulletin of the Museum of Far Eastern Antiquities* 32(1960):79.

来到洛阳,慧成自然可能很快聘请他们参与正壁大像的创作。如果他的意愿是通过用汉化风格的佛像来纪念实施汉化改革的孝文帝,那么还有谁会比这些来自南方的工匠更合适呢?

杨大眼造像龛

当时的人都认为古阳洞正壁的大佛是孝文帝。杨大眼将军所造的 N3 龛所附的造像铭文正揭示了这一点。这位将军是八大列龛中的最后一位出资人,但他却并非是原始工程的供养人,造

图 1.16 古阳洞 504 年杨大眼造像龛

像铭文中写得很清楚,他在正壁大佛完工之前并没有造像的准备。N3龛和其他列龛的规格和形制相同,身着中亚服饰的主佛也完全等同(图1.16),这也就表明它很可能是原始规划的一部分,但是正壁的一些要素则暗示了该龛完工于504年左右,例如主尊头光中央浅浮雕的坐佛,可以在完工于504年的S2龛中看到,还有大约502年出现的南方风格的飞天。造像碑浮雕是被磨平后重新雕刻的,表明该龛在杨大眼将军使用之前是被废弃的半成品。

杨大眼在一个先前存在的佛像上又捐造新像的目的在献词中也有所表露,献词的开头以熟知的词语这样写道:

> 夫灵光弗曜,大千怀永夜之悲;玄踪不遘,叶生哈靡道之忏。是以如来应群缘以显迹,爰暨□□□像遂著。降及后王,兹功厥作。[①]

造像记的下文又记述了供养人的小传:

> 辅国将军、直阁将军、□□□□梁州大中正、安戎县开国子、仇池杨大眼,诞承龙曜之资,远踵应符之胤。禀英奇于弱年,挺超群于始冠。其□也,垂仁声于未闻;挥光也,摧百万于一掌。震英勇,则九宇咸骇;存侍纳,则朝野必附。清王衢于三纷,扫云鲸于天路。

---

①《题记》,2023;Chavannes, *Mission archéologique*, v.1, pt.2, pp.486—487。

令人惊奇的是,这些对杨大眼的夸饰之词和《魏书》中对杨的记载几乎如出一辙,《杨大眼传》中说他是武都氏杨难当之孙。[1]孩童时期,他就表现出超常的勇气和体力。成年后,开始军旅生活,随孝文帝征伐南齐时,勇冠六军。杨大眼对属下非常关怀:"抚巡士卒,呼为儿子,及见伤痍,为之流泣。自为将帅,恒身先兵士,冲突坚陈,出入不疑,当其锋者,莫不摧拉。"当他到达龙门的时候,实际上,他是带着他的军队的。造像记的最后一部分内容对于确定造像龛完工的时间有着非常重要的作用:"南秽既澄,震旅归阙。军次□行,路径石窟。"

石窟就是古阳洞,"南秽"一定是杨大眼率军在洛阳南部一次战争的委婉之称。温玉成已经提出了确定这场战役的两种可能。早一点的可能是在500年,杨大眼受命带领军队前往豫州敦促裴叔业早日投降北魏。[2]但是这件事实际上规模不大,似乎并不具备"南秽"的条件,因为裴叔业在北魏军队渡过淮河之前就已经死去。[3]最有可能的事件则是平定反蛮樊秀安的事件。[4]504年正月,杨大眼率领军队在东荆州击破樊秀安,东荆州是洛阳南部的一个地方,和南齐接壤。击败叛军后,杨大眼率军北归,路过伊阙。很可能就在此时(504),他决定为已故的皇帝做功德造像,要求石匠把N3龛完工,并雇用文人写出功德献词,尽管献词的语气很明显是他本人的,

---

① 氏族生活在今甘肃和四川,《杨大眼传》出自《魏书》卷七十三,1633—1636页。

② 温玉成:《龙门北朝小龛的类型、分期与洞窟排年》,载龙门文物保管所、北京大学考古系编:《龙门石窟》一,212页。《魏书》卷七十一《裴叔业传》,1565页;卷七十三《杨大眼传》,1634页。

③《魏书》卷七十一《裴叔业传》,1567页。

④ 温玉成:《古阳洞研究》,载龙门石窟研究所编:《龙门石窟研究论文选》,202页;《魏书》卷七十三《杨大眼传》,1634页。

但是由于他本人不通文墨，因此也就没有能力亲自写出造像记。①

将军之所见

杨大眼是 6 世纪初古阳洞工程的一位目击者。他到底看到了什么？他的造像记这样写道：

> 览先皇之明踪，睹盛圣之丽迹。瞩目□霄，泫然流感，遂为孝文皇帝造石像一区，凡及众形，罔不备列。刊石记功，示之云尔。

关于这段文字的释读也是有争议的。大多数人认为"先皇"指的是已故孝文皇帝，但是这句"睹盛圣之丽迹"中的"圣"字，我有不同的翻译方法。"圣"可以是对皇帝的尊称，也可以来描述佛的神性，我把其翻译成"holy"，意表佛的神圣，也可以将此字翻译成圣人来指向佛陀。

一个可能就是"览先皇之明踪"意味着铭文是献纳给孝文帝的，"睹盛圣之丽迹"指的是石窟内所有佛的形象。倘若是这样的话，这位将军可能会环顾石窟内所有造像，包括南北壁两侧的八大像龛、窟顶的许多弥勒像龛、正壁的三大造像。由于石窟是孝文帝在位期间开凿的，或许这位将军认为古阳洞是太和时代辉煌的遗迹。但是这种解释没有考虑到造像铭文特定的语境，这一点我们将在下面作进一步解释。同时，这种解释也不太符合杨大眼

---

① 《魏书》卷七十三《杨大眼传》，1636 页。

的性格,他是一个会为士卒流泪的人,同时还是个文盲。很难相信他看到读不懂的造像铭文时会哀思故人。

龙门石窟研究院最近出版了一本书,根据已故皇帝的事迹释读了杨大眼的职业生涯:

"览先皇之明踪",这是对孝文帝能识用杨大眼这一英才的赞誉;"睹盛圣之丽迹",则是对孝文帝迁都洛阳,完成统一大业的丰功伟绩的颂扬。因此,"瞩目□霄,泫然流感",而为孝文帝造此像。[①]

在这段释读文字中,"圣"意指皇帝,两句短语的内容都是指孝文帝的政治功绩,这位将军想到了孝文帝在位期间他辉煌的军旅生涯以及孝文帝为北魏帝国所规划的宏伟蓝图。这样的理解是基于将"踪""迹"转化为"功绩"而不是"痕迹"的基础之上的。在我着手翻译"踪""迹"二字的时候,我认为二者有同样的词义范围,从它们最基本的词性"足迹",又可引申到"痕迹""外部迹象"或者是"功绩"。

这种解读带来的一个问题是它完全忽略了佛像崇拜的宗教功能,而只是支持用世俗的观点来解读将军的工程。杨大眼看到佛像之后有一种非常情绪化的反应,然后他决定在同一个石窟内造出另外的佛像作为回报。他的造像龛不是为了纪念他个人的功业,亦不是为了纪念已故皇帝的功业;相反,这是一次试图按照他个人的情感为他所敬爱的皇帝和他本人做功德的尝试。龙门的贵族供养人常常会专注于公开出资的政治性,事实也的确如此,但是他们同时也都对于佛像本身的宗教灵力和礼敬佛像的功

龙门石窟供养人

---

① 刘景龙主编:《龙门二十品:北魏碑刻造像聚珍》,8号。

德业力深信不疑。因此，我不能赞同那些忽略古人赋予佛像以宗教力量而只是简单偏爱政治考量的释读。

还有一种释读认为孝文帝是石窟的发起者。[1]龙晦认为，汉字"踪"应该按字面的意思来理解为"足迹"，整句话意味着孝文帝亲自到过龙门并指导规划古阳洞的开凿。龙晦陈述道："《魏书·释老志》载：'故每帝立，即于近都山岩，为帝后造石窟，镌佛像。'"[2]据此，他推测孝文帝根据拓跋习俗在新都附近开凿古阳洞，主张迁都和继承皇位是同等重大之事。还进一步论证，孝文帝在494年冬季亲告太庙，奉迁神主，迁洛后又建新的太庙。在以佛教信仰立国的北魏，孝文帝希望新都洛阳能够有自己的石窟，就像平城有云冈石窟一样。至于为何人而造石窟，龙晦指出，孝文帝在洛阳城南建造报德寺，"为冯太后追福"，冯太后为孝文帝的祖母，且在孝文帝正式掌权之前为实际的摄政者，因此，龙晦提出古阳洞的开凿同样是为了纪念她。

准确理解造像铭文应建立在正确解读"踪""迹"二字的基础之上。这二字常规的意思是"足迹""功绩"或者是"痕迹"，按照世俗观点来理解的话，它们是没有引申义的，杨大眼的造像记不能够证明孝文帝是古阳洞的筹建者。很明显，在杨大眼造像记开篇造像原因的阐释中，"踪""迹"二字的运用是宗教意义上的。造像记指出法身起初是借助释迦牟尼的躯体来显现的，但是现在佛陀已经入灭，必须要以佛像的形式来显现："夫灵光弗曜，大千怀永

---

① 龙晦：《孝文帝与龙门石窟的开凿》，载龙门石窟研究所编：《龙门石窟一千五百周年国际学术讨论会论文集》，4页。

② 在《魏书》中找不到出处，或许是在卷一百八之一："魏先之居幽都也，凿石为祖宗之庙于乌洛侯国西北。"《魏书》卷一百八之一《礼志》，2738页。

夜之悲；玄踪不遘，叶生唅麼道之忏。是以如来应群缘以显迹，爰暨□□□像遂著。降及后王，兹功厥作。"术语"踪"和"迹"在这里指代的就是佛的身体，在造像记的后半部分，杨大眼描述了在石窟内所看到的景象，前后的意义是相同的。[①]"踪"和"迹"应当继续被翻译成"踪迹"，因为它们仍然指的是形体或者是已经亡故人的造像。

然而还有其他的解读。温玉成认为造像铭文指的是三大像，并且揭示出三大像是根据孝文帝的指令开凿的，完工于他儿子宣武帝（499—515 年在位）时期。[②]"览先皇之明踪"，就是在石窟寺中看到了孝文帝营造的正壁三大像；"睹盛圣之丽迹"，暗示了工程到了景明间由世宗宣武帝完工。这个解释有极其强大的心理吸引力。三大佛像的规模看起来具有皇家气派，而且它处于正壁首要位置的设计理念和云冈皇家昙曜五窟是相互呼应的。孝文帝是一位杰出的帝王，亲力督建重大项目工程，他必然会为自己建造期望的洞窟。事实上，他在孩童时代的确和冯太后（441—490）一起多次参观云冈石窟，也很可能是第 5、第 6 窟的供养人。[③]在营建新都的过程中，皇帝参与建造其他的佛事工程并且亲自涉入皇家宗教实践的重建事务。因此，认为他可能会在洛

---

① 根据 William Chu，"佛的教理常常被称为佛的行道、道迹（pratipadā）"，"the teachings of the Buddha were often referred to as 'traces of［the Buddha's］footsteps or tracks'（*pratipadā*）"，但是在这里翻译成"教理"显然是不正确的。参见"Path," in *The Encyclopedia of Buddhism*, ed. Robert E. Buswell, 2 v.（New York：Macmillan, 2004），v.2, p.635。

② 温玉成：《古阳洞研究》，载龙门石窟研究所编：《龙门石窟研究论文选》，202 页；《龙门北朝小龛的类型、分期与洞窟排年》，载龙门文物保管所、北京大学考古系编：《龙门石窟》一，212 页。

③ 480、482 和 483。参见《魏书》卷六《显祖纪》，130 页；卷七上《高祖纪》，152、154 页。

阳附近营造一座皇家洞窟的看法也是合乎情理的。然而史书却没有孝文帝参观龙门的相关记载，不像北魏其他皇家供养人宣武帝和胡太后（493—528）那样是有记录的，况且也没有皇室营造古阳洞的证据。所有造像记的证据表明古阳洞是为孝文帝开凿而并非是由孝文帝营建。正史记载，宣武帝的确在正始元年十二月丙子（505）到过龙门，但是我猜想他此去是为了解自己所主导营造的石窟出了什么问题，而这两个石窟现在被称为宾阳中洞和宾阳南洞。①

皇帝即当今如来

温玉成认为杨大眼看的是为孝文帝营造的正壁主像，这一点我也赞同，但是我不认为杨大眼是在讨论关于主像供养人的问题，同时我也不认为他的造像记能够支持温玉成所说的铭文提及两位皇帝的观点。在汉字“先”和“皇”之间，作者留出一个字的空白。在某人名字前留下空白是为了表示对其人的尊重。在第二个短语中，“盛”和“圣”之间则没有留出空白。在“圣”之前没有这个表示尊重的传统标识，这有力地表明作者并非指的是皇帝，专用词语“圣”应该被翻译成“神圣”，意思就是神圣的佛陀。

我认为杨大眼同时提到了一位皇帝和一个佛像。他说：“览先皇之明踪，睹盛圣之丽迹。瞩目□霄，泫然流感。”当某人目不转睛时，他一定正在注视一个单一的物体；当一个军人目不转睛之时，一定是态度恭敬地站在他的统帅面前。无疑杨大眼将军定

①《魏书》卷八《世宗纪》，198 页。

睛于石窟内独一无二的物体——正壁所造大佛像。为什么他看到这尊佛像时会让自己哀思已故的皇帝呢？肯定是因为杨大眼相信这是佛的像，同时也是皇帝的像。这两句论及皇帝和佛的短语实际上是在描述同一主体：正壁的大佛。这是北魏信仰"皇帝即如来"的具体实例。

第二章 造像果报

在任何社会中,礼物的本质是最终都要回馈给送礼者本人。

——莫斯(Marcel Mauss)[1]

龙门第一个由皇家捐造的洞窟——宾阳中洞——作为北魏晚期艺术的一座丰碑,在任何一本中国艺术教材中都不可或缺。用劳伦斯·席克曼(Laurence Sickman)的话来说,不仅它的开凿计划是"清晰、连贯的",而且"它以石刻雕塑为媒介,再现了非常接近 6 世纪初寺庙的内部情形——而所有这些建筑在几个世纪之前就已经消失"。[2]除此之外,这些造像被认为是无与伦比的(图2.1)。席克曼是这样描述宾阳中洞主尊的:

[1] *The Gift: Forms and Functions of Exchange in Archaic Societies*, trans. Ian Cunnison(Glencoe, Ill.: Free Press, 1954), p.34.

[2] Laurence Sickman and Alexander Soper, *The Art and Architecture of China*, 3rd ed.(Harmondsworth: Penguin Books Ltd., 1968), pp.97 and 101.

图 2.1　宾阳中洞西壁释迦牟尼佛（张亚光摄）

主尊释迦牟尼佛，就很多方面来讲，都是现存中国古代佛教造像的一个杰出范例。在身体和双臂包裹着的僧衣以层叠而井然有序的鱼鳞状衣纹来表现，下衣在腿部处呈曲线状并垂至平台，衣摆以扁平而蜿蜒有致的褶皱来表现，如瀑布般覆搭在狮子守护的宝座之上。佛的双手施无畏印和与愿印，似乎是为了强化这种神秘的手印。脖子像一个截锥体，支撑着近乎矩形的头部，头顶上凸起佛髻，脸两侧一对巨大的耳朵，像一个完整建筑造型的必备要素一样有机地组合在一起。用夸张而普遍的特征来塑造身体和衣袍的抽象特质，脸上露出古典而神秘的微笑，构成一尊深邃而又和蔼可亲的圣像。①

尽管这个北魏晚期的珍贵雕塑范例受到了普遍的赞叹，但是关于它的两个关键问题从没有得到妥善的解答，那就是为什么会建造这样一座石窟，而它的功能又是在什么样的机制下运转的。石窟本身透露出供养人在石窟的设计方面投入了相当大的精力和费用，并且希望它能够在灵界发挥作为给受惠人的业力礼物之功能。通过对这个精心营建的、复杂构建的石窟内所有要素进行详细的考察，我们会发现一个参拜者是如何在特定空间和时间的顺序下对石窟内的造像进行系统性解读和互动的，不仅仅是去理解塑像中供养人的自我表达及其同受惠者的关系，更为重要的是关注这些供养人在偶像面前礼敬所产生的功德，宾阳中洞内其余

---

① 同上书，98—99 页。

工程也都是为了转移和回向这种功德而设计的①。

宾阳洞的历史

和古阳洞不同的是,宾阳三洞在正史中是有记载的。《魏书·释老志》这样写道:

> 景明初,世宗诏大长秋卿白整②准代京③灵岩寺石窟,于洛南伊阙山,为高祖、文昭皇太后营石窟二所。
>
> 初建之始,窟顶去地三百一十尺。至正始二年中,始出斩山二十三丈。至大长秋卿王质④,谓斩山太高,费功难就,奏求下移就平,去地一百尺,南北一百四十尺。
>
> 永平中,中尹刘腾⑤奏为世宗复造石窟一,凡为三所。从景明元年至正光四年六月已前,用功八十万二千三百六十六。⑥

尽管这段记录的细节非常详尽,但是却没有明确具体的石

① 人们在石窟的图像里同时体验到时间和空间的信息是对巴赫金(Mikhali Bakhtin)时空体性(chronotropic)理论的很好说明。参见"Aesthetic Visualizing of Time/Space: The Chronotope," in *The Bahktin Reader*, ed. Pam Morris (London: Edward Arnold, 1994), pp.180—187;汪悦进:《佛教石窟的时空观及图像附会——云冈第38窟北魏雕刻布局构思浅议》,载巫鸿主编:《汉唐之间的宗教艺术和考古》,279—312页。

② 阉官白整,太和(477—499)末为长秋卿,见《魏书》卷九十四《白整传》,2026页。

③ 宿白和卡斯韦尔(James Caswell)都认为当时的证据表明在北魏晚期,灵岩寺就代表着整个云冈石窟,参见 Caswell, *Written and Unwritten*, p.110。

④ 宦官王质在孝文帝时被任为大长秋卿,见《魏书》卷九十四《王质传》,2025页。

⑤ 刘腾传见《魏书》卷九十四,2027—2028页。

⑥ 《魏书》卷一百一十四《释老志》,3043页。

龙门石窟供养人

窟。然而它又确实道出三个石窟最终的地点是去地 27 米(一百尺),南北 39 米(一百四十尺)。①龙门只有一个地点符合这样的描述(图2.2)。②宾阳三洞面朝一个庭院式的空地,南北距离有 30 多米,石窟顶部离地面有 9 米到 10 米高,如果从崖壁顶端算起,到地面就约有 20 米高。

仅有这个曾经叫作灵岩寺如今被称为宾阳中洞的石窟完工于北魏。③有证据表明其余两座洞窟是在 523 年宦官刘腾去世时就被废弃了的,剩余工程是在 7 世纪时由其他的供养人完成的。

图 2.2　宾阳三洞外崖面示意图

① 北魏一尺等于 27.881 厘米,参见杨鸿勋:《关于北魏洛阳永宁寺塔复原草图的说明》,《文物》1992 年第 9 期,82—88 页。

② 关于皇帝是该洞窟发起者的各种早期理论的总结参见 Alexander Soper, *Literary Evidence for Early Buddhist Art in China*(Ascona:Artibus Asiae, 1959), pp. 102—103。

③ 杨衒之著,范祥雍校注:《洛阳伽蓝记校注》卷五,上海:古典文学出版社,1958,350 页。宾阳是现代称法。

和宾阳中洞配对的应该是宾阳南洞，南洞里有和宾阳中洞相一致的具有北魏特色的图案，比如窟顶的伎乐天和东壁的神王像。[1]宾阳中洞是为已故的孝文帝所造，后来中洞首先完工，宾阳南洞是皇帝为已故母亲所造。由于宾阳北洞洞内缺乏北魏的时代元素，因此常常被认为是刘腾在508年为纪念当时在世的宣武帝而造的第三窟。[2]

在接近宾阳中洞入口处的左侧方向有一块巨型浮雕刻碑，上面很可能记载的就是这位皇帝的献词。然而，是否刻有造像铭文，现在无从得知；目前这块碑文是唐朝魏王李泰在641年宾阳南洞完工之际的献词。倘若已消失的造像铭文确实存在，它的信息很可能就包含在上文提到的《魏书》中的记载。

皇室的捐助

所有证据都表明这项工程在这位年轻皇帝的心中占有重要的地位。下令建造石窟是在宣武帝即位的前一年，即位四年之后，当工程进展缓慢之时，宣武帝亲自前往龙门视察工程。[3]他的母亲高太后在494年迁都洛阳之际被谋害（另一种说法是被冯太后的亲信所害），当时他只有十二岁。[4]499年这位小皇帝一即位，就追尊他的母亲为文昭皇后，同时"宠隆外家"。[5]宣武帝的父亲在

---

[1] 张若愚：《伊阙佛龛之碑和潜溪寺、宾阳洞》，《文物》1980年第1期，19—25页。

[2] 李文生：《龙门石窟北朝主要洞窟总叙》，载龙门文物保管所、北京大学考古系编：《龙门石窟》一，265—266页。

[3] 《魏书》中简要记载："（正始元年十有二月）己亥，行幸伊阙。"（卷八《世宗纪》，198页）

[4] 《魏书》卷十三《孝文昭皇后高氏》，335页。

[5] 《魏书》卷八《世宗纪》，191页；卷八十三上《李惠传》，1826页。

行军途中染疾去世的时候只有三十三岁。孝文帝病重之际,命司徒元勰派人前往洛阳,请皇太子元恪到鲁阳登基即位。任命侍中、护军将军、北海王元详为司空公,镇南将军王肃为尚书令,镇南大将军、广阳王元嘉为尚书左仆射,尚书宋弁为吏部尚书,与侍中、太尉公元禧,尚书右仆射、任城王元澄等六人共同辅佐朝政。同时秘密地将冯后赐死,以清除日后小皇帝的权力障碍。①其结果便是权力的交接比较顺利,501年,仅十八岁的宣武帝开始掌控朝局。②人们几乎无法想象这位年轻人对待亡故父母的情感,这种情感很可能不仅包括报答父母给予自己生命的传统孝敬,而且也包括对父母灵魂的关切,考虑到小皇帝父母不幸的死亡方式——英年早逝与被迫自杀,他们肉体死后,灵魂似乎迫切需要业力的拯救。

　　像他的父亲一样,尽管宣武帝作为一个佛教资助者更为活跃,他在佛教思想方面还是有智识的,有着睿智的见解和浓厚的兴趣。孝文帝曾经学习《成实论》,据说精于冥想,而宣武帝也笃好佛理,每年常于禁中亲讲经论,广集名僧,标明义旨。③他对《维摩诘经》颇为推崇,509年于式乾殿为诸僧、朝臣讲《维摩诘经》。④宣武帝在508年亲迎印度沙门菩提流支(Bodhiruci)到洛阳来,并且资助他的传译活动。菩提流支和他的助手翻译了39部经及注

① 珍妮弗·霍姆格(Jennifer Holmgren)对这两个朝代的更迭有深入的研究,参见其论文"Princes and Favourites at the Court of Emperor Shih-tsung of Northern Wei, c. 500—510," *Journal of Oriental Studies* 20, no.2(1982):95—127。

② 《魏书》卷八《世宗纪》,193页。

③ 参见 W. J. F. Jenner, *Memories of Loyang* (493—534)(Oxford: Clarendon Press, 1981), p.133;《魏书》卷一百一十四《释老志》,3042页。

④ 《魏书》卷八《世宗纪》,209页。

释,包括非常有影响力的《十地经》。他也支持了另一个与之相当的译经工作,即由印度僧人勒拿摩提主持的对于同一经典的翻译工程,这两部译作分别被保存在宫廷不同的大殿中,并由侍卫把守。他还命令勒拿摩提在宫中讲解《华严经》,又令逸士冯亮侍讲《十地》诸经。[1]当冯亮拒绝来朝之时,宣武帝为其在嵩山附近建了一处寺庙作为安置之所,同少林寺遥相呼应。少林寺是孝文帝为了安置他所敬仰的印度高僧跋陀尊者而建。[2]

宣武帝在城南捐资建造了皇家寺院。孝文帝为他早期的摄政者冯太后积累功德而建造了报德寺。[3]宣武帝执政后建景明寺,具体为谁而建并不明了。[4]宣武帝又建造了瑶光寺,该寺坐落在洛阳城西,在阊阖城门御道北。[5]参照他的石窟工程(即宾阳中洞和南洞),景明寺可能是宣武帝为他已故的父亲所造,而瑶光寺则是为他深爱的母亲所造。

宾阳中洞工程

宾阳中洞有一个统一而复杂的图像系统,它表达了皇帝作为

① 《论宣武帝和勒拿摩提》,参见汤用彤:《隋唐佛教史稿》,台北:佛光文化公司,2001,230 页。
② 《魏书》卷九十《冯亮传》,1931 页;卷一百一十四《释老志》,3040 页。
③ 杨衒之著,范祥雍校注:《洛阳伽蓝记校注》卷三,145 页。亦见 Jenner, *Memories of Loyang*, p.212.
④ 杨衒之著,范祥雍校注:《洛阳伽蓝记校注》卷三,132 页。亦见 Jenner, *Memories of Loyang*, p.207. *A Record of Buddhist Monasteries in Lo-yang*, by Yang Hsüan-chih, translated by Yi-t'ung Wang (Princeton: Princeton University Press, 1984). p.124.
⑤ 杨衒之著,范祥雍校注:《洛阳伽蓝记校注》卷一,46 页。亦见 Jenner, *Memories of Loyang*, p.166; *A Record of Buddhist Monasteries in Lo-yang*, p.46.

供养人同其父母作为受惠人的独特关系,由于这项工程没有提及任何一位宗教方面的顾问,看起来似乎这项工程是由皇帝本人发起、设计并凿建的。更进一步来讲,尽管这个石窟不是严格比照云冈的某一个石窟,但是,该项工程却是遵照皇帝的命令"准代京灵岩山石窟"而建。5 世纪云冈石窟的历史被压缩进了宾阳洞,然而是以有序的排列和宏大的尺寸重新表达的。云冈石窟欢喜而奔放的人物形象和密集的构图特点被移植和转化到了精心测定好的对称而又具有整体性的空间中。最后,我认为许多证据表明这项工程应该分三个步骤来解读和活化。第一个步骤就是当游客走进石窟之时,站在石窟的正面和入口处。第二个步骤就是在石窟内部,当游客进入石窟礼拜之时。最后一个步骤是对东壁的解读,当参观者拜过西壁的主佛之后转身走向门口的通道,会看到东壁的造像。每个阶段彼此独立的图像设计都是为了表达供养人一个特定的意图以及它们在石窟的业力果报体系中所起到的具体功能。

游客攀登到宾阳中洞前面的庭院式空地之后,会看到崖面上被凿的巨型洞口,对石窟的参拜体验就从这里开始。中洞门楣之上由一些蔓延的忍冬纹样缠绕装饰,两条背向雕刻的龙下方是隐约可见的饕餮图案,在这些图案之上是表示璀璨佛光的火焰纹。门廊过道两侧柱子的顶端是非常罕见的卷涡式柱头,使人不禁联想起爱奥尼亚克柱式,它们被棕叶饰纹所覆盖,两侧都有一个巨大的像龛,顶部刻成仿瓦顶样式,龛内刻有一尊赤裸上身的巨型守门天,或者门神(只有北边的雕像还存在)。入口的侧壁被分成三层,以浮雕技法刻上不同的内容。最下部是 3 米高的多臂门神形象（图2.3）。①北壁门框上的形象绝大部分都已经毁掉了，但是南壁门框上的多头形象是完好的，尽管中间曾经因安装门框而损坏过。他以胜利者的姿态屈起单腿踩在一个地神或者侏儒夜叉的身上，四个手臂挥舞着武器。他的胸铠、腹铠、护腿刻着长着獠牙的神祇、大象和凶猛的野兽。披巾在他周围旋动，表现出明显的动态。第二段雕塑已经高于参观者的头部，上面刻着一位站立的菩萨和一个大梵天的形象，面朝石窟内部，敬奉供品。②两侧门壁的顶层各刻着一位起舞的飞天。

入口立面仿造寺院佛殿的入口而建，这个立面有多个功能。当站在入口走入佛殿的时候，一块刻有文字的碑会向尘世以及业道轮回的体系宣告捐助者的身份和开窟的目的。这种立面的建筑功能就是将凡俗尘世同清净圣域区分开来，把来自外面的朝圣者过渡到内部空间的造像上。武士的脸朝向外面来保护进入圣域礼拜的朝拜者。供养菩萨、印度神祇和门壁顶层的飞天以参拜状面朝窟内的佛国门，直接在入口处指引圣域的入口和方向，从而产生功德。外立面所雕刻的元素也同样会使人忆起云冈石窟，

---

① 这些形象被中国考古学家识别为帝释天和大梵天，但是这种识别并没有任何图像学的依据（李文生：《龙门石窟北朝主要洞窟总叙》，载龙门文物保管所、北京大学考古系编：《龙门石窟》一，265页）。我非常感谢俄亥俄州立大学的David Efurd，他同我一起讨论这个议题。

② 温玉成认为这四个造像可能代表了孝文帝的四个儿子（中国石窟雕塑全集编辑委员会编：《中国石窟雕塑全集4 龙门》，8—9页），这一论断基于新加坡学者古正美的观点，她把云冈第8窟南壁窗户下面六位供奉者识别为献文帝的六个儿子。参见古正美：《贵霜佛教政治传统与大乘佛教》第8章，台北：允晨文化，1993，597页。但是根据金理那（Lena Kim）的研究，宾阳洞的这四个造像带有头光，象征着神祇，而非皇族成员，通常被认为是菩萨，或者更准确说是梵王和菩萨。参见金理那著，洪起龙译：《关于6世纪中国七尊像中的螺髻像之研究》，《敦煌研究》1998年第2期，72—79页（原刊《佛教艺术》第219期，1995年5月，40—55页）；张林堂、孙迪编著：《响堂山石窟——流失海外石刻造像研究》，北京：外文出版社，2004，50页。

图 2.3　宾阳中洞过道南侧壁面上的力士、大梵天、菩萨以及飞天

因此这项皇家工程是和旧都郊外那些恢宏的石窟工程联系在一起的。门壁的图案被分层雕刻,巨大的门神、多臂印度神像也见于云冈最早的双窟第7、第8窟的外立面。[1]

进入石窟之后,游客开始第二个阶段的体验。石窟内部宽11.4米,进深9.85米,矩形地面中间刻出一条走道,从窟门口通向洞窟的中心再到正壁主尊神坛(图2.4)。每一侧都有两朵大莲花,莲花周围有卷云状的藤蔓和绽放的植被。这种设计理念可能试图表明地上所铺为地毯,或者是表现池塘里的植物。通道的设计目的肯定是引导游客体验石窟,游客从门口径直走到主佛面前,之后沿着同一轴线返回。

窟顶甚至更为讲究(图2.5)。中央是一朵巨大的高浮雕莲花,莲花中间是莲子,莲子周围被两层花瓣所包围。莲花周围环绕着八身乾达婆,这些乐神的脸朝向正壁主佛并在主佛身光的尖端处聚集。每一位乾达婆各自演奏一种乐器:笙、竹笛、阮、腰鼓、石磬、排箫、古筝和铜钹。[2]乾达婆的下面是两身紧那罗,他

① 温玉成认为宾阳中洞和南洞并不是云冈第7、第8窟的复制,而是在外部吠陀神祇和武士形象方面与内部结构及图像工程有相似之处(中国石窟雕塑全集编辑委员会编:《中国石窟雕塑全集4 龙门》,8页);范德本认为第7、第8最早建于5世纪30年代;我认同曹衍(1147)(译者注:曹衍系书写《大金西京武州山重修大石窟寺碑》之人)的观点,他认为"然则明元始兴通乐,文成继起灵岩,护国、天宫则创自孝文,崇福则成于钳耳(宦官)",表明第7、第8窟是由明元皇帝所创,16窟至20窟由文成帝所创,第5、第6窟是由孝文帝所创,第9、第10窟则是由宦官钳耳所建。参见 Victor Mair(梅维恒),"Review of *Written and Unwritten: A New History of the Buddhist Caves at Yungang*," *Harvard Journal of Asiatic Studies* 52 (June 1992):345—361; and Harrie A. Vanderstappen, "Review of *Written and Unwritten: A New History of the Buddhist Caves at Yungang*," *Ars Orientalis* 19 (1989):125—127。这是一个复杂的课题,我会在其他地方加以讨论。

② 温玉成:《龙门北朝小龛的类型、分期与洞窟排年》,载龙门文物保管所、北京大学考古系编:《龙门石窟》一,215页。

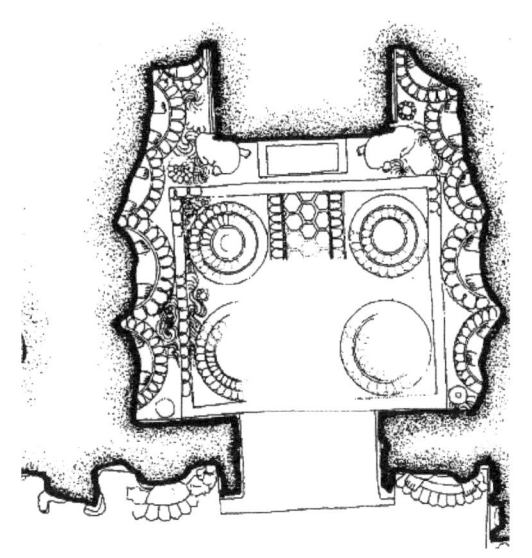

图2.4 宾阳中洞地面

们是天国保护佛的歌神和舞神。在身光的边界,紧那罗手捧果盘飞向主佛。这些天人形象在旋状云式样中间飞舞,环绕在他们周围的是被羽扇点缀的莲花图案。四周垂着重重叠叠的古钱币状和狭长的三角形图案,这些可能是代表华盖的内部纹饰。

　　主佛背对正壁,盘腿坐在低矮的方座上(参见图2.1)。他有8.42米高,是宾阳中洞内最大的佛像。他的服装是汉化样式,尽管像席克曼指出的那样,这个形象接受了"抽象的处理方式",考虑到需要营造轻微的动感,主佛外袍的下摆被刻画成卷曲状的衣褶,它们均匀地以一定的间隔排开,而非刻板对称。面部由一些简单的图形组成:半圆形的眉毛,新月形的眼睛,三角形的鼻子,小巧的嘴巴上挂着慈悲的微笑。头光中莲花花瓣的周围是缠绕的花蔓,而身光的内圈由飞舞的飞天组成,外圈由火焰纹组成。

图 2.5　宾阳中洞窟顶

身形较小的高浮雕像是佛陀最年长的弟子迦叶和最年轻的阿难，他们侍立在佛的两边，高度分别为 4.78 米和 4.88 米。在两侧弟子的旁边是两尊巨大的胁侍菩萨，达到 6.13 米高（图 2.6）。他们的面部基本上和佛相同，但是他们头戴高高的华冠，戴有垂饰的项链、手钏，以及长度垂绕过膝盖的珠宝璎珞。法衣覆盖双肩，在腰间僧祇支处打结。每一位菩萨的右手上扬，手持莲蓬，左手处在较低位，手持一把小扇。赤脚，且分得很开。而他们的身体向上收缩，从正面注视，他们会呈现出三角形的轮廓。佛和弟子的上身和头部刻得要比下身稍微向前些，因此他们在朝拜者的上方是前倾的。这是一种简单但有效的方法，使造像最有表现力的部分——头和手更为接近观者，以抵消由于造像高度较高而对头部和上身在视觉上的弱化。

　　南北两壁各雕一立佛和二菩萨像，立佛的头、头光以及身光

图 2.6　宾阳中洞南壁菩萨

是和正壁主佛相匹配的。①这个工程的主要造像表现的就是三世佛，坐佛旁侧的胁侍弟子表明了造像者意图表现释迦牟尼——现在诸佛的代表。南壁立佛的手势和坐佛相同，北壁立佛的左手伸出了拇指和食指，而非只有食指。②我怀疑手势方面的细微差别是为了区分代表过去诸佛的过去佛和代表未来诸佛的未来佛，但是这种识别方法目前已难以考证。三世佛题材在《妙法莲华经》和其他相关经典中颇受推崇。在5世纪沙门统昙曜翻译的一部经典中，一位祈求者说道："我至心念过去一切诸佛。未来一切诸佛。现在一切诸佛无上法王。如是一切三世诸佛。我皆归命，我悉归依。"③

这个造像同宣武帝的关联是多元的。首先，这个工程是和皇室密切相关的。三世佛题材是云冈三大窟的主题，是由道人统昙曜设计并由宣武帝的曾祖父倡造的。④通过北京大学考古学家刘慧达的研究，这种造像是根据昙曜对《妙法莲华经》及相关经典的研究和翻译，应用于5世纪60年代的皇家洞窟中的。⑤其次，三世

----

① 根据龙门石窟研究所的调查，南壁东侧胁侍菩萨的头部雕塑目前藏于大阪市立美术馆，西侧胁侍菩萨的头部雕塑收藏在东京国立博物馆。见龙门石窟研究所编：《龙门流散雕像集》，上海：上海人民美术出版社，1993，34、36页。1995年，大阪所藏菩萨头像和中国龙门其他窟龛雕像在大阪市立美术馆展出。见刘晓路：《东瀛遗珠——庄严的祈祷》，《收藏家》1998年第6期，34—36页。亦见2001年美秀美术馆的龙门石窟和奉先寺雕塑展出目录，非常感谢我的同事Sherry Fowler告知我这次展览的信息。

② 四川成都出土的南齐483年坐佛也是这种手印，参见松原三郎（Matsubara Saburō）：《中国佛教雕刻史论》卷一，东京：吉川弘文馆，1995，图版68a。

③《大吉义神咒经》，《大正新修大藏经》卷二十一，东京：大正一切经刊行会，1924—1934，1335号，568a页。

④ 许多学者认为核心窟群应该是18窟、19窟和20窟，很可能完工于460年和献文帝参观之年(467)。参见吉村怜：《昙曜五窟的修建情况》，15—34页。

⑤ 刘慧达：《北魏石窟中的"三佛"》，《考古学报》1958年第4期，91—101页。但是需要指出的是，三世佛在5世纪早期已经成为皇室考虑的题材，420年之前，代表三世的造像已经出现在炳灵寺169窟。参见温玉成：《中国早期石窟寺研究的几点思考》，《敦煌研究》2000年第2期，54—55页。

佛的观念很可能与皇位继承观念有关联，互为依存。昙鸾（476—542）在他的一部文集中表达了这种观点："三者后佛能度，犹是前佛之能。何以故？由前佛有后佛故。譬如帝王之甲，得相绍袭，后王即是前王之能故。"①因此，三世佛造像就政治象征意义而言，对宣武帝和他的曾祖父同样是适用的。最后，简单地雕刻三尊佛像除了可以用来表现和礼敬过去、现在、未来十方一切诸佛的现实性功能之外，还向敬拜三世佛的统治者承诺了巨大的好处："若能供养过去、未来、现在诸佛，则得无量不可思议功德之聚。以是因缘，是诸人王应得拥护，及后妃婇女中宫眷属诸王子等亦应得护。衰恼消灭快乐炽盛，宫殿堂宇安隐清净无诸灾变，护宅之神增长威德，亦受无量欢悦快乐。是诸国土所有人民，悉受种种五欲之乐，一切恶事悉皆消灭。"②

宾阳中洞内三世佛题材造像的功能在《金光明经》中有清楚的记载：为得"无量不可思议功德"，提供虔诚礼佛的敬拜场所。石窟体验的最后阶段清楚表明"积攒"功德并非石窟的最终目的，更重要的是要把功德回馈给受惠人。

东壁浮雕

与石窟内其他造像良好的保存状况形成鲜明对比的是，东壁墙面上的浮雕已因人为劫掠而遭到毁坏。所以最后一个体验阶段只能是一个想象重构的阶段（图2.7）。这些浮雕在窟门两侧被分成四个平行的图层雕刻，它的设计模仿了云冈第6窟过道壁

① 昙鸾：《略论安乐净土义》，《大正新修大藏经》卷四十七，1957号，3a页。
②《金光明经》卷二，《大正新修大藏经》卷十六，663号，342a页。

图 2.7 宾阳中洞东壁浮雕线描图

面上的图像构成,第 6 窟很可能是迁都前最后的皇家工程(参见图 2.12)。第 6 窟的设计是引导站在墙脚的礼拜者通过悉达多本行、成佛和说法的场景依次往上看,门的上方描绘了维摩诘和文殊师利的辩论场景。宾阳中洞东壁壁面最底端是十神王,每侧各五个,在神王像的上端是与真人大小相同的皇家礼拜队——过道北侧是皇帝礼佛图(参观者的左侧),南侧是皇后礼佛图。在礼佛图的上方是一个较窄的板块,上面刻画了佛的本生故事:摩诃萨埵太子舍身饲虎的故事,以及须达拏太子赠予六牙白象的故事。①最上边的板块刻画了维摩诘和文殊菩萨辩论的场景,文殊坐在窟门北侧一边,面对维摩诘。

北壁的底端,鱼神王手持一条张着凶恶大口的鱼,树神王握着发出火焰的宝石斜靠在一棵树旁,而狮神王头戴狮头样子的头盔,龙神王注视着一条小龙。怀抱一个大袋子,头发飘在身后的是风神王。没有碑文对这些形象加以识别,但是艾玛·邦克曾经将宾阳中洞的神王像与伊莎贝拉·史都华·嘉纳博物馆(Isabella Stewart Gardner Museum)收藏的 543 年东魏石碑上的神王像作过对比,这块石碑上的神王像是经过识别的。②在南侧墙壁上,有公鸡头形象的是鸟神王,紧挨鸟神王的是象头模样的雕塑,这是象神王(参见图 2.10 下部),接着是一个头部冒起火焰的形象,握着一个火焰形的物体,挨着它的是一个往自己手里吐珍珠的形象,最后一个形象擎着装有微型景

---

① 推测这两个故事和这两幅礼佛图之间的关系:这个以自我牺牲为主题的故事可能和这幅皇帝礼佛图相关,而另外一个曼迪向帝释天为子女祈求的故事可能和皇后礼佛图相关,故事是以赠予白象开始的,观者可能会联想到白象入怀——摩耶夫人孕育释迦牟尼的故事,尽管此处并没有刻画这个故事。

② Emmy C. Bunker, "The Spirit Kings in Sixth Century Chinese Buddhist Sculpture," *Archives of the Chinese Art Society of America* 18(1964):26—37.

观的盘子。他们分别是火神王、珠神王和山神王。

　　神王像在经文中没有得到证实,在造像铭文中也没有被详述过。他们的意义只能通过在现存石碑中的作用来推理。神王像始终被置于墙体或碑体的基底处,从建筑学的意义上来讲,这表明了他们作为像柱的残余功能。他们也会使人想起自汉代以来常常被搁置在雕塑物体底端的半人侏儒形象。神王所在的支撑地位也可能暗示了一种保护功能,或者说将这些神王置于墙脚处仅仅是因为他们属于身份地位较低的神灵。就其本身而论,他们的恰当位置肯定是低于社会地位和灵性较高的皇室成员(王子是佛前生的肉身形象),以及已经圆觉开悟的维摩诘和文殊师利。①

　　神王像在中国中部地区风行了大约一个世纪后逐渐淡出。②河南地区宾阳中洞首次出现神王像,稍晚时候,巩县和响堂山的石窟雕塑中也出现了神王像,东魏(534—550)和北齐(550—577)时期的石碑上也有神王像。只有在6世纪时神王像被刻画过,至隋代(581—618)就永远消失了。另外还有一群怪异的神灵——所谓的雷神怪——也出现在同一时期,南北方的墓碑都

---

① Laura Heyrman 认为,神王代表的是大地之神、欲界之神和物界之神("The Meeting of Vimalakirti and Mañjuśri: Chinese Innovation in Buddhist Iconography"[Ph. D. dissertation, University of Minnesota, 1994], p.194)。对这种释读作进一步的延伸,我们可以看到维摩诘和神王板块是上下独立构图,因此把东壁浮雕看作是本生故事和礼佛队伍框架中的维摩诘故事。这种释读和 Judy Ho 的结论是完全一致的。Judy Ho 认为东部浮雕是一个整体,意在阐述菩萨的慈悲和完美的教导(Judy Chungwa Ho, "Tunhuang Cave 249: A Representation of the *Vimalakīrtinirdeśa*," [Ph. D. dissertation, Yale University, 1985], pp.160—162)。

② 参见金申:《关于神王的探讨》,《敦煌学辑刊》1995 年第 1 期,55—62 页;赵秀荣《北朝石窟中的神王像》,《敦煌学辑刊》1995 年第 1 期,63—71 页;殷光明:《试论北凉石塔基座像与神王》,《敦煌研究》1996 年第 4 期,8—19 页。

刻有这种形象。①施安昌曾表明"雷神怪"起源于粟特。②持类似观点的还有邦克,她指出神王并非中国本土产物,一定衍生于外源文化。因为神王像总是成套出现,这表明在中国人最初接触神王时,他们就是早已存在的群体,而且他们自身也持有或佩带特定的识别物。③在甘肃南部出土的东罗马鎏金银盘很可能就制造于二三世纪,出口至大夏王朝,其都城位于今阿富汗的马扎里沙里夫附近。④后来这个银盘通过丝绸之路被完好地带入中国本土。盘子中间画的是狄俄尼索斯(Dionysus),他斜靠在一只狮子上(图2.8)。外缘以常春藤、葡萄藤和成串的葡萄装饰,花下叶底隐蔽着飞禽、爬行动物和昆虫等小动物。内圈宽2厘米,外缘饰花叶纹、联珠纹,内缘饰细密的联珠纹,中间条带由柱形饰分割成十二等分,每等分左侧一动物,右侧一神头像,表现的是"奥林匹

第二章 造像果报

---

① 参见 Susan Bush(卜寿珊),"Thunder Monsters, Auspicious Animals, and Floral Ornament in Early Sixth Century China," *Ars Orientalis* 10(1975):19—33; Susan Bush, "Thunder Monsters and Wind Spirits in Early Sixth Century China and the Epitaph Tablet of Lady Yüan," *Boston Museum Bulletin* 72, no. 367(1974):25—54。

② 施安昌:《北魏苟景墓志及纹饰考》,《故宫博物院院刊》1998年第2期,21—29页;施安昌:《北魏冯邕妻元氏墓志纹饰考》,《故宫博物院院刊》1997年第2期,73—85页。

③ 常青认为每一种神王都来自各自的佛教经典,诸神王在佛教世界里各具神通,与天龙八部等共护佛法,通过对南北地区神王和神兽的对比,认为北方有接受东晋、南朝影响的成分。参见常青:《北朝石窟神王雕刻述略》,《考古》1994年第12期,1127—1141页。在我看来,这些形象不能从佛经中一个一个割裂开来解释,因为它们总是成组刻画的。

④ 中国的调查报告包括初师宾:《甘肃靖远新出东罗马鎏金银盘略考》,《文物》1990年第5期,1—9页;林梅村:《中国境内出土带铭文的波斯和中亚银器》,《文物》1997年第9期,55—65页。亦见 Nicholas Sims-Williams, as quoted in catalogue entry no. 115 by Judith A. Lerner in Annette L. Juliano and Judith A. Lerner, *Monks and Merchants: Silk Road Treasures from Northwest China*(New York: Asia Society, 2001), pp.321—322。这件珍品曾在纽约大都会博物馆展出。

图 2.8　甘肃靖远出土银盘(林梅村《中国境内出土带铭文的波斯和中亚银器》)

图 2.9　宾阳中洞北壁和东壁皇帝礼佛图

斯山十二神"，诸神旁边有特定的动物昭示各自的身份。一组带
有这种特质的罗马神祇可能会是神王的一个很可靠的来源，或许
他们混合着祆教，和其他被大夏及粟特崇拜的神话艺术作品一起
被中国人所看到。

帝后礼佛图

帝后礼佛图刻绘了一组身着华丽服饰的贵族，在手捧供品的
侍从仆婢簇拥下前往礼佛的场景。北侧的礼佛图上，刻绘了一位
身量较大的男性人物，身着褒衣，头戴冕旒，由三个随从作前导
（图 2.9）。身后也聚集着若干位侍从，手持一柄伞盖、两扇羽葆等
其他仪式用具。他将一炷香放进了侍从捧出的香炉。这个最大
的形象将近 6 英尺（1.82 米）高，而他周围的人物形象则要小许

图 2.10　宾阳中洞东壁和南壁皇后礼佛图

多。就他的服饰和相应的身材尺寸来说,这个人物形象看起来应该代表皇帝。这列队伍从左到右行进,似乎在表现进入石窟走近西壁坐佛的过程,故此,这幅图常常被解读为皇帝礼佛图。在人群中凿刻了三棵树,象征着郊外伊阙的场景,暗示帝王仪仗已经到达伊阙,正准备进入石窟。

　　过道另一侧和男性相对的是一群女性(图 2.10)。和游客最近的女性领导着队列,尽管看起来是往左侧行动,但是也可以理解为向后壁主佛行进。这位女性身披考究的多折披衣,脚蹬云头鞋,头戴硕大艳丽的莲花花冠。她左手外伸,右手持一细长条香,放进面前侍女手捧的香炉。左右侧分别有两位侍女，其中一位手持一朵硕大的莲花。这位女性周围由一圈身量缩小一半的侍女所环绕，其中一些手捧供物，像一盘水果之类的。在她的身后，侍女们侍奉的是另一位体型较小的以宫廷服饰装扮的女性。她的右侧是一位身量最小的皇家女性形象，头戴朴素花冠，但是脚穿云头鞋，并且由自己的侍女陪同。最右侧站着两位手举巨大羽扇的侍女。

宾阳中洞的部分帝后礼佛图目前保存在美国。劳伦斯·席克曼在 20 世纪 30 年代得到皇后礼佛图，并将其藏于堪萨斯城的纳尔逊艺术博物馆。当他在 1931 年秋季首次到达龙门时，墨拓了这幅浮雕，当时礼佛图是完好的。[①]但是在同年 12 月，他在北平的艺术市场上看到了来自龙门的雕塑碎片。1933 年 3 月，他再次来龙门参观，观察到"皇后礼佛图上几个人物的头部，以及大部分浮雕，已经不翼而飞"。当他在 1934 年最后一次参观龙门时，礼佛图浮雕几乎全无踪影。不久席克曼发现那些残片在不同人手里，主要集中在北京、郑州、开封和上海，甚至有一些远至德国。1935 年，当席克曼返回美国在纳尔逊博物馆任策展人时，他花费了几年时间去收集这些大大小小的残片，并在 1939 年至 1940 年冬季开始着手艰难的拼接工程。凭借着他在 1931 年意外所得的礼佛图拓片以及雕塑家华莱士·卢森宝亚（Wallace Rosenbauer）的协助，这幅壁画最终基本拼接成功。而丢失的部分——包括一些衣裙、左侧最下端人物的头部，以及右上角人物上举的手——

---

① Laurence Sickman, "Mid-Western Perspective: Gallery Director Recalls Art Rescue—the True Story Refutes Chinese Propaganda," *Kansas City Star*, Jan. 29, 1967.非常感谢 Marilyn Gridley 给我提供这篇文章的复印件。

最终用石膏替代。1941年,礼佛图浮雕开始展出。席克曼详细地描述了最终的效果:"这幅作品就像一位遭受了严重事故的人,技术高超的整容医生使他还能够被朋友认出来,但他却再也不是原来的自己……所有关心中国传统文化的人都深切地希望这幅皇后礼佛图仍然作为宾阳中洞完整的一部分待在河南省的那个角落里。"

皇帝礼佛图保存在纽约大都会艺术博物馆,相比之下,它的获取过程则被中外文献描述为美国文物贩子和中方卖国商人预谋勾结的国际文物盗窃的典型案例。20世纪30年代,大都会的远东艺术策展人普艾伦(Alan Priest)要求前往中国,因为这个时候普艾伦得知宾阳中洞的浮雕石刻被劫掠的消息,他想得到这些浮雕。通过普艾伦的信件可以了解,彼时他已经知道皇后礼佛图被凿掉,并且他也知晓席克曼正在收集这些残片。[①]与其在北平等待皇帝礼佛图被当地石匠凿掉后再运往北平文物市场,不如亲自参与其中。1934年秋天,普艾伦同文物贩子岳斌签订了合同。[②]合同规定普艾伦出资4 000洋元,从岳斌处购得现有的6个头像,岳斌承诺以14 000洋元的价格继续为普艾伦提供剩余的13个头像。合同注明:"倘该山日后发生意外"且"不能起运",则合同作废。这就有力地证明了此时此刻,礼佛图的其他部分还没有被盗凿。

尽管有购买合同,但普艾伦为得到这些头像和浮雕的残余部分也是费尽心机。他经常抱怨收到浮雕的仿制品。在他的来往信件中,他特别关注要获得"21个关键部位的残片"。[③]由于在皇

① Warren I. Cohen(孔华润),*East Asian Art and American Culture*(New York: Columbia University Press, 1992), pp.117—118.
② 该合同被宫大中(《龙门石窟艺术》,100—101页)转载。
③ Cohen, *East Asian Art and American Culture*, p.119.

帝礼佛图中有 21 个头像,普艾伦认为最重要的可能就是这些头像,当然普艾伦也最先得到了这些头像,但他获得整幅壁画的努力似乎并不算成功。即便是一个漫不经心的参观者在大都会博物馆中国雕塑厅参观之时,也会看到拼接浮雕上面头部和其余部分在颜色上的差别。据宫大中介绍,北平解放之初,皇帝礼佛图的残片在岳斌家中被发现。①经重新拼装后,证明这就是缺少了人物头部的礼佛图。

　　陈列在堪萨斯纳尔逊博物馆的皇后礼佛图大约构成了原雕塑的三分之二,也就是说由前两位皇室妇人和她们的侍女组成的东壁壁画部分。刻有第三位皇室妇人和她六位侍女以及举羽扇的两个仆女的部分,席克曼并没有得到。②宫大中写道,南壁的残片也在岳斌家中找到并且已经归还龙门。③比较而言,皇帝礼佛图则再现了整幅浮雕的原始构图,然而大都会博物馆里该壁画重构和展示的方式则模糊了原图的构造。整幅浮雕被处理成了一个一维的平面,类似于一幅壁画,但是老照片却很清楚地告诉我们,最右侧从人物到树的部分在东壁,而从树到左侧末端的部分在北壁。树最初在角落处,起到从东壁到北壁的过渡作用。相关人物的头部通过角落斜望着对方,表明他们既是彼此独立又是相互联系的整体,仿佛雕刻者想给两面墙上的两组人群创造一种关系,但也可能表明他们在某种意义上存在不同。北壁上面的人物从顶部至底端较为密集地聚集在一起,表明他们是一群官员,而非仅仅是一列随意的朝拜者。

① 宫大中:《龙门石窟艺术》,101 页,注释 2。
② 关百益编:《伊阙石刻图表》,开封:河南省立博物馆,1935,图版 13。
③ 宫大中:《龙门石窟艺术》,100—101 页。

索柏认为皇家礼佛图代表的是供养人——宣武帝和他的后妃胡皇后,胡氏后来在515年宣武帝死后成为胡太后。[1]我认为这个解释有待商榷,主要有两个理由。在接下来的章节我还将进一步讨论这个问题。北魏时期唯一清楚标记礼佛图中参与者身份的像龛是古阳洞内由比丘法生在503年所造的佛龛,根据这一像龛,我们可以知道礼佛队伍中的俗家敬拜者同时也是像龛的惠益者。[2]基于这些先例,皇家礼佛图中的人物很可能就是预期的受惠者,即孝文帝和文昭皇太后。第二个原因跟礼佛图的宗教功能相关。在石窟中刻画受惠人像的目的是直接将造像的功德回馈给受惠人的灵魂。既然假设宣武帝是为其已故父母开凿宾阳洞,那么为什么他要将自己的形象刻画在石窟里,并把积累的功德回馈给自己呢?这种赠与功德的行为是针对石窟内所刻绘的受惠人的,这些形象的刻画是一种图片化的手段,与用文字表述的功德献词回馈文等效。

皇帝的形象一定是代表了宣武帝的父亲——已故的孝文帝。他的面容成熟中透着年轻,符合三十三岁身故的孝文帝的年龄特征。领队的皇家女性形象则代表了皇帝已故母亲高氏,非常年轻和美丽。她被刻画成了一位皇后,这一身份是在她死后根据孝文帝汉化政策被追赠和提升的。孝文帝根据拓跋部族的传统没有加封任何人为皇后。然而另外两位贵族妇人不可能是孝文帝的其他嫔妃,因为林氏在宣武帝出生前就已经去世,而冯氏被怀疑与宣武帝母亲之死有关,因此宣武帝在临终之时将其赐死。另外

[1] Alexander Soper, "Imperial Cave-Chapels of the Northern Dynasties: Donors, Beneficiaries, Dates," *Artibus Asiae* 28(1996), no.4:248.

[2] 刘景龙主编:《龙门二十品:北魏碑刻造像聚珍》,17号。

一位冯氏嫔妃是她的妹妹，已经因为与他人有染被毒死。那么第二、第三位妇人就很可能是高氏的两位姐妹。①宣武帝即位后，高氏姐妹作为宣武帝母方亲戚被纳入石窟受惠人的系列，合乎礼仪的荣耀与特权。

佛本生故事的刻绘

在过道左侧礼佛图的上方刻着摩诃萨埵（Mahāsattva）太子舍身饲虎的故事，须达拏（Sudāna）太子的故事则刻在另一侧墙壁上面。中文的本生故事同巴利文的《本生经》（Pāli jātaka）以及 4 世纪精炼的梵文修订版《本生鬘》（Jātakamālā）在内容方面有很多区别。②例如，《须达拏本生经》（Viśvantara jātaka）由西秦僧人圣坚（385—431）翻译成《太子须达拏经》。③《萨埵太子本生经》（Mahāsattva jātaka）在中国佛教经典中至少有六种版本，只有一种版本的场景是设置在竹林中，就像这里所阐释的。④该版本内

① 高氏是高飏三女之一，高飏的三个女儿和儿子高偃、高肇都出生在高句丽，参见《魏书》卷十三《孝文昭皇后高氏传》，335 页。
② 前者参见 E. B. Cowell, ed., *The Jātaka, or Stories of the Buddha's Former Births*, 6 v.(Cambridge: Cambridge University Press, 1895—1907). The *Viśvantara jātaka* is no.547, v.6, pp.246—305。《摩诃萨埵本生经》没有巴利文版本。《本生鬘》译本参见 *Once the Buddha Was a Monkey: Ārya Śūra's Jātakamālā*, trans. Peter Khoroche(Chicago: University of Chicago Press, 1989)，他们被称为"母虎"和"须达拏"。
③《太子须达拏经》，《大正新修大藏经》卷三，171 号，418—424 页。根据水野清一和长广敏雄，该故事也见于《六度集经》卷二和《菩萨本愿经》卷上，《龙门石窟研究》卷一，东京：座右宝刊行会，1943，21 页。
④ 水野清一和长广敏雄在《龙门石窟研究》将其列出，卷一，24 页，注释 34。这个版本来自《金光明经》卷四《舍身品》，由昙无谶（Dharmaksema）（385—433）翻译，《大正新修大正藏》卷十六，663 号，345—354 页。

容如下：

乃往过去无量世时，有一国王，名曰大车。王有三子：摩诃波罗、摩诃提婆、摩诃萨埵。是时大王纵赏山谷，三子皆从。至大竹林于中憩息。次复前行见有一虎，产生七子已经七日，第一王子作如是言：七子围绕，无暇寻食。饥渴所逼，必啖其子。第二王子闻是说已：哀哉此虎，将死不久。我有何能，而济彼命。第三王子作是思念：我今此身，于百千生虚弃败坏，曾无少益，云何今日而不能舍。时诸王子作是议已，徘徊久之，俱舍而去。萨埵王子便作是念：当使我身，成大善业。于生死海，作大舟航；若舍此者，则弃无量痈疽恶疾，百千怖畏。是身唯有便利不净，筋骨连持，甚可厌患。是故我今应当弃舍，以求无上究竟涅槃，永离忧悲无常苦恼，百福庄严，成一切智，施诸众生无量法乐。

是时王子兴大勇猛，以悲愿力增益其心。虑彼二兄共为留难，请先还宫，我当后至。尔时王子摩诃萨埵，遽入竹林，至其虎所，脱去衣服，置竹枝上，于彼虎前，委身而卧。菩萨慈忍，虎无能为。即上高山，投身于地。虎今羸弱，不能食我，即以干竹，刺颈出血。于时大地六种震动，如风激水，涌没不安。日无精明，如罗侯障。天雨众华及妙香末，缤纷乱坠，遍满林中。虚空诸天，咸共称赞。是时饿虎即舐颈血啖肉皆尽，唯留余骨。时二王子生大愁苦，共至虎所，不能自持。投身骨上，久乃得稣。悲泣懊恼，渐舍而去。

时王夫人寝高楼上，忽于梦中，见不祥事，两乳被割，牙齿堕落，得三鸽雏，一为鹰夺，夫人遂觉两乳流出。时有侍女闻外人言：求觅王子，今犹未得。即入宫中，白夫人知。闻已忧恼悲泪盈目。即至王所白言：大王！失我最小所爱之子。王闻是已，悲哽而言：苦哉！今日失我爱子，慰喻夫人汝勿忧戚。吾今集诸大臣人民，即共出城分散寻觅。

未久之顷，有一大臣，前白王言：闻王子在。其最小者，今犹未见。次第二臣来至王所，懊恼啼泣，即以王子舍身之事，具白王知。王及夫人悲不自胜，共至菩萨舍身之地。见其遗骨随处交横，闷绝投地，都无所知。以水遍洒，而得惺悟。是时夫人头发蓬乱，宛转于地，如鱼处陆，若牛失犊，及王二子悲哀号哭，共收菩萨遗身舍利，为作供养置宝塔中。

我们从右到左解读宾阳洞内的壁画。右侧的壁画上两位兄弟站在竹林中，彼此正在谈话，他们的头饰表明了其外域皇室的身份，头饰的形状是模仿独特的新月形波斯皇家王冠。[1]摩诃萨埵王子的衣服挂在附近的竹子上。其中一位哥哥手指向左边的画面，左侧画面上脱光衣服的摩诃萨埵王子跪在老虎的面前。由于

---

[1] 这种图像来源的一个可能是萨珊王朝（224—651）银币上刻绘戴着新月形王冠的波斯国王，这种银币沿着丝绸之路流向东方。银币上刻着的是巴赫拉姆五世（Bahram V，420—438 年在位）、卑路斯（Peroz，457—484 年在位）、居和多（Kavad I，488—496，499—531 年在位）。Roman Ghirshman, *Persian Art：The Parthian and Sassanian Dynasties*, *249 B. C.-A. D. 651*, trans. Stuart Gilbert and James Emmons (New York：Golden Press, 1962), figs. 317—319.定县塔基中出土的波斯萨珊银币上刻的是耶斯提泽德一世（Yazdgard I，438—457 年在位）和卑路斯（Peroz），参见 Michael Alram, "Coins and the Silk Road," in Juliano and Lerner, *Monks and Merchants*, pp.274—275.刘永增提出这种图案的另一种来源是早期本生经中的皇室人员，例如在北魏敦煌 257 窟刻画的鹿本生故事中的人物（2004 年 7 月 14 日在敦煌研究院私人之间的交流，参见《莫高窟第 158 窟的纳骨器与粟特人的丧葬习俗》，《敦煌研究》2004 年第 2 期）。

这只母虎太虚弱了，以至于不能吃掉活着的王子，所以王子用竹子刺进自己的喉咙。左侧更远的地方刻绘了王子正从高山跳向死亡之地的场景。北壁剩余的画面是皇家公园——绿树成荫的山地风景。

须达挐太子的壁画从左到右来解读。在左侧，须达挐和他的妻子曼迪告别他的父母——国王和王后。这位王子一生乐善好施，对于任何有求于他的人，不管是衣食还是金钱，他从不拒绝。敌国的一位国王利用王子的这一性格，派出使节前去索取国宝——须檀延大白象。当须达挐王子的国王父亲发现自己儿子把自己国家的庇护之物给施舍了，非常生气，但他并没有伤害自己的孩子，而是将其弃绝在檀特洛迦山十二年。第一幅场景表现了这对年轻的夫妇在离开前向国王和王后鞠躬。接下来的场景表现了须达挐和曼迪带着他们的一双儿女进入山中的情景。他们乘坐一辆马车离开国都，但是王子又把马和车给了那些向他索要的人。之后他把全家人的衣服都施舍了去，面带平静喜乐的表情，全家人进入山中。

第三幅场景表现的是这个家庭站在一位手持拐杖的巨神面前。王子的身后是坐在洞里有五百岁的阿周陀，他是须达挐太子在檀特山遇见的僧人。当这位僧人问太子在山里到底寻求什么，太子答言：“欲求摩诃衍道。”因为预知须达挐太子就将轮回为悉达多太子并且成佛，僧人言：“太子功德乃尔。今得摩诃衍道不久也。太子得无上正真道时，我当作第一神足弟子。”[1]手持拐杖的巨神则是帝释天，他在对须达挐太子作最后的试探。[2]当须达挐太

① 《太子须达挐经》，《大正真宗大藏经》卷三，171 号，421 页。
② 水野清一、长广敏雄：《龙门石窟研究》卷一，21 页。

子把自己孩子布施给他人为奴后，帝释天把自己乔装成婆罗门，然后来到须达拏太子处向他索要太子妃曼迪，太子就将妻子舍于帝释天，顿时"诸天赞善，天地大动"，天王释和太子妃"行至七步寻将妃还以寄太子"。天王释"即复释身端正殊妙，妃即作礼从索三愿：一者令婆罗门将我两儿还卖本国中；二者令我两儿不苦饥渴；三者令我及太子早得还国。天王释言：当如所愿"。这幅浮雕的场景是曼迪双手合十，向天王释索愿。

这个故事是以喜剧结尾的。孩子们在集市上被人认出，并报告给国王，国王赎出了他的孙子和孙女，同时也深深地自责，派人去寻找须达拏和曼迪。太子在回家的路上遇到了用金银鞍勒装饰的白象，敌国被太子的布施行为所感动，将白象作为友谊的象征归还并帮助太子回国。国人"散华烧香悬缯幡盖。香汁洒地以待太子"，太子在王宫中"头面作礼而问起居。王以宝藏以付太子。恣意布施转胜于前。布施不休，自致得佛"。

这两则故事同北魏信徒的见解密切相关。他们坚信这样的事情在同样的地区已经发生过。518年宋云和惠生被送往西方求经，在他们叙述乌苌国（Udyāna，今巴基斯坦北部）时，提到这个地方就是"鞞罗（须达拏）施儿之所，萨埵投身之地"。[①]在国都的东南方，他们看到摩诃萨埵舍身饲虎的确切地点，山上有收藏王子尸骨的寺庙。在西南方，他们穿越檀特山，看到须达拏太子的草舍有迷宫般的树阵，以及阿周陀窟。[②]对于宾阳洞的参拜者，这两则故事在时间和空间上是联系在一起的。更进一步来讲，这两则故事的要点是相同的：宣扬布施的美德以及王子菩萨、未来之佛无

---

① 杨衒之著，范祥雍校注：《洛阳伽蓝记校注》卷五，298 页。
② 同上书，300 页。参见 *A Record of Buddhist Monasteries in Loyang*，pp.232—234。

限的悲悯之心和慷慨大方的行为。

维摩诘和文殊菩萨像

　　印度俗家修行者维摩诘和文殊菩萨辩经的场面在最上方的板块表现,高出参观者视线许多。文殊是在门口左侧位,身着衣袂飘飘的菩萨装束,盘腿而坐,脸朝向出口,与维摩诘相向而对。[①]文殊的身后有两位菩萨站在莲花基部,在他面前的是佛的弟子舍利弗,正在向维摩诘随从中的天女示意。右侧,维摩诘斜倚在挂有幕帐的床榻上,靠着一个松软的长枕,右手握着一柄羽扇(图 2.11)。[②] 靠近床榻的是他的两位女眷,站在他前面的是那位天女,正在给舍利弗讲法。[③]

　　这些形象都是《维摩诘所说经·观众生品第七》中的主角,该经由鸠摩罗什(Kumārajīva,344—413)在 406 年译出。这部经典的主线就是"不二法门",是关于佛陀时代住在毗舍离城的一位富裕的居士维摩诘的故事,他才智超群又善论佛法。根据《维摩诘经》,维摩诘说"以一切众生病,是故我病",佛打发菩萨弟子去慰问维摩诘并听其讲法。每一位都向佛痛心地讲述了自己看望维摩诘的经历,当其试图同维摩诘讲论佛法时,发现自己在领悟上

---

① 文殊的刻画基本是完整的(参见中国美术全集编辑委员会编:《中国美术全集雕塑编 11　龙门石窟雕刻》,上海:上海人民美术出版社,1988,图版 45)。除了头部和舍利弗像被盗,维摩诘像也完全被盗。之前在纽约由私人收藏,现藏于华盛顿弗利尔美术馆。参见 Chang Qing, "Search and Research: The Provenance of Longmen Images in the Freer Collection," *Orientations* 34, no.5(May 2003): fig.12。

② 张乃翥:《佛教美术全集 6　龙门佛教造像》,台北:艺术家出版社,1998, 67 页。

③ 天女可以自由转变男女身,意为阐释不二佛法。参见 Burton Watson, trans., *The Vimalakirti Sutra*(New York: Columbia University Press, 1997), pp.86—92。

图 2.11　宾阳中洞东
壁维摩诘像

是如此欠缺。没有人有足够的智识能够与生病的维摩诘辩法。
只有文殊菩萨——众菩萨中最有智慧的那位，同意带领着其他人
一道去探访维摩诘。随行的菩萨弟子们讨论了不二法门的教义，
即圆觉与开悟蕴于对具象理解的谬误之中，因为所有现象都是无
常的，随时而变的。维摩诘让菩萨们逐个讲述"不二法门"的定
义，然而所有定义都被他驳倒。最后，文殊菩萨问维摩诘是如何
定义的，维摩诘沉默以对，借此完美表达了"不二"的含义，也获得
了辩论的胜利。

解读浮雕

尽管今人参观宾阳洞颇需要费一些时间才能弄懂出口两侧墙壁上图像的顺序和意义，对于一个北魏的参观者来讲，当他/她在礼拜队伍中走在中轴道上离开石窟时，却能很快理解这一切。现存于西安碑林博物馆的 471 年弥勒造像碑背面的浮雕，揭示了东壁上的浮雕构图对于北魏的参访者来讲已经是一幅常规范例。①在 471 年造像碑的底部有四位坐菩萨。上部图层是善慧童子和燃灯佛的本生故事，设计者用超过五个板块描绘了不同的场景。叙事的顺序为"S 形交替法"，也就是说最下面的图层的叙事顺序是从右到左，然后在其上一图层则是从左到右，依此类推，交替向上延伸。碑顶端的单一图层刻画的是故事的高潮，善慧转世为悉达多：后者被刻画为一个巨大的站立形象。宾阳中洞出口墙面上的安排和它的安排有相似之处。以南侧墙为例，在墙的底部是几个坐着的，不属于任何一个叙事的神王形象。在神王的上方，皇后礼佛图的叙事情节是从右侧举扇子的女性开始，然后向左推移到皇室妇女和她们的侍从。这些妇女的上方是须达拏太子本生图，画面从左向右展开。最顶端的图层是大型的维摩诘形象，他坐在右侧，维摩诘和天女都面朝左侧的文殊菩萨。

文殊和维摩诘的辩经场景作为任何单独的偶像画面是能够

---

① 参见 Audrey Spiro, "Hybrid Vigor: Memory, Mimesis, and the Matching of Meanings in Fifth-Century Buddhist Art," in *Culture and Power in the Reconstitution of the Chinese Realm*, *200—600*, ed. Scott Pearce, Audrey Spiro, and Patricia Ebrey (Cambridge, Mass.: Harvard University Asia Center, 2001), pp.125—148。

被迅速识别的。在北魏，这样的场景通常会被置于拱门的顶部，两个形象面对面。例如在云冈第 6 窟，对面而坐的文殊和维摩诘形象就被置于门道的上方，当朝拜者往出口走的时候就可以看见(图 2.12)。而在古阳洞内的造像龛中，二者的形象要么在龛的拱肩处，要么在龛的外立面，但总是在主佛的上方或者侧方，彼此面对。因此，基于北魏时期参访者对于这种图像惯例的熟悉，宾阳中洞的文殊和维摩诘的位置和朝向能够被参访者迅速识别出来。无论贵族拜佛者处于礼佛图的哪一边，都能抬眼望到浮雕并轻松解读，而不用像一个乡巴佬一样使劲仰起脖子端详造像。

雕塑者在造像过程中也运用了一定的技巧，确保浮雕能够在自然光之下清晰可辨。例如，浮雕中的人物都是以半侧面像出现，而他们的鼻子却是完全以正视图的方法刻画的。这种有意的变形可以在藏于美国大都会博物馆的皇帝礼佛图中很好地观察到，这幅浮雕的光从上面打下来，显得人物的鼻子相当突出而奇怪。与之形成对比的是纳尔逊艺术博物馆的雕塑厅走道里展览的皇后礼佛图，照射这幅图的光线就模仿了宾阳洞穿过窟门打到左侧的光束。在此，参观者可以观察到浮雕设计者希望达到的效果：鼻子在脸上投下了更深的、不会消失的阴影，从而在面部创造出更好的三维立体效果。第二个技巧就是运用底切法来投射前面的图像元素。例如，皇后礼佛图中两位皇室妇人头饰上的花瓣层在边缘处就被从底部切掉许多，以便使每个花瓣都能够徐徐呈现在参观者的眼前。她们穿的"云头鞋"也采用这种方式来刻画，通过光影营造出空间感。

视线错觉也被大规模地使用。左侧的浮雕版图实际上已经覆盖到北壁，而右侧的版图业已覆盖到南壁。雕刻者在南北壁面

图 2.12　云冈石窟第 6 窟南壁出口处维摩诘和文殊菩

上设计人物是为了营造出东壁上的人物朝向参观者走来的效果。例如文殊板块上两个胁侍菩萨被置于北壁且站立于较高的位置，而文殊则在东壁坐在较低的位置。在构图中，参观者一般会将较高的东西解读为处于较低位置的人或物之后，因此文殊就坐在立菩萨的前方。维摩诘图块的构图在这一点上的处理也显得尤为智慧。维摩诘本人的图像被刻在东壁上，但是他靠的长枕却在南壁处，因此从参观者的角度来看，长枕就好像是从维摩诘身后出现并向参观者延伸一样。床的框架延伸至南壁墙面上，帐幕也部分飘荡在南壁，进一步呈现出三维的场景。在南壁上，维摩诘的两位侍女身后的区域被深深地凿刻掉，这样一来，就感觉这块区域像是参访者的空间。

两个本生故事也同样利用了这种将图像划分入两块区域的技巧。左侧舍身饲虎的故事中，王子投身的悬崖被置于角落，而纵身一跃的王子形象则在东壁上。对于一个站在石窟出口处的参观者来讲，看起来好像王子正从北壁跳入石窟的空间中。在须达拏太子故事板块中，王子和他的家人被驱逐出宫廷送往流放山中的场景被刻画在东壁上，这个场景处于世俗世界之中，而超自然的形象帝释天和五百岁的僧人则被刻在南壁上，仿佛是处在山谷深处的圣界之中。

在皇后礼佛图中，头前两位皇室妇人和她们的随从被刻在东壁上，而第三位皇室妇女和她的随从们及两位手举高大羽扇的侍从则出现在南壁。南壁壁画重复了许多东壁的元素，例如各种人物以各种不同的回头角度来营造一个假想的空间，南壁还有一位头戴考究王冠、手持莲花的皇家女性。这一部分是独立发挥作用的，它把一群女性带到我们的空间，又利用手持羽扇的侍从，像半个括号一样把这一群体封闭起来。与此相似,皇帝礼佛图被角落层叠的树冠分为两个部分。北壁男子的头部要显得略高一点,并且他们更为拥挤地凑在一起,这样就给人一种他们正向前移动进入参观者空间的感觉。左侧的最后三位脸部都朝向门口,构成剩下的半个括号。

所有这些技巧的运用表明雕刻者设计东壁的浮雕是为那些正沿着洞窟内雕刻的路径在窟门处准备离开的人考虑的。走在仪式队列中的礼拜者是没有机会来分别详细观看东壁和两侧壁的,但是他们的余光会有一个斜视的角度将两面墙合并成一个三维空间。所有技巧协同运用,共同创造出一种三维和现实的错觉,这也表明这些浮雕与巨型偶像之间在功能上的区别。

根据传统"五行"交互感应的观念,造像越接近被描摹神祇的真实容貌或本真的刻画,就越有可能引起被描摹神祇的回应,被描摹神祇的灵也越容易占据这个神像。[①]这种观点和同时期的佛教思想是相契合的,就像法身佛在过去表现为释迦牟尼佛,如今则化现于人造的佛形象之中。假如这个造像有放射光芒的白毫、发光的深蓝色头发、金光四射的身光(就像经典中描绘的佛像一样),如果碑文中宣称造像符合三十二相好,供养人就会自信他们的造像是可以被法身占据和化现的"佛体"。[②]在龙门,一种"造像原因的阐释与辩护"的套语几乎出现在所有北魏铭文献词中,他们清楚地表达了这种信仰,同时也解释了为何如此多的铭文宣称

① 参见 Robert Sharf, "Chinese Buddhism and the Cosmology of Sympathetic Response," in his *Coming to Terms with Chinese Buddhism* (Honolulu: University of Hawai'i Press, 2002), pp.77—133。
② 王琰对于这种现象这样说道:"今西域释迦、弥勒二像,辉用若真,盖得相乎。" (Soper, *Literary Evidence*, p.270)

他们所造佛像是精准和完整的。①

　　与表现佛像的所有理想特质来获取法身的回应不同，根据石窟的精神功能，皇帝和皇后的肖像必须是写实主义风格的，这一点很重要。这也就是为什么他们被雕刻得与真人同样大小，身着同时代的服装，姿势也符合人物特征。在宾阳中洞放置已故孝文帝和文昭皇太后肖像的目的是将他们视为该石窟功德独有的受益人。因此，他们的造像就要尽可能地真实、形象，以便能够将功德精确地传递到他们身上。雕塑者竭尽所能来达到这个目的，毫无疑问，最终的效果只有经颜料涂绘和金箔贴涂装饰才最为本真。如果我们能够看到当初涂装不曾剥落的人物形象，效果应该是相当让人信服的。

业力果报

　　皇家礼佛图的场景成为宣武帝做功德的终结点，因为这里是产生的功德被转移和回向的地方。从石窟完成的那一刻起，任何进入石窟礼拜佛像的人都会产生功德。②宣武帝通过雕造自己已故父母的仿像来保证功德顺利转移至父母的灵魂，就好像他在造像铭文中列举其父母的名字作为受惠人一样。③再者，传递功德的

---

① 北魏的例子是古阳洞里的《杨大眼造像记》，唐代的例子是《伊阙佛龛碑》（《题记》，2023、0074）。

② 事实表明，在宾阳中洞内没有北魏纪年龛打破的现象，说明该洞窟对于非官员身份的参访者是限制的；与之形成对比的是，古阳洞可能对全体民众开放，就像比丘尼法文法隆造像记中说的那样："愿使过见者普沾法雨之润，礼拜者同无上之乐。"（水野清一、长广敏雄：《龙门石窟研究》卷二，606 号）。

③ 这也就表明皇家礼佛图被人从石窟中盗凿后，连这份礼物也遭到破坏。假如皇帝皇后的形象和佛分开至数千公里，那么造窟所积的功德还能传递给他们吗？更不用说暴力剥落的浮雕本身，当浮雕从墙面上剥离的时候已经是碎片了，石窟已经被破坏了。

行为同时也产生功德。①甚至中世纪的信徒们相信这对被雕刻出来的帝后像本身也是源源不断产生功德的，因为他们永远定格在了礼佛行为之中。总而言之，这个石窟尽可能多地体现了五种不同的积德途径：发起造像的行为、慈善捐赠的行为、功德回向的行为、礼拜佛像的行为，甚至是雕像礼拜佛像的行为。

同样的，石窟内有赞助者的肖像，马歇尔·莫斯在文章中写道："给予某物就是给予自己的一部分。"②伊拉娜·西尔伯（Ilana Silber）称这种社会学观察为"捐助者的身份同被转让的礼物之间的深度混合"。③ 在我看来，东壁上的浮雕不仅仅是打算为捐助人已故父母直接量身定做一份因果业力的礼物，而且要把孝文帝推尊为佛教资助者和全中国的皇帝，而刻画宣武帝本人则是要把他塑造成仁孝、智慧、慈悲和慷慨的形象。让我们从自我刻画和自我报偿的角度来重新审视这些浮雕板块。就传统像柱的作用来讲，神王代表的是其他信仰对佛的恭顺，并把孝文帝提升为佛教信仰至高无上的保护者。更进一步来讲，一个外来形象被置于皇家人物的下面，代表外国政权对中国皇帝的臣服。这种刻画将孝文帝表现为他从未实现的大一统中国皇帝的角色：这也是他实行汉化政策，迁都洛阳，并对南齐作战的目的。

布施是所有功德行为中最为伟大的行为，布施的价值越大，功德也就越大。皇帝为了制作给已故父母的礼物不惜一切代价

---

① John S. Strong, "Merit: Buddhist Concepts," in *Encyclopedia of Religion*, Mircea Eliade, editor in chief, 16v.(New York: Macmillan, 1987), v.9, p.383.

② Mauss, *The Gift*, p.10.

③ Ilana Silber, "Modern Philanthropy: Reassessing the Viability of a Maussian Perspective," in *Marcel Mauss: A Centenary Tribute*, eds. Wendy James and N. J. Allen(New York and Oxford: Berghahn Books, 1998), p.138.

的印象在两个本生故事中得到极致的体现：萨埵太子舍弃了自己的身体，须达拏太子舍弃了所有的身外之物。这两则故事展示了佛教徒的整个布施行为。它们放在一起代表了两种基本类型的布施（物质捐献和身体捐献）和两种可认同的动机（帮助他人和成佛）。①然而，这份大礼又回报了给予者，由于宣武帝为父母的"布施"行为是和王子菩萨的牺牲相类比，这些不仅仅强调他的皇室地位和他的虔诚信仰，而且也把他作为纯孝的典范。

顶端板块是文殊和维摩诘的说法图。维摩诘是一位资财无量的居士，辩才无碍，连大觉者同其辩论都不能胜，然而他本人从未离开家庭去过出家人的生活。他智慧非凡，慈悲怜悯，享尽人间富贵，因此他是世俗生活中开悟证道的理想贵族典范。所有人都知道宣武帝尤其喜爱《维摩诘经》，因此同时代的贵族参访者会很自然地将浮雕中的维摩诘看成宣武帝。

总而言之，东壁浮雕的要旨就是，一个孝顺的儿子为已故的父皇——一个充满权威的天下共主、佛教的保护者——而启动的耗资巨大的布施行为。这个儿子是智慧而慈悲的佛门居士，也是慷慨无私的王子菩萨。东壁既是赞助人敬献给其父母的礼物，也是给赞助人自己的一份回报。

---

① 参见 John S. Strong, "Rich Man, Poor Man, Bhikkhu, King: Quinquennial Festival and the Nature of Dāna," in *Ethics, Wealth, and Salvation: A Study in Buddhist Social Ethics*, eds. Russell F. Sizemore and Donald K. Swearer (Columbia, S. C.: University of South Carolina Press, 1990), p. 107 and 111; Reiko Ohnuma, "Gift," in *Critical Terms for the Study of Buddhism*, ed. Donald S. Lopez, Jr. (Chicago: University of Chicago Press, 2005), pp.115—116。

第三章 造像费用的修辞

> 王侯贵臣,弃象马如脱屣;庶士豪家,舍资财若遗迹。于
> 是昭提栉比,宝塔骈罗,争写天上之姿,竞摹山中之影。
>
> ——杨衒之[1]

灵魂的救赎和超度需要多少钱呢? 中国佛教徒相信做功德可以造善业从而获得拯救,这种拯救大多被理解为可以往生西方极乐世界或者西方净土,在那里人们可以亲眼见佛,亲耳听法,而少数则可以在此获得开悟和涅槃。做功德包括各种各样充满信

---

[1] 杨衒之著,范祥雍校注:《洛阳伽蓝记校注》序言,1页。为了简便,英文采用 Yang Hsüan-chih, *A Record of Buddhist Monasteries in Lo-yang*, trans. Yi-t'ung Wang(王伊同), p.5;Jacques Gernet(谢和耐), *Buddhism in Chinese Society:An Economic History from the Fifth to the Tenth Centuries*(New York:Columbia University Press, 1995), p.232。杨衒之提到两个著名的释迦牟尼的印度形象:佛祖让罗睺罗变形为佛,从空而现真容,使于阗王皈依佛(参见杨衒之著,范祥雍校注:《洛阳伽蓝记校注》卷五,271页;Yang Hsüan-chih, *A Record of Buddhist Monasteries in Lo-yang*, trans. Yi-t'ung Wang, p.221),以及那竭国的山窟中有佛影(参见杨衒之著,范祥雍校注:《洛阳伽蓝记校注》卷五,341页;Yang Hsüan-chih, *A Record of Buddhist Monasteries in Lo-yang*, trans. Yi-t'ung Wang, p.244;Soper, *Literary Evidence*, pp.265—268)。

仰热忱的方式和弘扬佛法的行为,诸如建寺庙、修佛塔、起经幢、抄佛经,以及绘制和雕凿佛像,等等。因为多数信徒并不是匠人,所以不能亲自从事绘画、雕像等艺术活动。那么,信徒为了能够产生功德,就需要花费钱财。[①]

龙门石窟的碑刻题记告诉我们在佛教信仰和实践体系下通过花费钱财来产生功德的一种特定方式——即在石头上开窟造龛。文中提到的花费数额是值得注意的,这说明对于供养人来说,声明他们为开窟造像所花费用能够产生宗教意义和社会意义的双重效益。在龙门,大约有十几品铭文献词和题记中提到开窟凿龛的费用,但相关表述都较为笼统,因多用修辞手法或语带夸张而鲜为人所重视。我选择了一些铭文,通过供养人的字面意思来探讨一些问题。一个造像龛应该是很昂贵的吗?谁是像龛造价信息的社会受众?支出水平和描述的语言是否受性别的影响?通常用什么来支付一个造像龛的费用?清信士为什么会成立邑舍等团体来造像?供养人将费用给了何人?一个石窟的开凿花费到底是怎样的?

关于像龛造价是否昂贵的问题,僧人道兴在造像记里间接做出了肯定的回答。以道兴为都邑师的邑社团体于 575 年在药方洞内捐刻释迦牟尼造像龛,并附有长篇献词。[②]铭文献词以传统造像理由开篇,文中写道:"自非倾珍建像,焉可炽彼遗光?"道兴的

[①] 抄写佛经对于能识文断字的信徒来讲,自己就可以完成,不需要另外付费,而对于大多数文盲来说则不能胜任,因此他们的需要就促成了寺院周边小店铺和作坊红火的抄经生意,在敦煌秘藏 17 窟内发现了许多北魏、东魏以及西魏时期的佛经,可以确定的是唐代甚至更早,抄经的生意就已经存在。参见徐祖蕃等编选《敦煌遗书书法选》(兰州:甘肃人民出版社,1985,11—46 页)中的复制品。王元军:《唐人书法与文化》,台北:东大图书股份有限公司,1995。

[②]《题记》,1741。

意思是说偶像可以帮助人们秉持信仰,但他的描述——"倾珍建像"——说明造像绝非一项普通的支出。造像不仅在事实上是一笔大的开销,在理论上也同样是这样:巨大的花费本身也是造像含义的一部分。所有造像团体通常被称为四种组合的信徒:清信士、清信女、尼姑、僧人。我们以平民社会的清信士为例,透过他们使用的修辞语言,来探讨他们的造像支出,他们的真正花费是多少? 他们意在知会何人?

清信士供养人

　　清信士的供养行为很容易揭示社会受众是何人,以及造像龛的费用信息。因为他们通常担负着公开展示孝道道义的责任,并且这一活动作为造像动机已经融入佛教实践。在汉代,公开展示孝道的需求,催生了"厚葬"的社会现象。儿子为已故双亲花费金钱的数目是衡量他对双亲孝敬程度的实实在在的标准,因此,显赫人家在操办奢华葬礼和营建豪华墓室时往往倾尽家产。出席葬礼并观看陪葬物品的摆设已经变成一种公共活动,儿子之后的名声将依赖众人对儿子葬礼支出的反应。①墓室的精良品质和巨额花费会书写成文,刻在纪念柱或墓碑上,并矗立在墓地。②鼓励和吹捧这种奢华

---

① 参见 Martin J. Powers（包华石），"Social Incentives for the Consumption of Funerary Art," in *Art and Political Expression in Early China*（New Haven：Yale University Press，1991），pp.136—141。

② 一个能很好说明现象的例子是 147 年武氏家族《孝子武始公等造石阙铭》宣称造石阙用钱 15 万。参见 *Recarving China's Past*，ed. Cary Y. Liu（刘怡玮），Michael Nylan（戴梅可）, and Anthony Barbieri-Low（李安敦）（Princeton：The Art Museum，2005），no.1.43 on p.187。

而靡费的"孝道"传统也频频现于佛教献词。

孝子供养人的一个绝佳范例就是魏灵藏和薛法绍,他们所在邑社的造像龛在古阳洞内,这个像龛的造价很可能在北魏邑社团体造像中是最为昂贵的(参见图 1.13)。这个像龛有 2.5 米高,就其本身而言,它的尺寸可以称得上一个小石窟了。[①]此外,龛内刻工考究,刻有精美的大型高浮雕造像,内部空间装饰采用浅浮雕,附有大型造像碑,上面刻有长篇的造像铭文。雕刻这样的像龛需要大量技艺精湛的劳力,造价一定非常昂贵。魏灵藏和薛法绍首先把造像功德归于皇室,然后是他们自己和家族。[②]关于他们的支出,铭文如是记录:"辄磬家财,造石像一区,凡及众形,罔不备列。"

"辄磬家财"频繁出现在清信士团体的造像献词中。由赵阿欢领头的 35 人造像铭文中也这样写道:"体生灭之际,识去留之分,知身浮云,余如霜露,故各竭家财,造弥勒像一区。"[③]另外莲花洞内一个超过 20 人的平民团体也在造像铭文中这样写道:"各竭己家珍。"[④]道兴在造像记中高度赞扬了内部成员的慷慨:"人抽妙[财],敬造释迦石像一躯。⋯⋯以此微诚,资益邑人,师僧父母,七世归真。"[⑤]

这些陈词滥调的声明本身或许有很多夸饰成分,但是应该注

[①] 根据龙门石窟研究院的衡量标度:长宽超过 3.5 米的可称为大石窟,长宽超过 1 米的可称为小石窟,小于 1 米的称为小龛。参见中国美术全集编辑委员会编:《中国美术全集雕塑编 11　龙门石窟雕刻》,19 页。

[②]《题记》,2024。

[③]《古阳洞》,520 年(《题记》,2322)。

[④]《题记》,1165,533 年。

[⑤]《题记》,1741,575 年。

意到,造龛的功德往往要回向出资人的父母或祖先,因此尽管保佑他们的机制是佛教,但他们的动机却是要展示孝道。故而,一种更大的可能就是这些清信士公开展示修窟耗费的行为与先人们在践行"厚葬"时罄尽资财的行为是出于相同的目的。472年北魏政府的诏书中就涉及信徒的这种"费竭资产"的行为:

> 内外之人,兴建福业,造立图寺,高敞显博,亦足以辉隆至教矣。然无知之徒,各相高尚,贫富相竞,费竭财产,务存高广,伤杀昆虫含生之类。苟能精致,累土聚沙,福钟不朽。欲建为福之因,未知伤生之业。朕为民父母,慈养是务。自今一切断之。[①]

很明显,信徒们为了兴建福业,不惜倾家荡产,这种现象一定屡见不鲜,否则皇帝不会颁布这样的诏书。在佛教工程上过度消费的社会目的和"厚葬"的社会目的是相同的——出资人通过公开展示敬献给亡故父母的福祉来获得社会认可。出资人在造像铭文中表述"费竭财产",进一步加深自己为亡故亲人做功德已再无多余资财的印象。

这些邑社团体中的供养人对于"倾家荡产"的强调尤为强烈,因为他们往往会因为加入邑社团体共同造像而被视为吝啬乃至不孝。当然了,这里也有宗教和现实的原因让供养人愿意冒这种"结社"的风险。谢和耐描述了信徒共同出资建造福业的两个原因。[②]第一个理由是最实际的——预期的工程对于任何个体来讲,

---

① 《魏书》卷一百一十四《释老志》,3038 页。
② Gernet, *Buddhism in Chinese Society*, pp.271 and 276.

独自承担费用简直太昂贵了。就算"费竭财产",他仍旧负担不起造像所需的费用;只有和他人联手造像,才有可能成为一名捐资造像的人。第二个理由是人们相信以群体的方式布施所做的功德要大于以个体的方式布施。6世纪中期本土经典中佛说:"善男子,若复有人。多饶财物,独行布施,从生至老。不如复有众多人众,不同贫富贵贱,若道若俗,共相劝他各出少财聚集一处,随宜布施贫穷孤老恶疾重病困厄之人。其福甚大。"①

这里,捐资的数目并不是要讨论的议题。重要的是这些人联合在一起,加强彼此的信仰并为此作公开见证,这些举动就像造像一样可以造功德。或许部分原因是对于所有人来讲,共同造像的过程等于在宣称他们的奉献是相同的,并且人人都倾其所有。因此,关注供养人支出陈述的另一个观众群体或许就是供养人自己。

同团体相比,个人往往不强调自己"耗尽家财"。相反,他们会说自己卖掉了自己的私人物品或是拿出了自己的私房钱。造像记中个体清信士讨论自己造像支出的情况较为少见,但是北魏一个叫杜永安的人在造像记中提及:"辄割资产,造无量寿佛。"②尽管杜永安在519年造像时说"愿天下一切含生有形之类,速胜妙景,及七世父母、所生父母因属知识,常与善遇弥勒三唱,恒登先道",但是"资产"一词有些特别,它表明杜永安曾经出卖或交易了自己的物品。

---

① Kyoko Tokuno(德野京子), "The Book of Resolving Doubts Concerning the Semblance Dharma," in *Buddhism in Practice*, ed. Donald S. Lopez, Jr. (Princeton: Princeton University Press, 1995), p.262.

② 古阳洞,519年(《题记》,2316)。

清信女供养人

个别清信女供养人提及布施自己的物品为造像提供资金。得益于李雪曼（Sherman Lee）的畅销教材《远东艺术史》的出版，清信女宋景妃在龙门所造的释迦牟尼像广为人知。①李雪曼选择这个527年的造像龛来阐述北魏晚期的雕塑风格，该造像龛主佛的佛衣从膝盖处垂至佛龛下部，此书的目的主要是解读衣褶的层叠或者是瀑布般下垂的效果。②宋景妃造像龛有80厘米高，位于莲花洞的北壁，胁侍菩萨的右下方（图3.1）。③这篇造像铭文刻在龛的底部，该龛下面几英寸处已经被侵蚀。造像记的内容是：

> 大魏孝（昌）三年，岁次癸未，四月癸巳朔，八日庚子，清信女宋景妃自惟先因果薄，福缘浅漏，生于阎浮，受女人形。赖亡父母慈育恩深，得长轻躯。是以仰寻劬养之劳，无以投报。今且自割钗带之半，仰为亡考比敬造释加像一区。借此微功，愿令亡考比托生西方妙乐国土，值佛闻法，见弥世勒④，一切有形，皆同斯福。⑤

---

① 插图202，标识为"13窟，壁面造像龛"（Sherman Lee, *A History of Far Eastern Art*, 5th ed.［New York：Harry N. Abrams, 1994]）。

② 同上书，159页。

③ 刘景龙编著：《莲花洞：龙门石窟第712窟》，北京：科学出版社，2002，图版33，126页拓本，178页图表。宋景妃造像龛标号为54。

④ 铭文诸字读为"见弥勒世勒"，我认为应读为"见弥勒出世"，也就是说弥勒菩萨出世成佛，参见丁福保编：《佛学大辞典》，上海：上海书店，1991，2764b页。

⑤《题记》，1137。

图 3.1　莲花洞北壁右下方
527 年宋景妃龛(贺志军摄)

宋景妃造像龛很典型,她的造像铭文中关于支付造像费用的记载也不常见。"自割钗带之半",表明她没有自己的钱,不得不布施自己的个人物品来支付造像的费用,由于她没有提到丈夫的生死,由此可见她并非是一个可以控制家庭财政的已婚妇女,而是一个虽出身贵族家庭,但已经成为孤儿的年轻女孩,只能倾其所有造此功德。她有可以出卖的钗带,说明她的家庭还是有一定资产的,她很可能是宋维(卒于525年)的小女儿,宋维曾为洛州刺史。①如果是这样的话,在她527年出资造像的时候大约有十二三岁,宋景妃说自己"得长",但是对我们来讲,这个年龄似乎显得早熟了,实际上在北魏,她的这个年龄已经算是成年了。②

另有用个人钱财造像的清信女是一位叫朱主年的老妪,她在650年出资在药方洞内造有一小龛,龛内刻有一铺三尊坐佛。③龛的下面仅有23厘米高的空白处刻有造像记,内容如下:

> 大唐永徽元年正月廿三日,清信女朱主年垂老,蒙□敕彩帛,今造阿弥陀像一龛,敬酬慈泽□,上资□□皇帝,下拯

---

① 宋灵妃(513—533)墓志铭对她的生平进行了简介。宋灵妃被封为广平郡君,其父为宋维(北京图书馆金石组编:《北京图书馆藏中国历代石刻拓本汇编》第5册,177—178页)。从宋灵妃墓志铭中可以得知,她自幼父母双亡,抚育妹妹成人,二十岁的时候死于洛阳。由于宋景妃和宋灵妃的名字相似,因此我推测宋景妃就是宋灵妃的妹妹。她们二人均年幼失怙并且有一定的财产。宋维被诬谋逆立清河王元怿,525年被赐死。宋景妃为其父母的造像记刻于527年,姐姐宋灵妃当时十四岁。

② 举一个典型例子。文昭皇太后作为妃嫔进入后宫时,年龄只有十三岁(《魏书》卷十三《孝文昭皇后高氏》,335页)。

③ 该龛位于北壁,编号为N16,高23厘米,宽16厘米,进深3厘米。参见刘景龙、杨超杰主编:《龙门石窟总录》第8卷,北京:中国大百科全书出版社,1999,68页。

群生。同出苦门,咸登彼岸。①

朱主年的财产是一些彩帛,在唐代,当人的年龄达到六十、七十、八十岁的时候,国家会按例赐给他们不同数量的彩帛。她又用彩帛来做功德,直接把功德回向皇帝。在中古中国,由于彩帛的质量和数量很容易被判断,且又是分量轻的耐藏品,因此可以当钱来流通。尽管在北方,商人在交易过程中会使用铅和铁,南方会用金银、朱砂及象牙,但彩帛在全国也会被当作货币。②只有在732年,鼓励用政府发行的钱币来交易。因此毫无疑问,朱主年用彩帛支付造像费用。这种支付方式也引起一个相关问题:供养人把彩帛支付给了何人?

关于出资人将财物支付给何人,还是有一些细微的信息可寻,这些信息表明出资人是和工匠联系的。在龙门,我唯一能找到的记录就是宾阳南洞内的《思顺坊造像记》和古阳洞的《尉迟造像记》。③前者说"又属神工",后者说"请工镂石,造此弥勒像一区"。尽管这种陈述可能会被认为是一种修辞说法,如果从字面意思来理解的话,意味着可能是尉迟夫人或者她的仆人直接同匠人沟通造此像龛的。僧人法生在麦积山的造像献词中也说"屈请良匠"④,这里也没有迹象可以表明僧人作为中间人在资

---

① 朱主年出资所造之龛在北壁,编号N16,另外一个相似龛在南壁(S8,《总录》卷八,74页),很可能还有第三个,因为1715号题记内容同她的这两方题记内容很相似,只是捐资人的名字漫漶不清。这里的翻译是1679号题记和1714号题记的整合。
② 曹尔琴:《唐长安的商人与商业》,载史念海主编:《唐史论丛》第二辑,西安:陕西人民出版社,1987,128页。
③ 《题记》,1840。
④ 《题记》,60页。

助人和石匠之间运作。其中一个理由可能是在唐代之前，没有僧人住锡龙门。①皇帝也不必通过僧人中介来造窟，他造窟的命令由宫廷内务官员或者是负责皇室建造的宦官来执行。

清信女供养人看起来会根据自己工程的规模和质量来描述她们的支出。陈晕，太中大夫、平南将军、南面大都督、清水县开国公李长寿（卒于 535 年）妻，在药方洞南壁上层造了一个不太大的释迦像龛。②雕刻成的像龛非常浅，谈不上什么高品质，也没有任何迹象表明这个像龛造价昂贵。③造像记刻在像龛左侧一块粗糙不平的空白处，而造此略显粗陋像龛的原因就写在造像记中：

> 夫□□□冲眇□寻光影可以依怖，是以太中大夫、平南将军、南面大都督、清水县开国公李长寿妻陈晕，宿因莫遇，嫡为李室，敬善内敷，志□超悟。割舍家财，造释迦像一堪。愿夫主高迁，帝主宠念。又愿己身，亡息，征孙□任，所生者，使□子平康。圣贤祐助，家眷安宁，命齐天等，行来□□，一切从愿。永安三年六月十三日饬铭记。④

---

① 北魏两种史书提到了龙门，《魏书》和《洛阳伽蓝记》都只提到了"石窟寺"和"灵岩寺"，这两个地方不是通常所指的寺院，而是分别指古阳洞和宾阳中洞，尽管龙门有维修寺庙的记录可以表明在东山有八座寺庙，但是没有确切的证据表明龙门在北魏有寺院存在（《题记》，81 页）。龙门造像记中出现的龙门寺院的名字都是在唐代出现的（参见《题记》，38、80—85 页）。

② 李长寿的事迹在其子李延孙的列传中有记载，见令狐德棻等撰：《周书》卷四十三，北京：中华书局，1971，773 页。

③ 该拱形龛未加任何修饰，有 66 厘米高，龛内有一尊坐佛，弟子和菩萨胁侍，龛下左侧有三个女性供养人和三个女仆，右侧有三个男性供养人（转引自龙门文物保管所、北京大学考古系编：《龙门石窟》一，图版 100；刘景龙、杨超杰主编：《龙门石窟总录》第 8 卷，图版 421）。

④ 《题记》，1712。

细致品味陈晕的语言,她并没有说自己"耗尽家财",而是"割舍家财",这就说明她造此像龛是只是花了一些钱,并没有让自己和家人破产。当然,这并不表明陈晕对自己的前任——李长寿的前妻缺乏真诚,因为造龛做功德的决定想必是陈晕做的。从某种程度上来说,作为华贵在身的第二任妻子,她做出这种低调的陈词是和这个朴素的造像龛相匹配的,同时也符合人们对于续弦花丈夫钱时应该收敛的期待。

一位可以支配自己钱财的清信女供养人叫凒法端,她是宫内大监。①在孝文帝时期,宫内的女官品级分为五等,而大监的职位列于其中的第二等。可以说凒法端是一位身份地位颇高的官员。

她在古阳洞北壁出资建造了一个价值不菲的佛龛,在造像记中她这样介绍:

> 夫灵光秘影,缅盈云度;流眷先容,实须时显。清信女佛弟子、宫内作大监凒法端,不幸迈终,其以生资,集俟神图。是以冗从仆射、长秋承祀允为造释迦像一区,并二菩萨。愿端值生妙乐国土。又愿皇化层隆,大魏弥历,引祆千基,福钟万代。唯大代正始三年,岁次丙戌,三月丙寅朔,十九日讫。②

这则造像记表明在像龛开工之前,凒法端已经去世,这项工

---

① 宫大中发现碑刻中"大监"是宫内女职,以典内事(《魏书》卷十三《皇后传》,321页)。参见宫大中:《龙门石窟艺术》,152页。
② 《题记》,1855。

程实际上是由她的同僚——管理后宫的宦官祀允负责执行的。祀允也一定是甍法端的朋友,因为他非常动容地称呼甍法端为"端"。他首先为甍法端祈福,其次为北魏皇室祈福,这就很明显地说明祀允陈词的社会受众是皇室家族。

　　这位宦官的献词表明甍法端非常信任他,并将一生资业交付给他,请他用这些钱财替自己建造佛龛。那么这些话是多有夸饰还是造像龛的确造价昂贵?甍法端的造像龛在规模上的确给人以深刻印象——130 厘米高,84 厘米宽——并且该龛的位置非常显眼,在 N1 龛的正上方(参见图 1.3)。尽管龛内的主佛已经被盗,但是胁侍菩萨依然存在,并且还有相当细致的浮雕,包括弟子和龛顶部的飞天。同 503 年侯太妃造像龛相比,更加注重细节方面的处理。侯太妃造像龛有 110 厘米高,因此从规格上来讲,甍法端造像龛实际上比侯太妃造像龛还要大一些。甍法端所造之龛竟比皇室成员所造之龛规格更大,品质更高,这说明该笔款项的支出应该是可观的。我猜想祀允提供的信息并没有夸张,甍法端的确是用了毕生的积蓄来造此像龛。

僧伽供养人

　　关于僧伽集团的造像支出情况,应当是比较清楚的,中国僧尼同很多印度僧尼一样,为造像奉献的是自己的私人财产。[1]尼姑法文和法隆在古阳洞所造的弥勒像龛铭文中这样描述:

---

① 参见 Gregory Schopen, "What's in a Name: The Religious Function of the Early Donative Inscriptions," in *Buddhist Monks and Business Matters* (Honolulu: University of Hawai'i Press, 2004), pp.382—394。

永平二年，岁次己丑，四月廿五日，比丘尼法文、法隆等，觉非常世，深发诚愿，割竭私财，各为己身，敬造弥勒像一躯。愿使过见者普沾法雨之润，礼拜者同无上之乐。龙华三唱，愿在流次。一切众生，普同斯福。①

这个像龛大约有 75 厘米高，有甾法端和侯太妃造像龛的三分之二大小，尽管龛内的弥勒菩萨和龛下的造像记都已经被盗，但是从龛的残余部分仍然可以看出它的雕刻是非常精美的，其中还包括一些浅浮雕的尼姑像。②这样看来，法文和法隆很可能也像甾法端那样把自己的全部资产都捐助造像了，抑或像侯太妃那样从皇族的私库支款来造像。尽管没有明确记载，古阳洞内的证据还是表明一些僧伽成员是有一笔相当可观的资金供自己处置的。例如，慧成出资开凿了古阳洞，而法生出资捐造了其中一个大龛（S2）。尽管有些人似乎有意对财产轻描淡写，但是他们出资所建工程却与他们低调的言语相矛盾。比丘慧乐写道："今率贫资……谨造像一区。"然而他用"贫资"所造之龛却和他的功德主北海王所造的像龛一样大。③慧乐在造像记中说北海王在他皈依佛门之事上起到重要作用，对其本人"表里催济，勿忘夙宵"，这种亲密感表明，慧乐在出家之前很有可能是北海王的家庭成员。如果真是这样的话，慧乐的"贫资"就只是一个贵族眼中的贫资。

另外一个僧人提到的贫困可能更加真诚。青州（今山东境

---

① 水野清一、长广敏雄：《龙门石窟研究》卷二，606 号。
② 从老拓片可以看出，铭文的左侧有三个尼姑形象，右侧有一个（《北京图书馆馆藏中国历代石刻拓本汇编》卷三，125 页）；被盗的弥勒菩萨像及造像记目前由私人收藏（石松日奈子：《龙门石窟古阳洞造像考》，插图 41）。
③《题记》，1850。元详的弥勒像龛在古阳洞北壁，紧邻尉迟夫人造像龛的正上方。

内)桃泉寺僧人道宋于 508 年在古阳洞南壁出资造一小龛。①他在龛下的造像记中写道："自彼［阎］浮，庆蒙三宝之皈依，钵余造弥勒像一区，并七佛二菩萨。众容俱具，以此微福，普及一切含生。"道宋说他皈依佛教是对世俗生活有了一定的认识之后才有的决定，这就表明他是成年后才信仰佛教的，且他也可能拥有一定的财产，才能从青州来到龙门，还在龙门开龛造像。他的造像龛相当小，挤在南壁胁侍菩萨衣褶下面，大约有 37 厘米高，尽管造像记在一定程度上提高了造价，可这样看来，该龛的造价并不是很高。虽然道宋的造像龛很小，但是仍然需要花一些钱，这就表明造像记中关于个人财产的谦虚言词似乎只是一种借口。

僧伽成员中的其中一位似乎没有刻意掩饰自己的财产和地位，她就是尼姑慈香。她为自己建造了一个小型洞窟（660 窟），在莲花洞（520 年）北侧数米。这是一个 1.5 米见方的洞窟，东侧没有墙壁，完全敞露在日光下；离地 4 米，没有台阶直通，参观者要想了解这个洞窟的情况，需要攀登崖壁下方水池的池体，踮起脚尖向上抬望，还要当心不要掉入水池。慈香窟不仅规模大，而且造像题材也是上层贵族所喜欢的三世佛题材。正壁神坛上是一个坐佛，手结禅定印，由尺寸相对较小的弟子和菩萨胁侍。这表现了现在劫的释迦佛，而北壁一个相同的佛很可能就是过去佛，因为南壁是一个交脚弥勒坐佛，意指未来佛（图 3.2）。

还有一些花费则用在了胁侍菩萨和弟子的上方以及窟顶的

---

① 参见刘景龙、杨超杰主编：《龙门石窟总录》第 9 卷，120 页；《题记》，2305。

图 3.2　520 年慈香窑南壁弥勒菩萨像

半浮雕形象上。胁侍形象的正上方是维摩文殊说法图,维摩诘的上方是两朵飘动在空中的大莲花,文殊菩萨的上方则是造型考究的重瓣莲花,非常像飞舞在祥云之上的雪莲。莲花上面是一对小飞天,窟顶中央有三个大飞天环绕在大莲花的周围,小飞天的帔巾飞动在他们之间。正壁佛坛上刻有造像记:

大魏神龟三年三月廿一日,比丘尼慈香慧政造窟一区记。夫零(灵)觉弘虚,非体真邈,其迹道建崇,日(旷)①表常范。无乃标美幽宗,是以仰渴法津。应像营微,福形且遥。生托烦躬,愿腾无碍之境,逮及恩含闰(涵润),法界

① 把"崇旷"识读为"崇日",汉字"日"的位置在此是合适的,好像"日"是偏旁,但实际上此处并没有刻字的其余部分。

□众□泽。（坎）石成真，刊功八万。延及三从，敢同斯福。①

上文中，慈香表达了两个概念是关乎其女人身份的，这里需要解释一下。首先，她自述："生托烦躬，愿腾无碍之境。""烦躬"指的就是她作为女形的身体。按佛教传统观点，女人不能直接在极乐净土重生，也不能直接开悟，因此需要首先转生成男形。在《妙法莲华经》第十二章中有一个广为流传的婆竭罗龙王之女超脱的故事，当文殊菩萨宣称年始八岁的婆竭罗龙王女因修行《妙法莲华经》而终成正觉的时候，舍利弗对龙女说：

> 汝谓不久得无上道，是事难信，所以者何？女身垢秽，非是法器，云何能得无上菩提。佛道悬旷，经无量劫勤苦积行，具修诸度，然后乃成。又女人身，犹有五障②。一者不得作梵天王，二者帝释，三者魔王，四者转轮圣王，五者佛身。云何

① 我转录的是刘景龙编著《龙门二十品：碑刻与造像艺术》20 号，而不是《题记》934 号及刘景龙主编《龙门二十品：北魏碑刻造像聚珍》20 号。参见 Chavannes, *Mission Archéologique*, v.1, pt.2, p.504. 沙畹将"刊功八万"翻译成"le travail de sculpture (a couté) 80,000 (pieces de monnaie)"，这一点我是赞同的，我看出两个问题，首先，慈香窟作为一个小窟的费用是宾阳三洞费用的十分之一，这样算起来就过于昂贵了；其次，词语"八万"在龙门另一则题记作为"八万四千"的简略使用（思顺坊造像记，648 年，编号 0077）。八万四千是印度关于身体组合单元的观念，例如身有八万四千原子，因此，我只能遗憾地作出结论：慈香所说的"八万"指的是"八万四千年"，也就是永远。参见《华严经》中的例子，丁福保编：《佛学大辞典》卷一，141b 页。

② 词语"五障"在很多经典中都有提及。参见释永明：《佛教的女性观》，高雄：佛光出版社，1990，93 页。亦见 Masatoshi Ueki, *Gender Equality in Buddhism* (New York: Peter Lang, 2001), ch.6, "The 'Three Types of Obedience' and the 'Five Obstacles' for Women."

女身速得成佛？①

　　为了回应这些质疑，龙女忽然之间变成男子，"具菩萨行，即往南方无垢世界，坐宝莲华，成等正觉。三十二相、八十种好，普为十方一切众生演说妙法"。这则故事看起来像是慈香在祷告中暗指的寓意。尽管她有女性的"烦躬"，但是她希望能够像龙女一样不受五障限制，终而成佛。

　　慈香用的另外一个词语是"三从"，这是"女人"的转喻词，这个词语基于中国的传统观念，即一个女性在她人生的三个阶段总是要服从男人：指幼从父、嫁从夫、夫死从子。印度佛经和儒家经典中都主张女人的"三从"理念。②慈香将造像的功德回向给"三从"或者说给了女性群体。她可能相信，既然自己身为女人，那就具有引领自己所属的这一群体获得拯救的独特使命和地位。这种观念在《维摩诘经》中的天女也得以体现。通过将舍利弗变成自己的形象，后又将其变回原样，天女在辩论中胜过了舍利弗。维摩诘解释说，这位天女已经开悟，她只是刻意推迟涅槃，并选择以女性的身体留在轮回之内，帮助有情众生。维摩诘谓贤者舍利弗言："是天已奉事九十二亿佛，神通之智已解了，所愿普具，法忍

----

① 英文翻译采用 Burton Watson, *The Lotus Sutra* (New York：Columbia University Press, 1993)，p.188。参考 Luis O. Gómez, *The Land of Bliss：The Paradise of the Buddha of Measureless Light* (Honolulu：University of Hawai'i Press, 1996)，p.79。

② 参见《佛说玉耶女经》，《大正新修大藏经》卷二，142 号，864a 页。在这部经典中，佛告玉耶女人之法有三障十恶：一者小时父母所障，二者出嫁夫主所障，三者老时儿子所障，是为三障。儒家经典中说道：幼从父、嫁从夫、夫死从子。参见《十三经》之《礼记·郊特牲》。

已得,已不退转,愿行如言所欲能现。"①换句话说,这个天女是位菩萨,能够在其选择的任何时间成佛。作为一个菩萨,她选择一具有形的身体来帮助众生脱离苦难,她有法力选择任何她想要的形体。显然,她是刻意选择了女形,这种选择对于帮助其他女性来说,就会显得尤为灵验。②因此,我觉得慈香也是认同这位天女的,她用自己女性的身份来帮助其他女性,并且把自己开窟的功德回向给所有女人。

应该指出的是,慈香在古阳洞南壁也有一个弥勒菩萨像龛,是一个典型为皇帝、父母及众生所造的像龛③,她并不完全是一个特立独行的女人。慈香应该是一个贵族家庭的女儿或是皇室成员,因为她不仅会选择当时上流社会普遍喜欢的三世佛的造像题材,而且她拥有的财产可以在古阳洞内造一个嵌入式的中型像龛以及一个私人的小型洞窟——所有这些可以说明这个问题。

一个石窟的造价

虽然慈香在造像记中没有提及石窟的造价,但是我们可以根

---

① Watson, *Vimalakirti Sutra*, p.92.

② Ueki, *Gender Equality in Buddhism*, p.73. 一个最为著名的例子就是《妙法莲华经》中的观音菩萨,凡在危难时称其名号的都可化解危难,经中描述了至少七种不同的雌性形象来度化女性信徒。参见 Robert Ford Campany(康儒博),"The Earliest Tales of the Bodhisattva Guanshiyin," in *Religions of China in Practice*, ed. Donald S. Lopez, Jr.(Princeton: Princeton University Press, 1996), p.83。

③《题记》,2371:"□□□年□□□□慈香□□造弥勒像□□为皇帝□□□愿世□□□父母□□佛□□□□□众生□□□同斯□□□□□□。"她的像龛被命名为S70(刘景龙、杨超杰主编:《龙门石窟总录》第9卷,93页,图版58),87厘米高,龛大而精细,龛内有交脚弥勒坐在狮子座上,由两弟子和两菩萨胁侍,有一残造像记,侧面有五个供养人。

据同期所造宾阳三洞的造价来大致估算慈香窑的造价。《魏书》记载了宾阳三洞的造价是八十万二千三百六十六钱。[①]

为了得出造石窟所需单位价格的粗略估算，我根据宾阳三洞各个洞窟的平面面积，将总面积做了分割。宾阳中洞的地面面积是 11.4 米×9.85 米，大约有 110 平方米，宾阳南洞和北洞大约也是这样的面积，全部面积加起来大约是 330 平方米。用大约 80 万钱除以 330 平方米，可以得出石窟每平方的造价大约是 2 400 钱。慈香窑的地平测量数据是 1.65 米×1.87 米，总面积大约是 3.1 平方米。乘以每平方的造价 2 400 钱，可以粗略估算出慈香窑的造价是 7 400 钱。

北魏晚期，7 400 钱的现金价值是多少呢？根据《魏书·食货志》，绢匹为钱 200。[②]官员的薪俸为每月七匹绢，因此官员一年的薪俸应为 1.68 万钱。这样算来，开凿慈香窑的费用大约是一个官员半年的薪俸。[③]一对农民夫妇每年在田间劳作可得到 2 200 钱的等值物及 6 600 钱。[④]慈香窑的支出几乎相当于他们年收入的三倍。总而言之，我们似乎可以很有把握地说，出资人宣称他们

---

①《魏书》卷一百一十四《释老志》，3043 页："从景明元年至正光四年六月已前，用功八十万二千三百六十六。"但是并没有给出具体的单位。索柏认为是"工作日"，但是谢和耐认为是"现钱"（Soper, *Literary Evidence*, p.102; Gernet, *Buddhism in Chinese Society*, p.15, n.76）。我赞成卡斯韦尔的观点，正始寺中的相关记载表明是"钱"，宾阳三洞记载的相关证据也应该是"钱"（Caswel, *Written and Unwritten*, p.190, n.7）。

②《魏书》卷一百一十《食货志》，2852、2866 页。

③ 我的估算结果和汉末的实际情况相比较为保守。例如，158 年，安国刻一个石质墓葬龛支付 2.7 万钱，曲阜的一个家庭为石头墓室支付 5 万钱，当时官员的俸禄每个月在 1 300 至 6 000 钱，参见 Powers, *Art and Political Expression in Early China*, p.134。

④ 参见 Jenner, *Memories of Loyang*, p.122。我是从该书中农民的税负中得出的结论。

为了开凿窟龛耗尽家财的说法是基本符合事实的。

对于一个女人来说,慈香造窟的费用也是相当可观了。但是和洛阳那些有钱有势的男人为筹建寺院而出的巨额资金相比,则显得微不足道了。杨衒之在《洛阳伽蓝记》中引用了一块石碑上的文字,文中列举了官员出资的数目:

> 正始寺,百官等所立也。正始中立,因以为名。在东阳门外御道南,所谓敬义里也。里内有典虞曹。檐宇清净,美于丛林,众僧房前,高林对牖,青松绿柽,连枝交映。多有枳树,而不中食。有石碑一枚,背上有侍中崔光施钱四十万,陈留侯李崇施钱二十万,自余百官各有差,少者不减五千已下,后人刊之。①

除了皇宫里的人,这两个人可能属于最有能力参与这种巨额布施的一类人②。崔光(450—523)不仅是一个虔诚博学的佛教徒,他"每为沙门朝贵请讲《维摩》《十地经》,听者常数百人,即为二经义疏三十余卷。识者知其疏略,以贵重为后坐(疑)于讲次。凡所为诗赋铭赞咏颂表启数百篇,五十余卷,别有集"。而且他还可能是北魏后期最有权势的官员,自然是财力雄厚。③李崇(455—525)作为外戚,在显要位置上先后辅佐过三位皇帝,然性好财货,贩肆聚敛,家资巨万,营求不息。④显然,铭文上的措辞是要用崔和李的巨额捐纳来打动读者,尽管铭文上官员施舍的资财与他们的

---

① 杨衒之著,范祥雍校注:《洛阳伽蓝记校注》卷二,99 页。

② Gustavo Benavides, "Economy," in *Critical Terms for the Study of Buddhism*, ed. Donald S. Lopez, Jr.(Chicago: University of Chicago Press, 2005), p.89.

③ 参见《魏书》卷六十七《崔光传》,1499 页。

④ 参见《魏书》卷六十六《李崇传》,1473 页。

级别是相称的,并非要耗尽家财,但是最少也有 5 000 钱,这个数目同样是可观的。实际上,对于某些官员来讲,这个数目可能是其年俸的三分之一。

建造这座颇具规模寺院的造价可以和一座石窟的造价作一下粗略的比较。①正始寺的记载表明两个重要的供养人布施的钱财达到 60 万钱,如果说还有 20 位或者更多的人参与其中,且每个人布施 5 000 钱至 1 万钱不等,那么总数目在 80 万钱甚至更多。宾阳三洞在废弃的时候包括已完工的宾阳中洞和半成品的宾阳南洞和北洞,花费 802 366 钱。如此算来,一座大型石窟(或者说一个完工的和两个半成品的)的造价大致同一个大寺院的造价相当。如果说建造一个寺院需要一群官员共同出资的话,那么建造一座大型石窟也需要一群人的共同布施来完成,除非这个供养人有能力动用国库。

对于做功德来讲还有更高规格的花费方式,即发起者既营建寺院又开凿石窟。只有一类人有能力做到这些——皇宫院墙里的居住者。宣武帝至少在洛阳建造了两座寺院:瑶光寺和景明寺。他在龙门也开凿了两座石窟:宾阳中洞和南洞。宦官大长秋卿刘腾发起建造长秋寺——洛阳城中又一座规模宏大、奢华的寺院,还下令开凿宾阳北洞。胡太后发起建造的工程比他们两人的还要多。在洛阳,她捐造了永宁寺塔以及瑶光寺中的一座大殿,还为其亡故父母建造了两座寺院,下文我还要论证:她在龙门也开凿过一座石窟。

---

① 杨衒之表明他只记录了洛阳城内的大伽蓝(杨衒之著,范祥雍校注:《洛阳伽蓝记校注》原序,2 页)。

作为供养人的胡太后

　　胡太后的出身和教养,决定了她非常适合做一名虔诚的供养人。[①]其母皇甫氏(卒于 502 年)属于甘肃省安定郡的皇甫家族,其显赫的家族史可以追溯至东汉时期(25—220)。皇甫氏在年轻时就已经去世,很可能是在其女入宫之前。胡太后的父亲胡国珍(439—518)属安定郡胡氏贵族,自从 5 世纪初就在北魏政权中担任要职。[②]胡氏家族和皇甫家族都是汉人,笃信佛教。胡国珍的妹妹是个尼姑,而胡国珍自己则在佛诞日以八十岁高龄步行护送所捐建的佛像,发第至阊阖门外四五里,致使劳累过度,染病而亡。[③]

　　胡太后幼时入宫是因其姑母的引荐。胡太后姑为尼,"颇能讲道,世宗初,入讲禁中。积数岁,讽左右称后姿行,世宗闻之,乃召入掖庭为承华世妇"。[④]

　　510 年,胡太后的儿子元诩出生,她被晋封为充华嫔,为九嫔之一。元诩是世宗唯一的儿子。于皇后曾生皇子昌,但是皇子昌在 508 年被谋杀,五个月之后,于皇后也被她后来的继任者高皇后所杀。世议皇帝的舅舅,同时也是高皇后的叔父高肇(卒于 515年),参与了谋杀元昌的事件。510 年,二十八岁的宣武帝恐无人继承大统,对皇子元诩深加慎护,"为择乳保,皆取良家宜子者。

龙门石窟供养人

①《魏书》卷十三《胡太后传》,337—340 页,英文参见 Jennifer Holmgren, "Empress Dowager Ling of the Northern Wei and the T'o-pa Sinicization Question," *Papers on Far Eastern History* 18(1978):160—170。

② 参见《魏书》卷五十二《胡方回传》,1149 页。

③ 参见《魏书》卷八十三下《胡国珍传》,1834 页。

④《魏书》卷十三《胡太后传》,337 页。

养于别宫,皇后及充华嫔皆莫得而抚视焉"。

宣武帝去世之后,胡贵嫔五岁的儿子于515年2月11日即皇帝位,是为孝明帝,当时高肇外出四川,孝明帝慌乱的即位典礼是在夜里进行的。[1]为了除掉高肇,拓跋氏王公和汉族官员暂时搁置争议并联手,使高肇返回京城入宫时被宦官处死。高后便密谋要除掉胡贵嫔,但是她的计谋被刘腾挫败,胡贵嫔在一些反对高氏集团的同盟支持下最终掌控朝局,高后被迫到瑶光寺出家为尼,518年在此被害。515年8月30日,胡氏被封为皇太妃。[2]地位稳固后,胡氏开始大肆分封她的支持者,她的父亲胡国珍为光禄大夫。后由于汉族官员同拓跋贵族之间冲突不断,胡太后在汉族士大夫的支持下于9月18日开始临朝称制。[3]

胡太后亲政后,解除于忠侍中、领军的职务,以司空澄为尚书令。自此政事皆决断于胡太后之手。"太后敕造申讼车,时御焉,出自云龙大司马门,从宫西北,入自千秋门,以纳冤讼。又亲策孝秀、州郡计吏于朝堂。太后与肃宗幸华林园,宴群臣于都亭曲水,令王公已下各赋七言诗。……王公已下赐帛有差。"胡太后对自己的家人更是恩宠有加,其父"加侍中,封安定郡公,给甲第,赐帛布绵穀奴婢车马牛甚厚。追崇国珍妻皇甫氏为京兆郡君,置守冢十户。尚书令、任城王澄奏,安定公属尊望重,亲贤群瞩,宜出入禁中,参诹大务。诏可。乃令入决万几。寻进位中书监、仪同三司,侍中如故,赏赐累万。又赐绢岁八百匹,妻梁四百匹,男女姊

---

[1]《魏书》卷一百八《礼志》,2806页。

[2] Jenner, *Memories of Loyang*, p.66;司马光:《资治通鉴》卷一百四十八,北京:中华书局,1956,4614页。

[3]《资治通鉴》卷一百四十八,4618页。

妹兄弟各有差,皆极丰赡"。①胡太后的舅舅皇甫度(卒于 528 年)封安县公,"累迁尚书左仆射,领左卫将军"。②胡太后同父异母的弟弟胡祥袭封,"祥历位殿中尚书、中书监、侍中,改封东平郡公。薨,赠开府仪同三司、雍州刺史,谥曰孝景"。胡太后的兄弟胡僧洗位中书监、侍中。③

胡太后一掌权,就在洛阳发起建造几个大型佛教工程。516年,于城内太社西,起永宁寺。④无独有偶,永宁寺亦是都城还在平城时的皇家寺院的名字。⑤灵太后亲率百僚,表基立刹。佛图九层,高四十余丈,其诸费用,不可胜计。这座宏伟的建筑在杨衒之的《洛阳伽蓝记》中是首座被描述的建筑物:"中有九层浮图一所,架木为之,举高九十丈。有刹,复高十丈,合去地一千尺。去京师百里,已遥见之。初掘基至黄泉下,得金像三十躯,太后以为信法之征,是以营建过度也。刹上有金宝瓶,容二十五石。宝瓶下有承露金盘三十重,周匝皆垂金铎。复有铁锁四道,引刹向浮图四角,锁上亦有金铎。铎大小如一石瓮子。浮图有九级,角角皆悬金铎,合上下有一百二十铎。浮图有四面,面有三户六窗,户皆朱漆。扉上有五行金钉,其十二门二十四扇,合有五千四百枚。复有金环铺首,殚土木之功,穷造形之巧,佛事精妙,不可思议。绣柱金铺,骇人心目。至于高风永夜,宝铎和鸣,铿锵之声,闻及十余里。"⑥

①《魏书》卷八十三下《胡国珍传》,1833 页。
② 李延寿:《北史》卷八十《胡国珍传》,上海:中华书局,1936,13a 页。
③《魏书》卷八十三下《胡国珍传》,1836 页。
④《魏书》卷一百一十四《释老志》,3043 页。
⑤《魏书》卷一百一十四《释老志》(3037、3039 页)描述了平城永宁寺皇家的佛事活动。
⑥ 杨衒之著,范祥雍校注:《洛阳伽蓝记校注》卷一,1—2 页。

杨衒之的描述来自他对洛阳的记忆,在某种程度上会夸大其词,他记述浮屠的高度有 1 000 尺,约等于 278 米,这对于土木结构的建筑几乎是不可能的。永宁寺复原数据是 147 米,是目前世界上现存最高的木塔——应县木塔高度的两倍。①如此惊人高度的建筑必定是由超凡技术的工匠完成的。实际上,永宁寺的设计者和督建者是郭安兴。②

通过 1979—1981 年、1994 年、2000—2001 年一系列的考古发掘,考古学家对永宁寺的塔基、门址、院墙及主佛大殿进行了完整的勘探。结果在意料之中,体量巨大的木塔位于建筑群的中央。地基上有彩色泥塑存留物,已经完全成为碎片。③一些佛像比真人还要大,而其他一些则和真人大小差不多,考古学家认为这些塑像是安置在像龛内的,主佛由菩萨和弟子胁侍,周围则是刻有释迦牟尼生平及神迹故事的浮雕场景。许多像代表了贵族供养人和内政官员。

永宁寺塔在当时可能成为公众向往的地方,人们希望能够登塔瞻望,但是这并非造塔者的目的,这个塔是胡太后及其宾客专用的,普通人不能登临:"装饰毕功,明帝与太后共登之。视宫内如掌中,临京师若家庭。以其目见宫中,禁人不听升。"④

---

① 杨鸿勋:《关于北魏洛阳永宁寺塔复原草图的说明》。杨鸿勋的草图也被杜朴(Robert L. Thorp)和文以诚(Richard Vinograd)转录,见 *Chinese Art and Culture*(New York: Harry N. Abrams, 2001), fig.5—13,同时参见宿白:《洛阳地区北朝石窟的初步考察》,载龙门文物保管所、北京大学考古系编:《龙门石窟》一,236—239 页。

②《魏书》卷九十一《蒋少游传》,1972 页。

③ 钱国祥:《北魏洛阳时期永宁寺遗址及遗物》,美秀美术馆:《龙门石窟》,150—154 页。

④ 杨衒之著,范祥雍校注:《洛阳伽蓝记校注》卷一,5 页。

胡太后发起的另一个工程就是瑶光寺,原本由已故宣武帝敕命建造,该寺位于城西,在宫城和西北角金镛城之间。并无专门的记载表明胡太后在瑶光寺兴建了一栋怎样的建筑,但是出土的一个516年的纪念碑的内容则表明瑶光寺内某个宏大的建筑物是由胡太后发起建造的,这个建筑物很可能是一座塔。《洛阳伽蓝记》对瑶光塔的描述则表明它是最为壮丽的建筑物:"有五层浮图一所,去地五十丈。仙掌凌虚,铎垂云表,作工之妙,埒美永宁讲殿。"①如果瑶光塔的建筑工艺和永宁寺的相同,那么它很可能也由皇家工匠设计并由将作监负责监造,这就意味着胡太后是瑶光塔的发起者。我们推测胡太后修建瑶光塔的目的并不限于宣扬佛教,而是试图超越和占据这个与她亡故丈夫的荣耀紧密相联的地方,这种说法也可能稍失公允。瑶光塔所在位置本身则表明了另有可能。瑶光寺是她的劲敌高皇后幽禁之地,同时也是高皇后被胡太后派人谋杀的地方。或许谋杀就是在建塔的掩盖之下发生的。

胡太后另外两处大型佛教工程是两座寺庙,是她为其亡故父母所做功德而建。为其母所造寺庙在城东侧,位于东阳门外二里御道北,叫作晖文里。里内有太保崔光、太傅李延寔、冀州刺史李韶、秘书监郑道昭等四宅。胡太后为其母上封号为秦太上君,故而这座寺庙名为秦太上君寺。②"佛事庄饰,等于永宁。"为其父亲追福的寺庙同样壮丽堂皇,东有秦太上公二寺,在景明南一里。西寺,是太后所立;东寺,皇姨所建。"双女寺"位于洛阳城南,寺

龙门石窟供养人

---

① 杨衒之著,范祥雍校注:《洛阳伽蓝记校注》卷一,46页。"仙掌"借喻浮图刹上之金盘。

② 杨衒之著,范祥雍校注:《洛阳伽蓝记校注》卷二,94页。

东有灵台一所,灵台东辟雍,正光中造明堂于辟雍西南,这两个寺庙均依靠财政资金维护,"常有中黄门一人,监护僧舍,衬施供具,诸寺莫及焉"。①

胡太后用在所有佛事工程上的钱数必定非常惊人。正始寺是由一群官员联合布施建造的,大约花费 80 万钱。永宁寺还有数量庞大的金饰装修,如果加上这方面的花费,甚至可以证明杨衔之所言不虚,一座永宁寺的建造费用在 100 万钱以上,假如瑶光塔和双女寺每个工程都在 100 万钱以上的话,那么总钱数将逾 400 万钱。如此庞大的开支不可能是胡太后的私钱。

作为北魏的实际掌权者,胡太后掌控着藏于京城、作为贡品和税收的绢帛和其他商品。《魏书》记载:"自魏德既广,西域、东夷贡其珍物,充于王府。又于南垂立互市,以致南货,羽毛齿革之属无远不至。神龟、正光之际,府藏盈溢。灵太后曾令公卿已下任力负物而取之。"②下面记载的是法生在嵩高山关于胡太后及北魏王公贵族的一个臭名昭著的故事:

> 后幸嵩高山,夫人、九嫔、公主已下从者数百人,升于顶中。废诸淫祀,而胡天神不在其列。后幸左藏,王公、嫔、主已下从者百余人,皆令任力负布绢,即以赐之,多者过二百匹,少者百余匹。唯长乐公主手持绢二十匹而出,示不异众而无劳也。世称其廉。仪同、陈留公李崇,章武王融并以所负过多,颠仆于地,崇乃伤腰,融至损脚。时人为之语曰:"陈

① 杨衔之著,范祥雍校注:《洛阳伽蓝记校注》卷三,140 页;Jenner, *Memories of Loyang*, p.210。
②《魏书》卷一百十《食货志》,2858 页。

留、章武，伤腰折股。贪人败类，秽我明主。"①

我赞同珍妮弗·霍姆格对这段话的解读，她认为胡太后"故意营造这种情形，当这些王公们任力负行之时，就会不顾颜面地占有财物，互相推搡"。这件轶事也说明了一个事实，那就是胡太后掌控着国家财富，并且可以任意支取，以此来获得时人的支持。②

我相信胡太后也动用了国库的钱开凿龙门石窟，但是这一事实却因学者们对《魏书》中记载她到龙门造访经过的误读而变得晦涩不明。《魏书》记载如下："乙卯，皇太后幸伊阙石窟寺，即日还宫。"③

索柏提出胡太后到龙门是去参观已经完工的宾阳中洞："胡氏在 517 年的出行……一定是去视察新完工的工程，为她的公公——已故孝文帝做的功德。"④更具体讲，她是去查看自己对石窟原始工程的改动情况。索柏补充道："我认为胡太后在 517 年到宾阳中洞来的目的不只是悼念高祖，她还要查验一下自己的意愿在石窟建造中的执行情况。具体而言，她需要在这个石窟看到她与这一工程关系的永久记录，即她作为礼拜者和供养人的肖像……我认为宾阳中洞的帝后礼佛图表现的是行进中的胡太后和宣武帝为他们的父亲孝文帝的灵魂祈祷的场景。"⑤

---

① 《魏书》卷十三《宣武灵皇后胡氏传》，338—339 页。

② Holmgren, "Empress Dowager Ling," p.133 and n.11；《资治通鉴》卷一百四十九《梁纪五》，4645—4646 页。

③ 《魏书》卷九《肃宗纪》，225 页。

④ Soper, "Imperial Cave-Chapels of the Northern Dynasties," p.247.

⑤ 同上书，248 页。

很明显，索柏认为胡太后在创作皇后礼佛图时选择将自己的人物关系刻画定格为宣武帝的皇后和孝文帝的孝顺儿媳，但是他这种推测面临几个问题。首先，这位皇太后从来没有充当过这些角色中的任何一个：孝文帝去世的时候，她还没有入宫；宣武帝去世的时候，她还仅仅是一个嫔妃。进一步来讲，作为拓跋皇家的成员，不仅捏造粉饰了自己的过往，并且与她的性格也是不相符的，因为她作为一个女人从未赞助过任何一个致力于纪念她的亡夫宣武帝和公公孝文帝的工程。恰恰相反，她的人生目标是扩大胡氏和皇甫家族的影响。此外，这位皇太后很可能对宾阳洞有极大的反感，因为宾阳南洞本意为已故的文昭皇太后营建，而她正是胡太后的死敌高皇后的姑母。除此之外，宾阳中洞也是献给亡故父母的功德礼物，这要求帝后礼佛图中刻画的人物应该是这座石窟的受益人——孝文帝和文昭皇太后。最后，在以别人名义建造的石窟中仅仅增添一些浮雕板块，对于这位皇太后来讲则过于低调了。为什么一个发起建造了无比雄伟壮丽的永宁寺的女人，会仅仅满足于些微修补和改造别人的工程？为什么这个相信钱可以买到救赎的女人会愿意比自己的前任少花钱？她必定要在龙门营造一个属于自己的石窟，而这座石窟必定是这里最大、最好，造价最为昂贵的石窟。

我认为胡太后在517年造访龙门是去参观为自己所造的石窟，我的这一推断源自李崇给胡太后的上表。516年，李崇在表中对胡太后正在兴建的三大佛事工程大肆挥霍的行为颇有微词，这三大工程是：永宁寺、瑶光塔以及石窟寺。在他的表中，李崇写道：

高祖迁都垂三十年，明堂未修，太学荒废，城阙府寺颇亦颓坏，非所以追隆堂构，仪刑万国者也。今国子虽有学官之名，而无教授之实，何异兔丝、燕麦，南箕、北斗！事不两兴，须有进退，宜罢尚方雕靡之作，省永宁土木之功，减瑶光材瓦之力，分石窟镌琢之劳，及诸事役非急者，于三时农隙修此数条，使国容严显，礼化兴行，不亦休哉！①

李崇在文中抨击了胡太后靡费伤财的行为，他将石窟寺与永宁寺、瑶光塔相提并论，也就意味着石窟寺的工程体量及造价基本和永宁寺、瑶光塔处于同一个水平。②这个石窟寺一定是一个全新雕凿的石窟，而不是在既存石窟内的增补，假如这座石窟的费用支出同京城内最为奢华的寺庙相匹敌，那么它在龙门必定是一个令人叹为观止的石窟。

火烧洞

龙门有一个比宾阳中洞更大的北魏石窟。我们不知道该石窟起初的名字，但它目前被称为火烧洞，这个名字很直观地道出该石窟目前的外观。火烧洞在其内部雕塑工程完工之后的某个时段被毁坏了，几乎所有内部雕刻成为碎片或被毁坏，外部的雕像也完全碎裂，只在入口处留下一尊巨大力士像的部分残余物。

① 《资治通鉴》卷一百四十八《梁纪四》，4628—4629 页。
② 具有讽刺意味的是，李崇提出要罢减佛教工程方面的开支，但是他不仅给正始寺捐钱 20 万，而且还非常贪婪。有一次，胡太后命令随从人员到仓库任意取绢，归己所有，李崇负重过重，颠仆在地，导致受伤。李崇和崔光从来没有放弃向胡太后进谏儒家教化的道理，事实证明，胡太后从来没有采纳过他们两人的建议。

火烧洞发生了什么是个未解之谜。有些人认为它是被雷击中毁坏的,而另外有些人认为它是被故意毁坏的。[1]

　　石窟后壁的原初工程以释迦牟尼像为中心,主佛盘腿而坐,手持禅定印。佛座前两侧各雕一狮子,狮爪、尾等残迹尚存,两弟子除了站在圆台上的跣足,其余部分已经完全毁掉。弟子两侧巨大的胁侍菩萨亦是同样的噩运——所有能看见的东西只是留在壁面上的轮廓及由翻瓣莲花组成的莲台上的跣足。南壁中央是一块毁掉的浮雕碑面,只有碑的下部残存。在规格上,这块碑堪比宾阳中洞外的那块碑,用意一定是在其上刻该石窟的献词,但实际上并没有使用,因为这个碑的碑面上被大约二十几位浅浮雕的女性供养人像所覆盖,她们都来自一个当地的邑舍组织。[2]

　　我认为火烧洞就是胡太后的石窟寺。[3]它一定是北魏石窟中造价最为昂贵的一座石窟,高 10 米,宽 9.5 米,进深 9.85 米。[4]宾阳中洞那么大,是为了给三个壁面十一尊大像提供空间,火烧洞

----

[1] 前者的观点,参见李文生:《龙门石窟北朝主要洞窟总叙》,龙门文物保管所、北京大学考古系编:《龙门石窟》一,277 页;后者的观点,参见中国石窟雕塑全集编辑委员会编:《中国石窟雕塑全集4　龙门》,15 页。宿白提出了自己的观点:该洞似在南北壁尚未雕饰之前,即遭到有计划的破坏。破坏的时间当在该洞出现正光三年(522)七月小龛之前的某个时间(《洛阳地区北朝石窟的初步考察》,载龙门文物保管所、北京大学考古系编:《龙门石窟》一,227 页)。胡智所开的龛在西魏时被毁,应在 538 至 543 年,其时西魏已经控制洛阳地区。

[2] 铭文记载在《题记》中,标号为 2595—2611。拓本在《题记》下 565 页,龙门文物保管所、北京大学考古系编:《龙门石窟》一,图版 182。

[3] 宿白似乎暗示了这个事实:"龙门最大的一座接近椭圆形的大型长方形窟——火烧洞,大约开凿于孝明之初。《魏书·肃宗纪》所记熙平二年(公元 517 年)四月'乙卯,皇太后幸伊阙石窟寺,即日还宫',可能就是在这种情况下出现的。"参见其文《洛阳地区北朝石窟的初步考察》,载龙门文物保管所、北京大学考古系编:《龙门石窟》一,227 页。

[4] 这个石窟的描述来自宿白:《洛阳地区北朝石窟的初步考察》,载龙门文物保管所、北京大学考古系编:《龙门石窟》一,277—278 页。

内也有如此夸张的空间,而实际上它的主像工程并不需要如此大的地方,后壁五尊大像的体量并不需要在侧壁占有如此深的空间。火烧洞的外立面同样大得出奇:入口通道处有6米高,门楣上的雕刻几乎达到4米高,这一点可以比得上宾阳中洞。宾阳中洞的通道处高6.9米,而它的门楣约有2米高,则远远小于火烧洞。

火烧洞在峭壁壁面上的高度也是构成它高昂费用的一部分。火烧洞离地有30米,它是北魏石窟中位置最高的一个(图3.3)。在越高的崖壁上工作,对工人来说就意味着更多的困难和危险,同时也意味着在用时、用物、用料方面造价更大。宾阳洞工程启动时离地面太高了,大约有64米,后来在大约20米这个更为可行的高度上开始动工。由于火烧洞的窟顶离地面大约有10米,因此火烧洞离地面的高度从窟顶开始算起的话大约有40米。很明显,将石窟置于崖壁最高处的目的同在城内建造最高佛塔的目

图3.3 龙门西山立面图:25药方洞,26古阳洞,27火烧洞,28皇甫公窟(龙门文物保管所、北京大学考古系编《龙门石窟》一)

图 3.4 火烧洞西王母和东王公

的应当是一致的。

　　火烧洞最不寻常的方面是它的外立面，站在伊河或是东山的有利地形看，火烧洞的外观非常引人注目。入口拱门周围的设计非常独特：西王母头戴独特的王冠，同东王公骑着龙腾云驾雾（图 3.4）。①东汉时期中国本土神祇中居于首位的西王母和东王公居住在长生不老之地，他们分别代表"阴""阳"，通常出现在东汉的墓葬中，和陪葬的神龛或是青铜镜一起放在墓中。②这种长生不老的意象也被保留在北魏的墓葬艺术中，骑着龙的仙人在洛阳北

---

① 中国美术全集编辑委员会编：《中国美术全集雕塑编 11　龙门石窟雕刻》，目录 19页，正文 14 页，图版 57。照片细节参见温玉成：《龙门石窟造像的新发现》，《文物》1988 年第 4 期，21—26 页，插图 2、3；刘景龙、杨超杰主编：《龙门石窟总录》第 10卷，图版 244、246。

② 弗利尔美术馆藏品，纪年为 174 年，*A History of Far Eastern Art*，pl.92。

邙山的北魏皇家墓室中的石棺中也有刻绘。[①]

当西王母和东王公这种独特的图像形式出现在龙门,这种画像一定对这个洞窟的供养人有着特殊的意义,这种长生不老的思想并不属于佛教,而是中国本土丧葬观念的一部分。西王母和东王公的出现表明,该捐资人是汉人,对这个神话的丧葬内涵理解得相当透彻;运用这两个人物,表明这个工程是为死去的亲人而建的。517年,胡太后的父亲仍然健在,但是她的母亲已经在502年去世。515年胡太后一掌握政权,就封自己的母亲为京兆郡君。518年,胡太后在其母陵寝置守冢十户,对其墓地进行管理,又将自己母亲的称号改为秦太上君,并为之起茔域门阙碑表。[②]皇甫氏又按照皇后的规格被授予谥号,置园邑三十户以奉守其陵寝。通过在中国本土传统内创造出一系列死后的荣誉以及秦太上公寺建造,我认为西王母和东王公形象的出现,暗示了火烧洞也是胡太后为她母亲死后的利益而建造的。更进一步,这个大胆的设计对任何一个同时期的参观者来讲,都是能够被很快解读的。胡太后的意图很可能也是要把火烧洞建成一个公共纪念碑,它上面所雕刻的长生不老的形象也预示着石窟是作为一种丧葬纪念碑而建造的。

火烧洞内一些像龛铭文的缺失或出现,也表明该窟是胡太后的石窟。洞窟内最早出现的小龛是在520年,也就是胡太后失势的那一年。她的儿子长到了十岁,众人也都期望胡太后能够退位

---

① 这些文物现藏于开封市博物馆和明尼阿波利斯艺术博物馆。Eugene Y. Wang(汪悦进),"Coffins and Confucianism: The Northern Wei Sarcophagus in the Minneapolis Institute of Arts," *Orientations* 30, no.6(June 1999):56—64, figs.4a—b and 5.
② 《魏书》卷八十三下《胡国珍传》,1833—1834页。

将政权归还，但是所有迹象表明她并不愿意这么做。其时，胡太后意图重用她的情人清河文献王元怿（487—520），但是胡太后的妹婿元叉和高阳王元雍却控制了朝政，和刘腾一起将胡太后幽禁在北宫宣光殿，并断绝了胡太后母子的联系。①刘腾在523年死去之后，执政的元叉对胡太后和小皇帝的监视和警惕亦稍稍放松。胡太后以出家嵩山闲居寺修道为要挟请求见自己的儿子，元雍邀胡太后和皇帝到其私宅，他们密谋让元叉交出军权。在这种情况下，元叉的弟弟谋反，元叉也被勒令自杀，胡太后于525年5月24日重新摄政。

在520年之前火烧洞内没有凿刻其他小龛，也就表明该石窟除了胡太后和她的宾客之外，其他人是无权进入的，就像永宁寺一样。直到520年胡太后失势，情况才有所变化。她被幽禁后不久，一些刻工就在火烧洞内墙壁的空白处加刻小龛。一些较小的龛现在已经被毁坏了，但是它们的铭文保存了下来，其中七块有纪年的铭文，时间在522年秋至525年5月16日之间。②525年5月24日胡太后重新掌握朝局之后，没有新的小龛增加，直到528年胡太后死后，才又有一些新的题记出现③。

最后一个表明胡太后和火烧洞关系的是西壁有造像铭文的大龛，造像铭文的内容如下：

　　□□□□年七月十日，清信女佛弟子□王妃胡智，敬造释迦像一区，愿国祚无疆，四海安宁，离苦常乐。元善见侍

---

① 《资治通鉴》卷一百四十九《梁纪五》，4657—4658页。
② 《题记》，2578、2582、2583、2584、2613、261、2615。
③ 其中一个是在532年加刻的，《题记》，2616。

佛。元敬愻侍佛。□仲华侍佛。[1]

　　这位清信女是胡太后父系的同宗亲戚,她的身份因名字"元善见"三字而明了。作为东魏傀儡的孝静帝元善见(524—552,534—550年在位)有着短暂而凄惨的一生。[2]在铭文中出现皇帝的全名则表明这个龛是在他出生的524年到534年继承皇位之间雕刻的。孝静帝的父亲是元亶(卒于537年),袭清河王,他的母亲胡智为胡宁之女,胡宁是胡太后的堂弟。[3]胡太后的侄女将自己的龛刻在火烧洞内,也可以表明火烧洞是胡太后本人发起的工程。

皇甫公窟

　　最后考虑的一个外部因素就是皇甫公窟,是由皇甫氏的哥哥敬造的,即胡太后的舅舅。皇甫公窟离火烧洞仅有数米的距离,这个洞窟没有皇家那种规模,但是构图复杂,计划连贯,刻工细腻精美,这些细节表明该洞窟采用的是皇家方式,并且是由胡太后母系亲族来推动完工的。[4]一块非常大的石碑刻在洞门的南侧,上

---

① 《题记》,2580,录文没有显示出完整的拓本内容;每列应有七个汉字,而不是六个。在刘景龙、杨超杰主编的《龙门石窟总录》(第10卷,40页)中,该题记被定为W16龛的题记,此造像龛受损严重,高114厘米,宽80厘米,进深6厘米,龛内刻了一尊坐佛,由弟子、菩萨、力士胁侍,顶部刻有十六尊坐佛以及文殊、弟子和佛传故事,造像记刻在龛下。

② 《魏书》卷十二《孝静纪》,304页。塚本善隆认为敬孙和仲华是善见的弟弟(水野清一、长广敏雄:《龙门石窟研究》卷一,172页)。

③ 《魏书》卷十二《孝静纪》,297页。

④ 同普泰洞和魏字洞相比,同期的石窟虽说是有计划的,但是缺乏复杂的程序和相似的精美雕刻。

面的献词是龙门铭文最长的一篇,大约有 2 000 个字。长篇铭文往往由著名的文人书写,这篇也不例外。[1]这个碑上的文字全部被抹去了,幸运的是,铭文的日期 527 年和作者的名字被保留下来了。作者袁翻(476—528)是孝昌时期(525—527)最著名的文人,因才识出众而官居高位。他被胡太后所敬慕和欣赏,胡太后曾在华林园宴会上为其敬酒,这些表明皇甫家族应当是利用胡太后的影响来请袁翻为皇甫公窟撰写铭文的。[2]

碑首处只留存了出资人的名字,最后三列字是:"太尉公皇甫公石窟碑。"沙畹是第一个将此人识别为皇甫度(卒于 528 年)的,即胡太后的舅舅。[3]曾布川宽将前三列字的前两字识读为"魏侍中"和"司空公",这是皇甫度兄皇甫集的谥号,皇甫集死于 521 年。曾布川宽认为这个石窟由皇甫度出资营建,意在纪念已故的皇甫集,实际上是一个家族石窟。[4]

皇甫度是胡太后任人唯亲方面最坏的一个例子。[5]胡太后掌握政权不久,就累迁皇甫度为尚书左仆射,领左卫将军。520 年胡太后被幽闭期间,"元叉出之为都督、瀛州刺史,度不愿出,频表固辞,乃除右光禄大夫"。525 年,胡太后重新掌握朝局,封皇甫度为司空、领军将军,加侍中。元叉怕皇甫度记恨,多次贿赂皇甫夫

① 《题记》,2628,洞窟号 1609。由著名文人撰写的长篇铭文包括李泰的献词,1 700 个字,由岑文本(595—645)撰文(《题记》,74);卢舍那像龛北壁下层平台处牛氏像龛碑有 600 字,由张九龄(678—740)撰文(《题记》,1634)。

② 《魏书》卷六十九《袁翻传》,1543—1544 页。参见曾布川宽:《龙门石窟北朝造像若干问题的探讨》,砺波护(Tonami Mamoru)主编:《中国中世文物》,京都:京都大学人文科学研究所,1993,198 页。

③ Chavannes, Mission archéologique, v.1, pt.2, p.508.

④ 曾布川宽:《龙门石窟北朝造像若干问题的探讨》,198—199 页。

⑤ 皇甫度的生平在李延寿《北史·胡国珍传》篇尾有描述(卷八十,13a—b 页)。

妇,希望能免于杀身之祸。皇甫度继续为自己的侄子谋求官位,胡太后知其无用,"以舅氏,难违之。然所历官,最为贪蠹"。527年,皇甫度之财富和影响达到一个高峰。

皇甫公窟的窟门立面设计华丽,门拱两端各雕饰一龙头,门楣尖拱两侧仿屋檐建筑下雕饰两个乾达婆,南侧乾达婆怀抱四弦曲颈琵琶,北侧乾达婆双手握横笛,吹奏天乐。该洞窟的门楣、门额覆以屋形。屋顶前坡雕饰圆筒状瓦垄,屋脊两端雕饰鸱尾,屋脊中央雕一只正面站立的金翅鸟。同火烧洞一样,皇甫公窟的外立面看起来像一个带有中国墓葬艺术色彩的丧葬龛。洞窟内部,皇甫公窟同宾阳中洞甚为相似,表明其有意模仿宾阳中洞的造像。窟顶是高浮雕莲花,莲花周围飞舞着乾达婆,他们演奏着各种各样的乐器。地面雕饰一走道直通佛坛,南北两列各三朵莲花构成两条连续地面饰带。主工程仍然是三世佛造像。需要着重指出的是,侧壁的佛像被雕刻成坐佛,而不是像宾阳中洞的立佛。西壁主佛像宾阳中洞一样,是现在佛释迦牟尼(图 3.5)。然而过去佛表现的是多宝佛,释迦、多宝并坐是当时最常见的佛教造像组合。这一特征由头顶处的过去七佛进一步强化。二佛由大梵天胁侍,似乎意在呼应宾阳中洞入口门柱上相同的形象。[1]南壁主尊是菩萨坐像,结跏趺坐在高台上。饰以精致的披帛、珠宝和王冠,坐坛两侧各一只高浮雕狮子。赤裸的右足轻悬在层叠有序的裙裾下摆,仿佛从盘腿的位置

---

① 如今这个雕像的头部已经缺失,该头像曾有螺髻,就像水野清一和长广敏雄 1935 年在照片中所展示的那样。参见金理那著,洪起龙译:《关于 6 世纪中国七尊像中的螺髻像之研究》,13—21 页。

图 3.5　527 年皇甫公窟西壁

抽出来一样。① 这种具有融合性的特征可能意味着造像者希望包含兜率天的弥勒菩萨和未来降临的弥勒佛的双重身份。不过,尽管这个图像特征可以帮助观者识别过去、现在、未来佛,但是也打断了皇甫公窟对宾阳中洞的模仿。这种现象也可以解释为什么有两尊立佛出现在内部甬道的两侧,俱佛施无畏印和与愿印,与宾阳中洞内南北两侧立佛相似。这可能是设计者为了使皇甫公窟拥有宾阳中洞的所有元素而有意为之的。

　　皇甫公窟也采用了宾阳中洞具有礼拜功能的造像标识。石

———————

① 这种姿势的脚部造型对这个石窟来讲并不是唯一的。魏字洞南壁的弥勒菩萨也出现了这种造型(龙门文物保管所、北京大学考古系编:《龙门石窟》一,图版 89),同时代原属洛阳白马寺现存于波士顿美术博物馆的弥勒菩萨也是同样的造型(*Selected Masterpieces of Asian Art*, *Museum of Fine Arts*, *Boston*〔Boston: Museum of Fine Arts, 1992〕, pl.27)。

图 3.6　皇甫公窟西北角莲花、
　　　　思惟太子和敬拜中的梵天

窟工程中最引人注目的是神坛上两尊大型思惟太子像。菩萨装扮，一只足踝放在另一条腿的膝盖处，一只手托举着脸颊，头顶上方环拱着一棵菩提树。在北壁思惟菩萨的旁侧（图3.6）是一个浮雕花瓶，花瓶内是一朵大莲花，从侧面可以看到其硕大的莲叶。莲花各个阶段的不同形态——从发芽到开花再到结籽——都有所表现，中间一支最高，莲朵上有一化生童子。我认为这两个形象对在洞窟内的雕像前进行礼拜有着特殊的意义。

尽管思惟菩萨和弥勒菩萨同时出现时，可以表现在兜率天等待弥勒成佛降世时刻的菩萨们，但是由于这两尊像胁侍在释迦牟尼两侧，因此更有可能表现的是沉思中的太子悉达多。[①]和同时期

图3.7 北魏晚期莲花洞思惟图（刘景龙编著《莲花洞：龙门石窟第712窟》）

① Junghee Lee, "The Origins and Development of the Pensive Bodhisattva Images of Asia," *Artibus Asiae* 53(1993), no.3/4: 311—357. 更多独立的中国例子参见徐汝聪：《菩萨装释迦太子像》，《收藏家》1997年第2期，41—43页。

莲花洞内其他类似形象作对比,我们可以将那两个形象识别为初次出定的悉达多太子和接受粥饭施舍的悉达多太子。在第一幅沉思画面中,当太阳下山之时,悉达多太子以思考姿态坐在菩提树下(图3.7)。[1]跪在太子面前的是他的父亲净饭王,一个身穿长袍、头戴王冠的汉服装扮的帝王,他举起手做礼拜动作。身后站着四位身着汉式袍子的侍从,举着皇室的仪仗——华盖、羽扇、旌旗及武器。最后一幅故事场景是悉达多太子及其父亲一起去观看每年一次的农耕仪式。[2]看到耕牛和农夫辛苦劳作时,王子深深同情他们,他进一步观察到,当土壤被翻起来时,土壤里暴露的虫子很快就被飞鸟吃掉。王子的内心充满了对众生疾苦的同情,他开始在阎浮树下冥想。一整天,树荫神奇地随太阳移动,保护太子免受太阳光线的灼伤。傍晚,净饭王发现王子依旧在树下,因他目睹神迹的发生,所以屈膝跪在自己的儿子面前礼拜。

这个龛的右上侧有一幅相对应的画面:思惟太子坐在菩提树下,旁边是一个插有莲花的花瓶(图3.8)。[3]太子对面是一个头戴高帽的贵族,他跪在太子面前,献出一个大碗。这个贵族后面是三个侍从。第一个侍从身着汉式长袍,在其主人的头上举着一个华盖,而其他两个穿着北方样式的裤子,一个举着一把巨大的羽扇,另一个举着一把大斧子。供养一碗食物是与悉达多第二次和

---

① 参见刘景龙编著:《莲花洞:龙门石窟第712窟》,179页(南壁41号),拓片在163—164页,照片在141页,文在189页。

② 这种说法见Lee,"The Origins and Development of the Pensive Bodhisattva Images of Asia," pp.312—313。

③ 另外两个例子在魏字洞的北壁,转引自龙门文物保管所、北京大学考古系编:《龙门石窟》一,图版92、93。

图 3.8　北魏晚期莲花洞粥饭供养图（刘景龙编著《莲花洞：龙门石窟第712窟》）

最后一次禅定相关的事件。[1]在经过了长时间的苦行僧生活后，悉达多太子决定进食来获得必要的体力，进入最后获得无上正觉的禅定。两个商人向他献食，但他没有接受，因为食物不在乞钵中。接下来，四天王向他献食，但是他不能接受四碗，因此他奇妙地将其变为一碗食物。莲花洞内这个场景中，印度商人和天王被北魏贵族的形象所代替。

　　皇甫公窟中的思惟太子像有莲花洞像龛思考场景中的菩提树和插有莲花的花瓶，但是缺少礼拜中的皇帝和贵族。我认为缺

---

① Nicole de Bisscop, in *The Buddha in the Dragon Gate：Buddhist Sculpture of the 5th—9th Centuries from Longmen*, China, ed. Jan Van Alphen（Antwerp：Etnografisch Museum，2001），p.186.

图 3.9　皇甫公窟南壁礼佛图

失的皇室敬拜者由皇甫度本人代替,即他本人来到属于自己的洞窟中礼拜。除了像宣武帝在宾阳中洞那样,扮演与皇室角色相应的礼敬三世佛之外,皇甫度竟像中国皇帝一样扮演和替换了礼拜思惟太子的净饭王,这似乎确切地映现了皇甫度自我膨胀、欲壑难填的内心世界。

　　进一步模仿宾阳中洞的例子是刻在两侧墙下的礼佛图。在南壁像龛下,三个成年男子手持莲花面向石窟入口(图 3.9)。他们跟随在比丘后面,比丘的面相已经损毁,领头的男人最高,第二个人物较矮,第三个更矮。根据龙门研究院学者顾彦芳的研究,第一个形象代表的是皇甫度,而其他两位是皇甫集的儿子:一个是成为皇甫度养子的皇甫子熙,另一位是皇甫邕。①这些长脸高

①　顾彦芳:《皇甫公窟三壁龛像及礼佛图考释》,《敦煌研究》2001 年第 4 期,89 页。

颧骨的男人同宾阳中洞皇帝礼佛图中有着圆润青春面容的皇帝和朝臣不同,尽管他们同样是一种理想化的描绘。皇甫度在527年应该有五十多岁,故不应该用和三十三岁就去世的孝文帝相同的视觉语言来表现刻画他的形象。因此皇甫公窟礼佛图表现出的人物面部表情和宾阳洞中孝文帝的面部神情是不同的,而更像五十多岁的瘦削面容,然而,长头可能是理想化的表征。对于北魏时期的人们来讲,瘦长的头型被认为是健康长寿和门第的标志,因此,刻工会用资助人并不拥有的面相来祝福资助人。①

和南壁皇甫家族的男人们相对的是一列由尼姑领队的供养人,两位手持莲花的成年女性由几个举着羽扇的仆人陪侍。这两列供养人像在一个半身侏儒的神像前会合,该像拿着一个盛满莲花和珠宝的大托盘。顾彦芳认为她们是皇甫家族的陈夫人和其他女性。我们知道这些女性是因为她们两年前就在莲花洞有造像活动,并有铭文献词,内容如下:

中明寺比丘尼道扬、道积、道保,依方登行道愿造贤劫千佛②,但愿司空皇甫度及陈夫、兄夫贵鉴夫人、柳夫人诸贵人

① 北方人(杨元慎)评价南方的皇帝:"短发之君,无杼首之貌。"译者按:见《洛阳伽蓝记》卷二,118 页。

② 此处我识读为"方登"(源自曾布川宽:《龙门石窟北朝造像若干问题的探讨》,199页),而非"方峙"(《题记》,1133)。"千佛"转引自龙门文物保管所、北京大学考古系编:《龙门石窟》一,图版 49、50。莲花洞的捐资人仍然是个谜。莲花洞的规模是火烧洞的三分之二,但是同火烧洞相似,在后壁有释迦牟尼一铺五尊造像组合和较大进深的长方形空间。最早打破莲花洞原始工程的造像龛是 521 年的造像龛,因此该洞完工的时间很可能和火烧洞相近。主尊上方千佛最为显著的地方被中明寺尼姑占据,表明该石窟的供养人是皇甫家族或者是胡氏家族的人,可能是胡太后的父亲胡国珍或是她的妹妹冯翊君。

等、北海王妃樊，仰为皇帝陛下、皇太后、旷劫诸师、七世父母、所生父母、见在眷属，十方法界、天道众生，生生世世，侍玄（贤）劫千佛、发善恶心、弥勒三会，愿登初首，一时成佛。大魏孝昌元年八月十三日记。[1]

在皇甫公窟北壁礼佛队伍里，三个尼姑把香放在香炉里，尼姑的身后是一位中年妇女和一对手持莲花的年轻夫妇，并由几位侍从伴其左右（图3.10）。[2]顾彦芳认为，这个中年妇女代表的是胡太后，在527年大约三十岁的年纪，而那个年轻人可能是十七岁的孝明帝。[3]这个年轻的女人可能是他主要的妃嫔，胡太后从兄胡盛之女。据载，"灵太后欲荣重门族，故立为皇后"。[4]顾彦芳还认为，紧挨胡太后的尼姑是胡太后的姑姑，胡太后进宫得益于她的姑姑。[5]如果说这些身份的认定是正确的话，那么皇甫度将他自己的家族和胡太后皇室家庭合在一起表现，也就进一步印证了我的观点：火烧洞由他的外甥女胡太后所建。此外，皇甫公窟是为了纪念他已故的哥哥所造，皇甫度将其功德回向他的侄子。同样，根据我的理论，胡太后发起建造的火烧洞是为了纪念她已故的母亲——皇甫度的姐姐。

---

[1]《题记》，1133，拓片参考曾布川宽：《龙门石窟北朝造像若干问题的探讨》，插图8.1。樊氏的丈夫元颢袭其父亲元详的爵号。元颢经常处于行军途中，这也可能解释了为何他的妻子会同皇甫家族一起造像（参见《魏书》卷二十一上《拓跋颢传》，564页）。

[2] 这些人可能是中明寺的比丘尼，曾布川宽认为该寺院是由皇甫家族资助的（《龙门石窟北朝造像若干问题的探讨》，200页）。

[3] 顾彦芳：《皇甫公窟三壁龛像及礼佛图考释》，《敦煌研究》2001年第4期，90页。

[4]《魏书》卷十三《孝明皇后胡氏》，340页。

[5] 顾彦芳：《关于龙门魏字洞的几点思考》，《中原文物》2002年第5期，78页。

图 3.10　皇甫公窟北壁礼佛图

化为灰烬的寺院

　　525 年,胡太后重新掌握政权以后,众所周知,她唯一感兴趣的就是巩固自己的权力。①她重用自己的亲信,而皇帝的亲信则被她一一诛杀。528 年,皇帝已经十八岁,由于不满胡太后的专权和那些只懂阿谀奉承她的汉人官员,在早春时节,曾密诏尔朱荣(493—530)来京解救自己并囚禁胡太后,但是胡太后得到了消息,年轻的皇帝很快被除掉。次日,胡太后为了平息民议,将幼小的皇女立为太子,皇女的身份暴露后,她又将孝文帝的曾孙,一个三岁的孩子立为皇帝。

① 下面的说明引自《资治通鉴》卷一百五十二《梁纪八》,4737—4742 页。

不久尔朱荣的人马到达黄河,他选出平城王之子元子攸(506—531)为帝。听闻新皇即位,负责把守河桥的官员开城纳之。消息传至洛阳,胡太后的亲信四散出逃。而胡太后尽召肃宗后宫,皆令出家,她本人也落发为尼。

尔朱荣的人马渡过黄河,驻扎在河阴,就在都城洛阳北侧邙山旁边。5月16日,尔朱荣命令百官前往河阴朝见新帝。据载,"百官奉玺绥,备法驾,迎敬宗于河桥","引百官于行宫西北,云欲祭天。百官既集,列胡骑围之,责以天下丧乱,肃宗暴崩,皆由朝臣贪虐,不能匡弼,因纵兵杀之,自丞相高阳王雍、司空元钦、仪同三司义阳王略以下,死者二千余人"。尔朱荣又派兵抓住胡太后及幼主,并将其带至河阴,胡太后对尔朱荣多所陈说,但尔朱荣拂衣而起,沉胡太后及幼主于黄河之中。

胡太后的辉煌工程在她毁灭不久也遭遇厄运,六年后,永宁寺被雷电击中失火,杨衒之这样描述:

> 永熙三年二月,浮图为火所烧。帝登凌云台望火,遣南阳王宝炬、录尚书长孙稚将羽林一千救赴火所,莫不悲惜,垂泪而去。火初从第八级中,平旦大发,当时雷雨晦冥,杂下霰雪,百姓道俗,咸来观火。悲哀之声,振动京邑。时有三比丘,赴火而死。火经三月不灭。有火入地寻柱,周年犹有烟气。①

534年,权臣高欢挟持北魏傀儡皇帝——胡太后侄女的儿

---

① 杨衒之著,范祥雍校注:《洛阳伽蓝记校注》卷一,12页。

子,下令都城北迁至邺城,让洛阳五十万百姓三天之内撤离洛阳。留下的只有四百座寺庙内的僧人和尼姑。几个月后,几千名劳工被派往洛阳,他们拆除宫殿,并将建筑材料运往邺城,营建东魏都城。538年,叛将侯景又烧毁了洛阳城内残存的官署建筑及民宅。金墉城也毁于东魏(534—550)和西魏(535—556)之间的交战。

547年,杨衒之因形役经过洛阳,他描述了当时的情形:

> 城郭崩毁,宫室倾覆,寺观灰烬,庙塔丘墟,墙被蒿艾,巷罗荆棘。野兽穴于荒阶,山鸟巢于庭树。游儿牧竖,踯躅于九逵;农夫耕老,艺黍于双阙。[①]

7世纪中期,火烧洞内加刻了一些龛。它们是在洞窟已经毁坏的情形下加刻的吗?一种观点认为火烧洞是在955年灭佛中被毁掉的,后周世宗(954—959年在位)发起灭佛运动,三天之后,木质寺院建筑尽付灰烬,洛阳上空被火光染得通红,据说对龙门石窟的雕塑毁坏相当严重。[②]但是这种理论并不能解释为什么火烧洞会被毁坏,而像宾阳三洞这类更容易进入的洞窟反而没有被毁坏。另有观点认为西魏在538年控制洛阳后,有意对该石窟进行破坏:这是对一个由失德而失国的女人所营建的豪华石窟的政治斗争和报复行为,他们可能人为毁坏了火烧

---

① 杨衒之著,范祥雍校注:《洛阳伽蓝记校注》序言,2页。
② 王振国:《龙门石窟破坏残迹调查》,载龙门石窟研究所编:《龙门流散雕像集》,108页,引自郭玉堂《洛阳古物记》手抄本。对佛教的迫害在薛居正《旧五代史》(北京:中华书局,1976)中有描述,卷一百一十五《周书六》,1529—1531页。

洞内的所有雕塑。①一种不那么戏剧化的理论是,或许石窟雕塑的表面是因为岁月久远而剥落,抑或是石灰岩微弱的热胀冷缩导致雕像的碎裂。然而碰巧是不管曾经发生了什么,现在这个石窟内唯一可辨识的原始工程遗存就是莲台上菩萨裸露的双脚了。

龙门石窟供养人

---

① 王振国在《龙门石窟破坏残迹调查》(龙门石窟研究所编:《龙门流散雕像集》,108页)提到宿白的观点(《洛阳地区北朝石窟的初步考察》,载龙门文物保管所、北京大学考古系编:《龙门石窟》一,229页,注释21)。

第四章　孝道政治

> 未来世中像法之时。……复有众生见他旧寺塔庙形像
> 及以经典破落毁坏不肯修治，便作是言。非我先崇所造，何
> 用治为？我宁更自造立新者。善男子一切众生造立新者，不
> 如修故其福甚多。
>
> ——《像法决疑经》，六世纪[1]

在宾阳中洞入口的南边有一方巨大的北魏石碑。雕刻这块
石碑最初很有可能是为了镌刻宣武帝为他已故父母建造宾阳洞
的献词，但现在碑面上残留的是已经风化磨损的唐（618—907）初
期铭文《伊阙佛龛碑》（参见图 2.2）[2]，由岑文本（595—645）撰文。
岑文本博通经史，是唐太宗（626—649 年在位）朝的中书舍人和中

---

[1] Kyoko Tokuno, "The Book of Resolving Doubts Concerning the Semblance Dhar-ma," pp.261—262.

[2] 尽管该篇铭文目前已经漫漶不清，但是其内容保存在清代董诰等编纂的《钦定全唐文》（台北：汇文书局，1972）卷一百五十，标题为《龙门山三龛记》，这里我采用的是《题记》0074 的录文。

书令,他德行纯正,极尽节俭。①岑文本对文字有着极高的驾驭能力。然而可能正因如此,整篇献词对造像和修复工程涉及的范围以及供养人真实动机的描述就显得有些含糊不清。

铭文以对佛教教义的精美赞词为开篇,而忽略了造像的缘由:

> 然则功成道树,非炼金之初;迹灭坚林,岂断筹之末。功既成,俟奥典而垂范;迹既灭,假灵仪而图妙。是以载雕金玉,阐其化于迦维;载饰丹青,发其善于震旦。绳绳乎,方便之力至矣!巍巍乎,饶益之义大矣!

受益人

铭文的后半部分是对已故长孙皇后长篇累牍的歌功颂德。长孙皇后与太宗皇帝是结发夫妻,她博学多识,唐太宗非常乐意同她一起探讨文学和历史。尽管岑文本的语言辞藻华丽,但是描述长孙皇后的无私品质同唐史中的传记也是相符的。②铭文内容如下:

> 文德皇后道高轩曜,[德酌坤仪。淑圣表于]无疆,柔明

---

① 碑文上并没有这些信息,但是欧阳修(1007—1072)之《集古录跋尾》中有记载(卷五,11b—12a 页)。岑文本传参见刘昫等:《旧唐书》卷七十,北京:中华书局,1975,2535—2539 页;欧阳修、宋祁:《新唐书》卷一百二,北京:中华书局,1975,3965—3967 页。岑文本对唐太宗忠心耿耿,在随太宗伐辽东时病卒,终年五十一岁。
② 《旧唐书》卷五十一《太宗文德皇后长孙氏》,2164—2167 页;《新唐书》卷七十六,3470—3472 页。

极于光大。沙麓①蕃祉，涂山②发祥。来翼家邦，嗣徽而赞王业；聿修阴教，正位而叶帝图。③[求贤]显重轮之明，[逮下彰]厚载之德。④忠谋著于房闼，孝敬申于宗祀。至诚所感，清朏魄于上；至柔所被，荡震腾于下。心系忧勤，行归俭约。胎教[克明]，本枝冠于三代；闺政攸攸，宫掖光于二南。⑤陋锦绘之华，身安大帛；贱珠玉之宝，志绝名当。九族所以增睦，万邦所以至道。宏览图[籍，雅如]艺文。酌黄老之清静，穷诗书之溥挏。立德之茂，合大两仪；立言之美，齐明五纬。加以宿殖远因，是成果。降神渭涘，明四谛以契无生；应迹昭阳，驰三车以济有结。⑥故绵区表刹，布金犹须达之园；排空散花，踊

---

① 根据 Chavannes, *Mission archéologique*, v.1, pt.2, p.335, n.9, 沙麓山在公元前646年崩塌（《春秋·僖公十四年》记载有此事）。晋国有人占卜说："阴为阳雄，土火相乘，故有沙麓崩。后六百四十五年，宜有圣女兴。"（《汉书·元后传》）这个预测也成为现实，圣女指的是汉元帝（前49—前33年在位）。译者按：原文为"it was said this prediction had come true in the person of the wife of Emperor Yuan of Western Han r.6 B. C. E.—1 C. E.,"疑误）的皇后王政君，她是篡权者王莽（8—23年在位）的姑母，从这一点来说，沙麓一名意指圣女。

② 根据 Chavannes, *Mission archéologique*, v.1, pt.2, p.335, n.10, 历史学家司马迁记述了夏代大禹和涂山氏结婚的事件，因此"涂山"暗指有美德的女子。484年司马金龙墓出土的漆器屏风上绘有"涂山"的面貌，表明她在当时是作为女性的典范而闻名。非常感谢司白乐为我提供的参考资料，参见其文章"Creating Ancestors," in *Gu Kaizhi and the Admonitions Scroll*, *Colloquies on Art and Archaeology in Asia*, no.21(London: British Museum Press, 2003), p.57, color plate 14. 或许对李泰最有意义的事情莫过于，涂山氏是启的母亲，而启则成功继承了夏大禹的王位。

③ Chavannes, *Mission archéologique*, v.1, pt.2, p.335, n.11.

④ 《周易》："地势坤，君子以厚德载物。"将皇后比喻作大地，将皇帝比喻作上天。

⑤ 根据 Chavannes, *Mission archéologique*, v.1, pt.2, p.336, n.2, 暗指《诗经》中《周南》《召南》中贞洁的女子。《论语》也高度赞扬了《周南》《召南》。

⑥ 周文王在渭河边遇到了自己的妻子太姒，被后人称之为天作之合（《诗经·大雅·文王之什·大明》）。参见 Chavannes, *Mission archéologique*, v.1, pt.2, p.336, n.5. 昭阳宫是汉成帝（前32—前7年在位）为其宠妃赵合德所造的宫殿。参见《中文大辞典》，14172.141，第2条。

现同多宝之塔。①谅以高视四禅,俯轻末利;深入八藏,顾蔑胜鬘。岂止鳌降扬蕤,轶有娀之二女;载祀腾实,越高辛之四妃而已哉!②

简言之,已故皇后拥有传统女性所有的美德和能力:和善、温柔、忠诚、孝顺。对于丈夫来讲她也是一个勤勉且智慧的伴侣。长孙皇后谦虚而节俭,谨守规制且学养不凡,她不仅精通文学艺术,而且对于儒释道三教的经典也了解颇深。她前生的德行结出今世的善果,让她可以同先秦三代那些伟大女性以及佛陀时代的印度王后相媲美。最后,岑文本特别提及她最伟大的功劳是为唐太宗诞育了数名子嗣。

636年,长孙皇后照顾生病的唐太宗。病榻前伺候几个月后,长孙皇后也病倒了。同年夏天,三十六岁的长孙皇后撒手人寰。太宗追谥她为文德皇后,葬于昭陵,即位于长安西北方向依山而建的唐太宗的山陵。李世民曾在苑中兴建楼观以便眺望昭陵。太宗曾邀请魏徵(580—643)一同登观,魏徵说:"臣昏眊,不能见。"帝指示之,徵曰:"此昭陵邪?"帝曰:"然。"徵曰:"臣以为陛下望献陵(唐高祖之陵),若昭陵,则臣固见之矣。"唐太宗为之哭泣,

① 第一个指的是须达多用金币铺满地面购买祇陀王子的园子为佛陀修建精舍之事(《涅槃经》卷二十九)。第二个指的是多宝塔涌现在佛陀面前,莲花同时自发盛开(《莲花经》卷十一)。长孙皇后可能在城门之上礼佛散花。参见《魏书》卷一百一十四《释老志》,3032页。

② 波斯匿王(King Prasenajit)和末利皇后(Queen Mallikā)已经证悟佛法,但是他们的女儿还没有同沾法喜,英文译本参见 The Lion's Roar of Queen Śrīmālā, trans. Alex Wayman and Hideko Wayman(New York: Columbia University Press, 1974), p.3. 胜鬘(Śrīmālā)是该经的女主角,这里很明显是用印度皇室著名的女性同长孙皇后作对比。

后将层观拆毁。①魏徵此举意在敦促身系天下的太宗皇帝为苍生福祉抛却个人伤痛,在长孙皇后去世后的第二年,唐太宗离开长安,前往洛阳。

供养人

铭文接下来的内容大肆赞扬功德发起者的功绩。尽管魏王李泰(618—652)"朝读百篇,捻九流于学海;日摘三赋,备万物于词林",但他常常会想起自己的母亲,在铭文中他希望"欲弭节鹫岳,申陟屺之悲"。这一句源自《诗经》里的一首诗,诗中描述了一位思乡的士兵爬上光秃秃的山顶远远眺望家乡的母亲,借此触动皇帝的心弦。②李泰非常思念自己的母亲,决定以开窟造像的方式为长孙皇后积累功德。在铭文中,岑文本描述了李泰选择龙门作为造像地的原因:

> 博求报恩之津,历选集灵之域。以为百王建国,图大必揆于中州;千尊托生,成道不□于边地③。惟此三川,寔总六合。王成设险,曲阜营定鼎之基;伊阙带峒,文命辟襄陵之

①《资治通鉴》卷一百九十四《唐纪十》,6123 页。魏侯玮将魏徵的话这样释读,魏徵指出献陵比昭陵小,借此来讽喻太宗皇帝缺乏孝心,但是我认为魏徵此举是为了将唐太宗从丧妻的悲痛中拉出来,让其将注意力放在治理国家的事务中,参见 *The Cambridge History of China*, volume 3: *Sui and T'ang China*, 589—906, Part I, ed. Denis Twitchett(崔瑞德) and John K. Fairbank(费正清)(Cambridge: Cambridge University Press, 1979), v.3, p.187.

②《魏风》第四首诗,这首诗的典故是由沙畹鉴别的,参见 Chavannes, *Mission archéologique*, v.1, pt.2, p.338, n.10.

③ "边地"是指没有佛法的地。参见 Gómez, *The Land of Bliss*, p.287.

□。穹隆极天，峥嵘无景；幽林招隐，洞穴藏金。云生翠谷，横石室而成盖；霞舒丹巘，临松门而建标。崇基拒于嵩山，依希雪岭；□流注于德水，仿佛连河。斯固真俗之名区，人祇之绝境也。

岑文本以论证洛阳城的优势为出发点，来阐述龙门的地理位置："以为百王建国，图大必揆于中州。"在唐代，这种居天下之中而治的观点与佛教得道成佛往往在中心地区的理论互相融合。在这里，唐代佛教徒想到的是同时期位于印度中心（中天竺）拥有众多佛教圣地的摩揭陀国（Magadha）。[①]洛阳近郊的龙门得益于洛阳的地缘优势，同时龙门自身也是一个神圣的自然场所，山体石质非常适合开窟造像，风景优美，环境雅静，适宜佛教徒修炼开悟。在结语中，岑文本将龙门山同喜马拉雅山并提，伊河同尼连禅河类比，借此把古印度的悟道成佛之地类比于中华腹地洛阳。

工程问题

这一部分对理解李泰在龙门开凿石窟之确切目的和本质至关重要。开篇介绍了李泰为开窟造像所支出的巨额费用，并且引用战国时期两位才华横溢的谋略家，来比喻李泰为其母后开凿石窟所耗费的心血和精力。下面是铭文具体描述的内容：

---

① 洛阳天下之中的位置对中国统治者来讲是最适宜建都的，这一点公元前的史书都有表述："昔三代之居，皆在河洛之间。"参见司马迁：《史记》卷二十八《封禅书》，北京：中华书局，1959，1371 页。

王乃罄心而弘喜舍,开藏而散龟贝。楚般竭其思,宋墨骋其奇。① 疏绝壁于玉绳之表,而灵龛星列;雕□石于金波之外,而尊容月举。或仍旧而增严,或维新而极妙。白豪流照,掩莲花之质;绀发扬晖,分檀林之侣。是故近瞻宝相,俨若全身;远鉴神光,湛如留影。嗤镂玉之为劣,鄙刻檀之未工。杲杲焉逾日轮之丽长漠,峨峨焉迈金山之映巨壑。耆阇在目,那竭可想。宝花降祥,蔽五云之色;天乐振响,夺万籁之音。是以睹法身之妙而八难自宛,闻大觉之风而六天可陟。非正直者,其孰能与于此也!善建佛事,以报鞠育之慈;广修福田,以资菩提之业。非纯孝者,其孰能与于此也!

在这个地方敬拜所产生的功德将会回向已故长孙皇后的灵魂,而开凿石窟的名声则要归功于李泰,李泰为开凿石窟而支出的巨额费用体现了他的孝心,但是这里仍有一个核心问题:铭文中描述的这个位置到底在哪里？一些特定的关键词可以帮助我们来识别这个石窟。首先是:"疏绝壁于玉绳之表,而灵龛星列;雕□石于金波之外,而尊容月举。"第一句描述了石窟的壁面布满了大大小小的像龛,从底部一直延伸至上部的边线处,像群星罗列一样,边线又被形象地称为玉绳。第二句则暗示了主佛的面容离观瞻者的头部很远,就像月亮挂在天空。这些语句的描述一定是关于一个大型石窟的描述,因为像龛和主佛的范围高于头顶的高度,描述者是把该石窟作为天体来描述的。另有关键性的短语

① Chavannes, *Mission archéologique*, v.1, pt.2, p.340, n.2,描述了鲁班和墨翟如何以他们的巧思妙想而闻名。《吕氏春秋》介绍了鲁班在楚国如何用自己的谋略为楚王攻打宋国出谋划策;而墨翟则通过自己的智慧阻止了这场战争。

是："或仍旧而增严，或维新而极妙。"这句话表明李泰重新装饰了前朝的雕塑，或许是将其修整，又或许是简单地进行彩绘和贴金，同时他也下令雕凿了一些新的雕像，因此这个石窟应该包括唐代以前和初唐时期的雕塑。所有这些因素或许可以使这个石窟工程花费更少，见效更快，不但如此，如本章开头引语所揭示的那样，石窟"维新"行为要比开凿新的石窟龛像产生更大的功德。铭文亦如此讲："白豪流照，掩莲花之质；绀发扬晖，分檀林之侣。"这句话特别强调了佛祖的头部，暗示了李泰对头部工程尤其引以为傲。接下来的几句描述了新雕刻的佛像极尽精妙，也表明了佛头是"维新"中最为精彩的部分；这一部分也可能是花费最为昂贵的部分。铭文中描述主佛白毫发出的光芒比窟顶彩绘的莲花更加明亮，头发散发的光辉是如此强烈，可以照亮每一位胁侍主佛的僧徒。这些描述表明曾有昂贵的宝石镶嵌在主佛的白毫之处，头发被杂青金石色的昂贵颜料所渲染。此后铭文中描述了窟顶中央刻有一朵大莲花，莲花周围刻有祥云，祥云中间飞舞着演奏各种乐器的乾达婆："宝花降祥，蔽五云之色；天乐振响，夺万籁之音。"总而言之，这篇铭文描述的是一个顶部刻有莲花、祥云、演奏音乐的仙人，四壁刻满了小龛的石窟。在这些雕刻中，有些是原本就有的，有些是后来加刻的，特别是主佛的头部就是新刻的。

20 世纪初期，日本学者最早调查和研究了龙门石窟，认为李泰铭文中所指的石窟是潜溪寺。[①]由于潜溪寺位于伊阙佛龛碑北30 米处，因此这种观点并没有说服力（图 4.1）。进一步来讲，就像

---

① 水野清一、长广敏雄：《龙门石窟研究》卷一，11 页。他们沿用了关野贞早期提出的观点。

图 4.1　龙门西山:1 潜溪寺,2 宾阳北洞,3 宾阳中洞,4 伊阙佛龛之碑,5 宾阳南洞,6 优填王区域 305 窟,7 韩氏造像龛,8 敬善寺,9 摩崖三佛(龙门文物保管所、北京大学考古系编《龙门石窟》一)

张若愚曾经指出的那样,潜溪寺的内部雕刻情况和李泰铭文中所描述的图像工程关联性并不大。[1]这个洞窟窟顶没有装饰,四壁也没用星罗棋布的小龛,同时也缺乏前朝所雕刻的工程。或许我还要补充的一点是,主佛两眼之间没有圆形的凹陷来放置珠宝以表现白毫。

　　张若愚提出该铭文指的是宾阳南洞和宾阳中洞,他认为"宝花"和"天乐"指的是北魏时期刻在宾阳南洞和中洞窟顶的"莲花"和"飞天"。他用不同的理解解读了沙畹的译语"Grdhrakūta est devant nos yeux; Nagarahāra peutêtre réprésentée"。"耆阇在目,那竭可想",张若愚认为"耆阇"是鹫鸟,不是灵鹫山;"那竭"是龙,而不是那竭国的缩写。那竭国龙宫里有佛影。根据张若愚对于"耆阇在目,那竭可想"这句话的解读,耆阇和那竭指的是鸟和龙,与宾阳中洞和南洞东壁底部的神王像吻合。

　　我认为沙畹将这两个词语解读为灵鹫峰和那竭国是准确的。这两句话之后是一段描述主佛的长文,意在用主佛的宏伟壮丽和写实风格给观者留下深刻的印象。刻工的意图是让参观者感觉

---

[1] 虽非首次将李泰的造像记和宾阳南洞联系在一起,张若愚还是提出了自己的反对意见,参见其文《伊阙佛龛之碑和潜溪寺、宾阳洞》,《文物》1980 年第 1 期,19—24 页;亦见王去非:《关于龙门石窟的几种新发现及其有关问题》,《文物参考资料》1955 年第 2 期,120—127 页。

到雕塑是如此富有感染力,能够设想自己就在灵鹫峰上,目睹释迦牟尼说法一般,又或者说让观者看到一尊如同那竭国龙宫里的佛影一般。如果按张若愚所理解的那样,内容从描写主佛的伟丽突然转到墙底部所雕刻的神王,那便与岑文本的骈文文风相抵触。

由于宾阳南洞和中洞看起来像一对姊妹窟,窟顶和神王像相似的图像可以将其联系在一起,张若愚解读了关键性的一行文字"或仍旧而增严,或维新而极妙",此处指的是宾阳南洞和宾阳中洞。"仍旧"意指北魏时期的宾阳中洞,李泰对其重新修缮、饰彩、镀金,以期达到"增严"的效果;而"维新"则意指宾阳南洞,宾阳南洞是 523 年刘腾死后遗留下的半拉子工程,李泰则用初唐的风格将其完工。按照张若愚的解读,李泰的工程实际上覆盖了一对石窟。[1]

在我看来,李泰造像铭文中所提及的工程仅指宾阳南洞。首先,文中并没有提到两个石窟,并且李泰这样一个雄心勃勃的政治家只可能会夸大工程的范围,而绝不会刻意隐瞒,从而削减自己的功绩。比如,铭文中李泰似乎将南北壁面上的小像也纳入自己的功德,然而壁面上的铭文却很清楚地告诉我们,这些龛像的捐造者另有其人。其次,这些描述其实仅与宾阳南洞吻合。"疏绝壁于玉绳之表,而灵龛星列"描述的情形只有宾阳南洞才有,石窟的侧壁上刻有上百个小龛,有 160 方发愿铭文(图 4.2)。许多

---

[1] Amy McNair(倪雅梅),"Early Tang Imperial Patronage at Longmen," *Ars Orientalis* 24(1994):65—81.张若愚认为这项工程包括两个石窟,我认同他的观点,在我看来,李泰有意试图将未完工的宾阳南洞和宾阳中洞结合起来使其成为姊妹窟。然而,通过对李泰造像铭文的深入研究,我不再认为宾阳中洞是李泰工程的一部分。

图 4.2　宾阳南洞南壁龛(张乃翥摄)

献词由李泰的朋友、亲属在 641 年所捐刻,包括他的姊妹豫章公主,以及伊阙佛龛碑铭文的作者岑文本。①这些小龛布满四壁,向上一直延伸到窟顶北魏时期所刻宝盖的边缘,这就是铭文中所强调的"星列"和"玉绳"。然而与之形成对比的是,宾阳中洞只有二十几处小型的雕刻,且没有一处提及的时间是 641 年。最后,这项工程的命名也表明它指的仅是宾阳南洞。根据铭文,李泰的工程是"伊阙佛龛",在宾阳南洞内的铭文中就可以看到一个非常相似的名字。北壁 646 年韩文雅及妻造像龛的铭文提到:"夫妻二

①　也包括南壁 S60 龛,是由太宗的姊妹淮南公主所献(《题记》,0183)。这个龛有 64 厘米高,内造一立菩萨。参见刘景龙、杨超杰主编:《龙门石窟总录》第 1 卷,76 页,图版 441。

人,抽舍净财,于伊阙寺敬造石一龛。"①很明显,宾阳南洞被称之为"伊阙寺"或"伊阙佛龛",而宾阳中洞很可能还是沿用北魏时期的旧称"灵岩寺",因此,我认为李泰铭文中所称的"旧"和"新"在宾阳南洞均可以相互对应。

宾阳南洞的早期遗存

如果说铭文中确实涉及"旧"的北魏雕刻和"新"的初唐工程,那么这个石窟本身应该包含两种元素。由于北魏雕刻是属于宣武帝为已故父母所造工程的一部分,因此宾阳南洞内的早期雕刻不仅应该具备鲜明的北魏风格,而且应该与宾阳中洞有关联,而由李泰捐造的工程则是在一百多年之后的续建,因此在风格上是有区别的。根据温玉成对这个洞窟的考古调查,宾阳南洞内所保存的北魏雕塑遗迹主要分布在三个区域。②第一处,窟顶有高浮雕宝盖,形制与宾阳中洞略同。中央是一朵重瓣大莲花,其外绕以六身乾达婆和二身紧那罗,窟顶边界是一圈莲瓣及三角纹流苏。第二处是南壁东侧壁角的山神王和北壁东侧壁角的风神王。温玉成认为其他神王像是唐代的。最后一处是正壁及两侧壁的地面,留有放置造像的低坛。

我怀疑佛和菩萨雕像的部分工程也是在北魏动工的。事实上,宾阳南洞南壁的菩萨(图 4.3)和宾阳中洞正壁的菩萨(参见图 2.6)是完全可以匹配在一起的:都是双脚厚实且呈方形,身躯

---

①《题记》,0076。
② 参见温玉成:《龙门唐窟排年》,载龙门文物保管所、北京大学考古系编:《龙门石窟》二,北京:文物出版社,1992,175 页。

图 4.3　宾阳南洞
菩萨造像

呈倒三角形,上披双缕珠宝、项链,肩部的帔帛以及手势都是如此
相像。宾阳南洞北壁的菩萨在珠宝的细节上和南壁菩萨并不相
像,但是,身躯的形状、独特的双足、珠宝和帔巾的安排以及特别
的手势(右手持一莲花花蕾,与胸齐平,左手下垂,持一扇形物)极
其相似。而这些元素的存在表明菩萨造像在北魏时期已经草创。
而其他元素在风格上则要晚,例如菩萨的面部缺少北魏时期特有
的微笑特征。南壁菩萨有一张大而结实的显出厚重风格的方形
脸,而北壁菩萨面部较圆且显得更为小巧。他们之间既没有相互

图 4.4　宾阳南洞西
壁主佛（龙门文物保
管所编《龙门石窟》）

匹配的地方，同主佛之间也没有类似之处。这些风格错置的面部
特征同宾阳中洞看到的风格一致的面容对比鲜明。而所有这些
元素使得它们不可能是完美协调的北魏皇家双窟之原始工程的
组成部分。除此之外，菩萨的脖子都是三环线的脖子，也就是说
脖子上刻出浅浅的折纹，表明体态的丰腴，宾阳中洞的造像是没
有这个特色的，这也说明它们应属后来之作。

　　主佛看起来至少在北魏时期已经勾勒出来，因为佛像的规
模、坐姿，甚至手印都与宾阳中洞内的主佛相似，这表明主佛的基

本形式在北魏完成后遭到了废弃,对于后来的刻工而言,雕刻程序已进入最后阶段,除了在细节上加以处理之外,能改变的东西几乎微乎其微(图4.4)。然而同菩萨像的雕刻情况一样,主佛的面部缺乏北魏佛像特有的笑意,头部显得更扁更方,鼻子和嘴的刻画比宾阳中洞主尊所具有的圆柱脸型和简约的几何式面部风格更为写实和逼真(参见图2.1)。宾阳南洞主佛的刻工能够营造出眼周的骨感,而在面颊和下巴处表现出肉感。造像的比例则显得更高、更窄一些,头部的比例相对于身体来讲更趋于真实。胸部更为隆起和饱满,因此披在身上的布料更加自然、松垂,绕过腹部系带处看起来很真实地折叠在一起。还有更多布料的细节被刻画,例如佛左手下部以及右手上部衣纹褶皱相堆叠的地方。显而易见,刻工对于衣纹纹路走向以及雕像解剖学合理性的理解和态度与北魏时期是完全不同的。

宾阳南洞的最后完工

中国佛像艺术的知名学者曾经主张宾阳南洞的主佛完工于隋代(581—618)。[1]这一观点的形成主要基于以下几个原因。首先,艺术领域的革新并没有随着朝代的变更而发生革命性的变化,初唐的造像风格同隋代末期相比并没有显著的变化。其次,现存隋代末期的洞窟造像要多于初唐时期,因此,一个自然而然的趋势就是将宾阳南洞的艺术与相对来说体量更大的隋代素材相比较。最

---

[1] 参见水野清一、长广敏雄《龙门石窟研究》卷一,27—28页;龙门保管所编:《龙门石窟》,北京:文物出版社,1958,3页;宫大中:《龙门石窟艺术》,122—123页;Marylin M. Rhie, "Late Sui Buddhist Sculpture: A Chronology and Regional Analysis," *Archives of Asian Art* 35(1982):33。

后,直到 1980 年,张若愚发表了一篇关于这一议题的重要文章之后,宾阳南洞是由李泰在 641 年完工的观点才逐渐被学界接受。[①]

我认同龙门石窟研究院的观点,即宾阳南洞主要造像完成于 641 年。[②]首先,那些由李泰的亲朋所捐造的造像龛是 641 年完工的,这就强有力地表明该石窟很有可能完工于这一时间。其中有两个龛是由李泰的姊妹和她的婢仆亲眷所造。豫章公主在宾阳南洞为长孙皇后献龛是有特殊原因的,因为豫章公主在生母去世后,由长孙皇后抚养,被长孙皇后视如己出。[③]豫章公主第一个造像龛所附的造像记内容为:"大唐贞观十五年三月十日,豫章公主敬造像一塔,愿己身平安,并为一切含识。公主妳萨为己身,并儿蒋修子[④]等五人,亦同造像一塔,及一切含识,共登正觉。"[⑤]另一个像龛是在三个月之后,由豫章公主和竹普头等六人所造。[⑥]还有一个小龛是由魏王监陆身故所造,最后有一个双龛是由岑文本及其同宗所造。[⑦]

同时期其他的一些造像龛在风格上同主佛是相似的,这一点

① 译者按:指张若愚:《伊阙佛龛之碑和潜溪寺、宾阳洞》,《文物》1980 年第 1 期,19—25 页。

② 参见温玉成:《龙门唐窟排年》,载龙门文物保管所、北京大学考古系编:《龙门石窟》二,176 页。

③《资治通鉴》卷一百九十四《唐纪十》,6120 页。

④ "修子"字面意思是"教养孩子",因此蒋氏是公主或者是公主子女的奶妈。

⑤《题记》,0149。S19 龛 64 厘米高,50 厘米宽,6 厘米深,内刻主佛,双腿交叉,两个立菩萨胁侍,下方刻题记。这个刻工非常简单。参见刘景龙、杨超杰:《龙门石窟总录》第 1 卷,70 页,图版 397。

⑥《题记》0151,S25 龛造像组合同 S19 龛相同,但是要小一些,43 厘米高,参见刘景龙、杨超杰主编:《龙门石窟总录》第 1 卷,71—72 页,图版 403。

⑦《题记》,0150。陆身故龛很小,44 厘米高,内刻一交脚坐佛,两立菩萨侍立,被命名为 S24。参见刘景龙、杨超杰主编:《龙门石窟总录》第 1 卷,71 页。紧邻 S25 西侧的龛由豫章公主子女的奶妈竹普头所造,岑文本的题记是 0152 号,刘景龙、杨超杰主编:《龙门石窟总录》(第 1 卷,72—73 页,图版 410)将其作为一个独立的龛 S32,内刻一交脚坐佛,由两个立菩萨胁侍。

也从造像风格的角度强化了对于641年的判定。北壁中间下部有一个大龛,高2.33米,凿于648年,是由"洛州河南县思顺坊老幼"的民间团体所捐造。①思顺坊位于洛阳东南南市的最西边,来自思顺坊100多位男女老少加入这个造像团体为皇家造像。②主佛是善跏趺坐的弥勒佛,边侧是两弟子,菩萨、力士胁侍(图4.5)。弥勒的样式同宾阳南洞主佛的样式非常接近。③头部有同样的方

图4.5　宾阳南洞北壁648年思顺坊造像龛
(温玉成主编《中国石窟雕塑全集4　龙门》)

①《题记》,0077。刘景龙、杨超杰主编:《龙门石窟总录》第1卷,图版572;中国石窟雕塑编辑委员会编:《中国石窟雕塑全集4　龙门》,图版95。

②徐松:《唐两京城坊考》卷五《东京外郭图》,北京:中华书局,1985,157页。

③为了证明李泰之宾阳南洞主佛完工于641年,冈田健论证了宾阳南洞内纪年为648年的四个造像龛风格的相似之处:思顺坊、优填王造型的立佛、北壁一铺五尊像坐佛以及南壁一个大龛。参见冈田健:《龙门石窟初唐造像论》,《佛教艺术》第171期,1987年3月,95—100页。

形轮廓,脸部有比较相似的肉感,而胸部和肩部同北魏时期的造像相比则更宽大圆阔。尽管身体的坐姿稍显僵硬,但刻工在刻画衣纹的褶皱时更为自然。总而言之,思顺坊的弥勒在风格上同宾阳南洞的主佛非常接近。如果没有648年的纪年,那么它很可能会被误判为隋代末期的作品。

神通寺的初唐造像

尽管初唐的造像非常稀缺,但是现存有两尊造像在风格上同宾阳南洞造像非常接近。山东省济南市南约40公里的千佛崖存有初唐时期一对阿弥陀佛造像。[1] 65米长的石灰岩崖壁位于金阳河峡谷内已经毁掉的神通寺上方,金阳河发源于北方的泰山。千佛崖刻了大约220尊像,高度从30厘米到两三米不等。[2] 这里有四十三方造像记,其中有十方是有纪年的,都是7世纪的题记。[3] 千佛崖的北部有一个双龛,内刻两尊坐佛(图4.6)。左侧的佛像有2.65米高,后壁紧挨佛左肩部是该造像题记:"大唐显庆三年,行青州刺史清信佛弟子赵王福,为太宗文皇帝敬造弥陀像一躯。愿四夷顺命,家国安宁,法界众生,普登佛道。"[4]

赵王福的造像在服饰和造像风格方面同宾阳南洞的造像非常相似。所有佛像的服饰都有一个非常显著的细节,那就是外衣

---

① 关于这个遗址的雕塑,参见坂井隆(Sakai Takashi):《神通寺千佛崖唐代初期造像》,《佛教艺术》第159期,1985,63—76页。

② 参见 F. S. Drake, "The Shen-t'ung Monastery and the Beginning of Buddhism in Shantung," *Monumenta Serica* 4(1939—1940):5。

③ 济南市博物馆编:《四门塔与神通寺》,北京:文物出版社,1981,11页。

④ 同上书,16页。

图 4.6　山东神通寺千佛崖李福造阿弥陀像龛(喜龙仁《中国雕塑》)

绕至左肩处,由一枚布扣系牢。按照这种风格来分析,赵王所造的阿弥陀佛,头部呈方形,脸庞略有肉质,身躯健硕,表情像宾阳南洞主佛一样慈祥。胸部刻画有对立体效果的初步探索,也有让衣褶充分包裹身躯以勾勒躯体轮廓和形态的尝试。赵王造像的纪年是 658 年,它同宾阳南洞主佛的相似性进一步佐证了 641 年这个时间的准确性。

这些造像的功德主同李泰的关系也是非常亲近的。赵王李福(卒于 670 年)是李泰的同父异母弟。[①]像李福的造像记中所讲,他是青州(今山东益都)刺史,其治所位于千佛崖东 120 公里处。

---

① 参见《旧唐书》卷七十六《太宗诸子传》,2665—2666 页;《新唐书》卷八十《太宗诸子传》,3579 页。

图 4.7 山东神通寺
千佛崖南平公主造
像龛（喜龙仁《中国
雕塑》）

龙门石窟供养人

李福可能是作为朝拜者前往神通寺和千佛崖拜佛，但也可能是去
拜访他的姐姐南平公主。当时南平公主同她的丈夫居住在齐州，
即千佛崖所在的地区。公主的丈夫刘玄意时任齐州刺史。[①]

　　南平公主和刘玄意那时也在千佛崖捐造了佛像。657 年，南
平公主在千佛崖南部第 6 窟南侧捐刻了一个小龛（图 4.7），造像

---

① 关于南平公主，参见《新唐书》卷八十三《太宗二十一女传》，3645 页；关于刘玄意，参
见《旧唐书》卷五十八《刘政会传》，2313 页，以及《新唐书》卷九十《刘政会传》，3768
页。对于唐太宗的子女来讲，作为当地刺史开龛造像并不常见。越王李贞在做相
州刺史时，于 647 年在河南安阳附近的宝山为一个著名的佛教大师建造了一座塔。
参见大内文雄（Ouchi Humio）：《宝山灵泉寺石窟塔铭研究》，《东方学报》第 69 期，
1997，287—355 页。

记的内容为："大唐显庆二年，南平长公主为太宗文皇帝敬造像一躯。"①在造像记中，因太宗在 649 年已经过世，南平自称"长公主"。她不再是大唐皇帝的女儿，而是一位长姐，她的称呼也反映了身份的变化。她的父亲被冠以"太宗文皇帝"。她为父亲开龛造像，暗示了这位皇帝晚年在玄奘大师的影响之下皈依佛教的事实。②

　　第二年，刘玄意发愿建造了一个浅龛，只有 85 厘米高，目前标号为第 4 龛。该龛设计独特，弥勒佛呈善跏趺坐，右手施无畏印。方形外沿两侧有四层层叠的莲花瓣形组成的柱子，以支撑顶部的门楣。在龛的右侧，刻有一个抬起单臂单膝做出胜利状姿势的武士。左侧是一个小狮子，狮子上部刻有造像记："大唐显庆三年九月十五日，齐州刺史、上柱国、驸马都尉、渝国公刘玄意敬造像供养。"③

　　刘玄意在龙门也有造像。在宾阳南洞东壁上凿有一个 1.5 米高的阿弥陀像龛，造像日期是 650 年。④1978 年在拆除附建在宾阳三洞的清代券门时，发现刘玄意的另一个造像。⑤在宾阳南洞入口的内壁北侧，有一个肌肉发达半裸的力士形象，高 2.7 米，在他左肩上方高处有造像记："永徽元年十月五日，汝州刺史、驸马都尉、渝国公刘玄意敬造金刚力士。"⑥

----

① 阎文儒：《中国石窟艺术总论》，天津：天津古籍出版社，1987，344 页。
② 关于太宗的明显转变，参见 Stanley Weinstein, *Buddhism under the T'ang* (Cambridge：Cambridge University Press, 1987), pp.26—27。
③ 阎文儒：《中国石窟艺术总论》，343—344 页。
④《题记》，0164，但是在该书中被错误地排在南壁。
⑤ 参见李文生：《龙门石窟的新发现及其它》，《文物》1980 年第 1 期，1—5 页。
⑥《题记》，0208。

图 4.8　潜溪寺西壁
主佛（龙门文物保管
所编《龙门石窟》）

　　南平公主很有可能在龙门也有造像，就像刘玄意在齐州任刺
史时，她和丈夫都在神通寺千佛崖捐造了龛像一样。当刘玄意在
650 年前后任汝州刺史时，他们夫妇很可能同时在龙门开龛供养。
汝州在龙门东南，距龙门仅有 50 公里。我认为南平公主很可能
是潜溪寺的功德主，她是为其亡父太宗皇帝所建。潜溪寺是参访
者从北入口进入龙门造像区域后首先看到的大型洞窟，该洞的规
模相当宏伟。正壁是一个巨大的坐佛，高 7.8 米，两侧有弟子、菩
萨和力士胁侍（图 4.8）。佛头比例较大，呈圆形，脖子上刻有三环
线。肩部和胸部宽阔而隆起，比宾阳南洞主佛要宽阔许多，更加
逼真写实的造像风格表明该窟造像要略微晚于宾阳南洞主佛的
造像，大约在 650 年前后。主佛的风格和南平公主 657 年在山东

的造像风格非常相似。甚至佛像着装的类型也一样：单肩僧祇支在腰部打结，外披袈裟从左肩上方绕至右肩下部。

斗争的结果

让我们回到宾阳南洞，无论李泰实际修造的部分是哪里，他641年的铭文结尾相当令人瞩目。碑文由正值荣宠的大臣褚遂良（596—658）书丹，褚遂良被魏徵推荐给太宗皇帝，代替已故的虞世南（558—638），担任宫廷的书法顾问（参见图 9.1）。[①]李泰请其父亲的中书舍人撰文，御用书法家为其书丹，充分说明李泰想凭借皇家的风范气度让自己的造像记给观者留下深刻印象，从而营造出他深得恩宠，在皇位争夺中必胜的氛围。

636 年，太宗皇帝将兄弟和皇子们外派各州（可能是为了防止他们结党谋反），但是只有一人例外，那就是李泰。[②]尽管李泰并不是太子，而是唐太宗和长孙皇后的次子，唐太宗仍然允许李泰在府邸设置文学馆，任他自行引召学士。而从传统上来讲，只有太子才可以有此殊荣。实际上设置文学馆的行为在之前曾导致唐太宗及兄长之间的争斗，而这仅仅是二十多年前发生的事。唐太宗对李泰给以种种逾越礼制的宠爱。例如因为李泰身材肥胖，唐太宗心疼儿子走路困难，允许李泰乘坐小轿子到朝所。640 年，唐

---

① 褚遂良现存最早的作品有一些不规则的斜度，可能代表了他的早期风格，抑或是他附和北魏风格的尝试。他流畅优美的风格在其最著名的作品《圣教序》中得到完美的体现，此文由唐太宗撰写，介绍大唐玄奘法师的译经活动。653 年这块碑仍然可以见到，存于西安大雁塔下，墨拓可看 Nakata Yujiro（中田勇次郎），*Chinese Calligraphy*（New York：Weatherhill/Tankosha, 1983），pl.38。褚遂良的传记参见《旧唐书》卷八十，2729—2739 页；《新唐书》卷一百五，4025—4029 页。

② 参见《资治通鉴》卷一百九十四《唐纪十》，6119 页。

太宗亲临李泰在延康坊的府邸,并因此特赦了雍州及长安死罪以下的罪犯,又免去了延康坊的百姓一年的租赋,还重赏了魏王府的官员以及同住一坊的老人。李泰的开支甚至超过了太子李承乾,但是李世民并没有削减李泰的开支,而是放开了太子开支的限制,甚至提议让李泰搬至宫廷同其一起居住,这个建议虽然因遭到魏徵的反对而搁置,但说明李世民对李泰的宠爱是超越其他诸子的。

与此同时,太子的行为却日益疏离了父子关系。[①]据史书,李承乾"甫八岁,特敏惠,太宗使裁决庶政,有大体。每行幸,令监国。及长,好声色慢游,过恶寝闻"。李承乾还养成了制造假象愚弄朝臣的坏习惯。他常常在太子宫官属面前谈论忠孝道理,谈到深刻之处,甚至泪流满面;可是一回到宫里,就跟一群卑劣的小人混在一起,淫乱猥亵,无所不为。李承乾平日宴游无度,甚至嬖爱一个太常乐童,将其命名为"称心"。称心年十余岁,姿容美丽,能歌善舞,李承乾和他同起同睡,这件事弄得满城风雨。唐太宗得到消息,怒不可遏,诛杀了称心,并狠狠地责骂了李承乾。但李承乾并不悔改,他在太子宫辟出一个房间,供着称心的塑像,早晚焚香祭奠,还装着身体不舒服几个月不上朝,公然与父亲对抗。李承乾在太子宫里命成百的乐手昼夜演奏,声音在宫外很远的地方都能听到。

夺嫡之争使朝廷开始分化,李承乾和李泰都积极拉拢朝臣加入自己的阵营,朝廷官员和皇室成员也纷纷投靠不同的主子。舆论在他们两人斗争的过程中起到至关重要的作用,孝道的表达则

---

① 参见《旧唐书》卷七十六《恒山王承乾传》,2648—2649 页;《新唐书》卷八十《常山王承乾传》,3564—3565 页。

是这场斗争的重要组成部分。长孙皇后去世后,太宗来到洛阳,这里曾经是他建立大唐王朝过程中牢靠的军事基地。李泰很可能在637年随其父到过洛阳,其时他可能已经了解了龙门石窟,并且构想让此地成为一个供他公开展示孝道的地方。[①]魏王非常聪明,他没有直接向多疑且有些反对佛教的父亲献媚,而是选择了向皇帝珍爱之人——自己的母亲来表述孝心。

很明显,这项工程是很成功的。太宗皇帝在641年去洛阳伊阙游览狩猎。[②]他非常有可能观看了这个儿子为亡妻所捐造的石窟,而这个石窟承载了李泰对亡母的孝心,也似乎昭示了他具备取代哥哥成为太子的"德行"。与之形成鲜明对比的是太子李承乾日益狼藉的声名。[③]李承乾在自己的男宠被处死之后开始穿突厥衣服,披散头发。他在太子宫内建了一个突厥的帐篷居住,还公然说:"使我有天下,将数万骑到金城,然后解发,委身思摩,当一设,顾不快邪!"最终他同叔父策划谋反,欲以极端手段取得皇位。643年,其中一个同谋者告发了这个阴谋,唐太宗下诏罢黜太子李承乾,贬作平民,囚禁于右领军。又于贞观十七年(643)九月

---

① 龙门石窟中唐代最早的铭文刻于637年,是唐太宗初次返回洛阳的时间。最早的窟龛是118龛,一个刻在宾阳北洞和宾阳中洞之间崖壁底部的大型浅龛,即"洛州乡城老人佛碑"(《题记》,0048)。20世纪早期的照片载于常盘大定(Tokiwa Daijō)和关野贞的《支那佛教史迹》六卷正文及六卷档案,东京:佛教史迹研究会,1926—1931,卷二,图版55,1号;该龛现状的照片及铭文载刘景龙、杨超杰主编:《龙门石窟总录》第1卷,图版213、214。另外还有一个是在破窑的大型弥勒像龛(1069窟),由唐高祖(618—626在位)的妃子刘□所造(载龙门文物保管所、北京大学考古系编:《龙门石窟》二,图版107)。在刘景龙、杨超杰主编的《龙门石窟总录》中为82号,第7卷,9页;录文在《题记》,1466。

② 《旧唐书》卷三《太宗本纪下》,53页。

③ 《旧唐书》卷七十六《恒山王承乾传》,2648—2649页;《新唐书》卷八十《常山王承乾传》,3564页。

初七将李承乾流放到黔州。两年后，这位废太子客死此地。

岑文本和其他朝臣积极把李泰往皇位继承人的位置上推，但是李泰的舅舅长孙无忌（600—659）却更倾向支持另一个外甥李治——长孙皇后的第三子。①当李泰听说李治被唐太宗考虑为太子人选的时候，诬陷李治是李承乾谋反集团的成员。唐太宗得知这些之后，发现李泰这个儿子跟自己太过相像，包括为了谋取皇位不惜手足相残。这是唐太宗所不能容忍的。于是太宗下令幽李泰于将作监，解除雍州牧、相州都督、左武候大将军的职务，降为东莱郡王；而李治被立为太子。

太宗皇帝死于 649 年 7 月 10 日，李治成为唐王朝的第三位皇帝。像他父亲所希冀的那样，这位新君没有对兄弟实施报复。相反，高宗皇帝诏令李泰可以开府置僚属，并有车服饮食等特殊优待。最后，公元 652 年，三十五岁的李泰死在了郧乡。死后，高宗皇帝追赠他为太尉、雍州牧。多年之后，李泰遗孀阎妃返回龙门，捐造了一个小龛。②阎妃是阎立德（卒于 656 年）的长女，阎立德是唐朝最杰出的建筑师，他主持营造了献陵和昭陵。③

阎妃造像龛刻在高宗皇帝所造的卢舍那大像龛南端不远处（参见第六章）。或许她将此龛置于此处，是为了向仁慈的小叔子表达忠心。显然，她认为龙门是一个安静祥和的地方。在她死后，她的儿子将她的棺木运回洛阳，葬于龙门之北。

---

① 《新唐书》卷八十《濮王泰传》，3571 页。

② 1499 龛，《题记》，2539。现为空龛，该龛 110 厘米高，90 厘米宽，80 厘米深。《题记》及其他参见刘景龙、杨超杰主编：《龙门石窟总录》第 10 卷，图版 131、132。她的墓志铭参见曾布川宽著，颜娟英译：《唐代龙门石窟造像的研究》，《艺术学》1992 年第 8 期，101 页，注释 261。

③ 《旧唐书》卷七十七《阎立德传》，2679 页。

第五章　震旦护法

　　若复有人能于我法未灭，尽来造佛像者，于弥勒初会皆得解脱。

——《佛说大乘造像功德经》，唐代①

　　从 534 年洛阳龙门石窟停建到 637 年唐代功德主重新开凿的这段时间里，龙门的造像风格发生了显著的变化。唐代的供养人不再选择维摩诘和文殊菩萨像、思惟太子像，或者释迦和多宝像作为造像题材。传统的释迦牟尼造像从北魏的 50 尊减少到唐代的 11 尊。北魏时期有纪年的 35 尊弥勒造像均是交脚菩萨坐像，到初唐时，15 尊有纪年的弥勒像却都是善跏趺菩萨坐像。北魏时龙门没有阿弥陀佛造像，而在初唐时期却有 274 尊落款明确为阿弥陀佛造像以及成百尊可通过图像学识别的阿弥陀佛像。②

---

① 《大正新修大藏经》卷十六，694 号，791a 页。
② 关于这些数据参见《题记》中的图表，68—70 页。8 尊标识为无量寿佛的造像纪年为北魏时期，但没有标识为阿弥陀佛造像。龙门造像中只有胁侍菩萨没有弟子像的佛很可能就是被观世音和大势至菩萨胁侍的阿弥陀佛像。

佛法的衰落

　　龙门造像的变革可以被视为对 6 世纪政治事件的一个回应。当时南北方的皇室功德主都对佛教提供了强大的支持，并赞助了诸如那连提黎耶舍（Narendrayaśas，490—589）那样的印度佛经翻译家，与此同时，更多的普通民众也虔诚追随，以致佛教信仰得以成为中国文化根深蒂固的一部分。然而发生于 574 年至 577 年的北周武帝灭佛，以及 6 世纪早期白匈奴（Hephthalite）入侵者摩酰逻矩罗（Mihirakula，502—542）对印度西北地区佛教设施的毁坏，似乎对佛学家有着更深的影响。[1]至 6 世纪末，中国的佛教学者相信他们的宗教已经进入衰落期，"末日情绪"弥漫整个国家。[2]尽管佛教信仰还在不断发展，但是这种灰色论调还是持续到了隋唐时代。

　　针对这种末日即将来临的感知，中国的佛教学者们发展了新的信仰。其中之一即为佛法衰落的历史。[3]由于印度佛教经典和

---

[1] 约 400 年左右，法显（活跃于约 399—416 年）描述了乌仗那国（古印度西北，今巴基斯坦北部）佛教设施非常繁华，而在 630 年前后玄奘描述的时候，该地已经逐渐废弃和荒芜。参见 Samuel Beal, trans., *Si-yu-ki : Buddhist Records of the Western World* (London：Kegan Paul, 1884)，pt.1，pp.xxx—xxxi and p.120。由那连提黎耶舍翻译的《莲花面经》记载了摩酰逻矩罗对佛教的迫害。见 Jamie Hubbard, *Absolute Delusion，Perfect Buddhahood：The Rise and Fall of a Chinese Heresy* (Honolulu：University of Hawai'i Press，2001)，p.62，n.24；Jan Nattier（那体慧），*Once Upon a Future Time：Studies in a Buddhist Prophecy of Decline* (Berkeley：Asian Humanities Press，1991)，pp.111—117。

[2] Hubbard, *Absolute Delusion*，p.17.这种末日情绪很大程度上受到同时代兴盛的道教救世思想影响。

[3] 参见 Jan Nattier，*Once Upon a Future Time*，pp.65—118。

先知文书的译文风格迥异，据此而产生的中国本土经典及论点对立的佛教著作概述了各种各样的构想及预言。①其中，关于佛法在五个阶段或是三个时期消亡的理论同样盛行。三时消亡的构想大概来说是这样的：释迦牟尼涅槃后的那段时间是正法，在这个时期，佛法非常灵验，信徒通过追随佛的教导可以悟道成佛。接下来是像教，在这个时期，释迦牟尼的学说已经开始渐失法力。尽管信仰者依然投身于宗教行为，但是极少有人能够开悟。最后，在末法时代，佛的教导仅剩一些余音，人类的精神领悟力是如此堕落，以致佛的教导很少再有印证。这个时期终结之时，释迦牟尼的佛法也会随之消失。

据记载，描述佛法衰微历史的第一人是僧人慧思（515—577），他在完成于558年的一本著作中描述了此种情形。②慧思给出正法的时间段是五百年，像法时期是一千年，末法时期是一万年。按照慧思的计算，释迦牟尼在公元前1068年涅槃，那么也就意味着在公元433年已经进入末法时代，早于慧思所生活的时代一百多年。慧思末法思想的树立，既与北魏太武帝毁佛以后魏齐时代佛教潜藏着的危机深相关联，又与其经历北朝战火，且屡受恶僧毒害的人生际遇有关，因此，慧思认为自己身处末法时代就不足为怪。道绰（562—645）也表述了佛法衰落的历史，但是他同

---

① 参见 Jan Nattier, "A Prophecy of the Death of the Dharma," in *Buddhism in Practice*, ed. Donald S. Lopez, Jr. (Princeton: Princeton University Press, 1995), pp.249—256；德野京子：《像法决疑经》。

② 《南岳思大禅师立誓愿文》，《大正新修大藏经》，1933号，786b页。慧远（523—592），地论宗思想家，同样也写过关于佛法衰落的问题，并且赞同慧思三时的年代划分（《无量寿经义疏》，《大正新修大藏经》，1745号，116a页）；吉藏（549—623），为三论注疏，甄别经典并收集所有和佛法式微相关的概述（《中观论疏》，《大正新修大藏经》，1824号，18a—c页）。

时也宣扬了一套适合修行的理论：佛法要经历五个时期，每个时期为五百年，在每个时期都有独特且灵验的佛教活动。基于他的理论，佛涅槃的时间发生在公元前949年。道绰认为他生活的时代应该是第四个时期，在这个时期，最合适的救赎行为就是为了修福及忏除罪障而建造寺院并制造其他的佛教器物。①他的弟子善导（613—681）便在写经、造像方面颇有影响，特别是抄写《阿弥陀经》以及绘制阿弥陀净土壁画。在下一章中，我们将以皇家佛教导师的身份来介绍他。

初唐时期龙门的供养人认为释迦牟尼佛法的消失是一个他们有责任去阻止的灾难，而不是弥勒佛降生的序幕。鸠摩罗什曾经写过"经言末后东方当有护法菩萨，勖哉仁者"。显然，很多普通信徒毅然担负起了东方护法菩萨的重任。②在龙门，这种保护性回应在两方面是显而易见的：一是唐代供养人在造像记中强调他们所造的佛像能在末世的毁灭中永世长存；二是他们开始出资雕凿自己认可的来自印度的原版造像——优填王像、摩诃菩提寺的释迦牟尼，以及阿弥陀和五十菩萨。也许是因为他们觉得源自圣地的佛像是最值得保存的。

信徒团体所造佛像

一个被称为"思顺坊老幼"的信徒团体于648年在宾阳南洞造有一尊弥勒像龛（参见图4.5），附有篇幅很长的造像记，该造像

---

① 这个时间表在《月藏分》中，参见 Hubbard, *Absolute Delusion*，p.72，n.52。
② 同上书，65页。

记从语言及宗教情怀上来讲都具有典型的初唐风格。①鉴于此,我认为有必要对其仔细研读。第一部分讲述的是造像的缘由,接下来的献词包含了对龙门和弥勒菩萨像的描述,宣称刊石造像要远比绘画或其他珍贵材料所造的佛像永固持久,第三部分重申第一部分的主题,最后列供养人的名字。铭文开头这样写道:

> 盖闻至理玄微,超夫言象之域;真身眇邈,出乎希夷之境。而能人降迹,随缘利现。紫状西诞,则珠星奄辉;白马东驰,则金人入梦。②是使三乘之轨齐骛,八正之门洞启,日用之益,可略言焉。自化洽三千之前,道光汲引;塔盈八万之后,归乎寂灭。

> 悲夫! 佛日难遇,譬彼投针;人世易迁,同兹斫石。何则? 释迦现于既往,仰企踵而不追;弥勒降于将来,俯翘足而难俟。居前后而成郄,惟进退而莫逢。言念沉沦,喟然叹息。

---

① 《题记》,0077。

② 最早的记载出自后汉《牟子理惑论》《四十二章经》序文以及《老子化胡经》。世传汉明帝(58—75年在位)梦见一位形长丈六尺的金人飞在殿前,其身耀明光。次日明帝召群臣解梦,一人答曰"天竺有圣人,飞行虚空,身有日光",人称之为佛。明帝于是派遣张骞(译者注:这些早期文献混淆了历史,见《四十二章经序》)带领使节,前往西方寻找。在稍晚的记录中,如王琰著于5世纪晚期的《冥祥记》,带队的变成了蔡愔,而不是不在一个历史时期的张骞(前2世纪)。同印僧摄摩腾和竺法兰一起,用白马驮着经卷和佛像返回。明帝在洛阳建造白马寺作为他们翻译经书的场所。对于信徒来讲,这些故事标志着佛教初传中国。对于不同版本的详尽讨论,参见汤用彤:《汉魏两晋南北朝佛教史上》卷一,台北:佛光文化事业有限公司,2001,21—26页。"金人"和"白马"的故事在《洛阳伽蓝记》中被杨衒之混为一谈。参见杨衒之著,范祥雍校注:《洛阳伽蓝记校注》,197—198页。这篇铭文表明唐代早期的信徒也将其混为一谈。

上文所流露的情感似乎区别于北魏的"造像套语"，北魏造像的缘由侧重强调为已经涅槃的人造像不是渎圣行为；相反，思顺坊的造像铭文描述了一系列的历史事件，从释迦牟尼本人延续到当代信徒本人：法身佛存于释迦牟尼的人身，当他的智慧已"无上正等正觉"，肉体灭亡后，他的舍利被奉为佛教圣物。他的教义传入中国，并在此赢得信徒的追随。然而对于中国信徒来讲，他们囿于当下世界的束缚，从来不曾见过一位佛，将来也不可能见到。因此，对于活在无佛可见之世界里的人来讲，造像便是一种解决此种困境的方案。

　　下面的铭文内容是："乃与同志百余人等，上愿皇基永固，配穹天而垂拱；下使幽涂载晓，趣彼岸而清升。遂于兹岭，敬造弥勒像龛一所。"像这样为皇室发愿的铭文十分寻常，尤其这个龛还是在宾阳南洞内部，宾阳南洞恰恰又是专门为已故的长孙皇后所造。思顺坊龛的不同之处是将所修功德回向所有托生在"幽涂"的众生，"幽涂"指的是六道轮回中的畜生道、饿鬼道、地狱道这三个恶道。关于这一点，唐代的信徒不同于先人，北魏供养人为自己造像的受益人祈祷"不坠恶途"，但是他们极少暗示自己相信他们所认识的人已经托生在那里并且需要得到解脱。[①]

　　接下来的部分描述了龙门的地理环境，这节铭文开始描述龙门西山，结尾把龙门比作东方的佛教圣地。这种修辞在宾阳南洞岑文本的铭文里也有体现，他将龙门的崖壁比作喜马拉雅山脉，并以流经菩提迦耶的尼连禅河类比伊河。可以想见，思顺坊铭文的作者会急切呼应宾阳南洞外气势恢宏的铭文。的确，他所选择

---

① 这种概论的一个例外是 525 年的一篇铭文，文中一位比丘尼"愿乃地狱休息，恶鬼解脱"（870 窟，《题记》，1333）。

的类比对象似乎也更加贴切：

> 地耸双阙，壁映千寻，前岸清流，却倚重岫。萦带林薄，密迩京华，似耆山之接王城，给园之依卫国也。既资胜地，又属神工，疏凿雕镌，备尽微妙。以大唐贞观二十二年四月八日，庄严斯毕。

铭文接下来的部分是对主佛的描述。主尊表现的是从兜率天下生人间的未来佛弥勒佛。有关弥勒的三部经典预言他会绍释迦如来之佛位，于龙华树下成正觉，以三会说法化度无量无边的众生。[①]铭文内容如下：

> 于［是］尊仪始著，似降兜率之宫；妙相初成，若在菩提之树。白豪月照，绀发烟凝，莲目疑动，果唇似说。其有礼□□足瞻仰尊颜者，莫不肃［然］毛竖，豁尔心开。寔释梵所归依，龙天所卫护。
> 彼丹青徒焕，旋见销毁；金玉虽珍，易以零落。岂若因山成固，同乾坤之可久；刊石为贞，何陵□（谷）之能贸？

作者认为石窟造像要比绘画或用其他珍贵材料制作的独体造像留存更为恒久。因为龙门山会长久存留，所以石像也会长久

---

① 弥勒佛将在龙华树下成正觉，像铭文作者这样的信徒往往忽略这个细节。参见 Padmanabh S. Jaini, "Stages in the Bodhisattva Career of the Tathāgata Maitreya" in *Maitreya, the Future Buddha*, ed. Alan Sponberg and Helen Hardacre (Cambridge: Cambridge University Press, 1988), p.74。

存留,"何陵□(谷)之能贸"? 北魏的供养人从没有关注过龙门石质的持久性,亦没有考虑过山河变化的可能性。显然,这位唐代的作者考虑到了未来这个世界可能发生的灾难。

李氏的末世观

683 年,六十四岁的李灌顶为唐高宗(649—683 年在位)及武皇后(624—705)造了一座小型石窟。[1]她已故的丈夫卢承业是个官居显位的贵族,李灌顶出身于陇西李氏家族,本人也是贵族。[2]李氏造像铭文书法仿褚遂良,褚遂良的书法轻盈飘逸,为一时风尚所推崇,亦为初唐四大书法家之一的薛稷(649—713)所效仿。[3]虽然这篇铭文不曾具名,但是其文体结构相当正式,严格按照四字或六字的骈文格式来写。开篇写道:

> 大唐永淳二年,岁次癸未,四月戊午朔,卅日丁亥,故银青光禄大夫、行尚书左丞、杨州大都督府长史、魏简公、卢公妻□□夫人李氏,敬造弥勒尊像一铺。
>
> 载雕□石,爰敞花龛。妙迹冠于刻檀,奇工逾于画叠。
>
> 因心上愿,希升兜率之天;随佛下生,思止龙华之树。长离苦

---

① 1049 窟位于赵客师洞(138 窟)入口处正上方的峭壁上。该窟圆拱形入口通道大约 1 米高,立面情况可见龙门文物保管所、北京大学考古系:《龙门石窟》二,图版 105。

② 李氏死于 683 年。她的墓志铭参见北京图书馆金石组编:《北京图书馆藏中国历代石刻拓本汇编》第 17 册,16 页。李玉昆:《龙门碑刻研究》,载龙门石窟研究所编:《龙门石窟研究论文选》,215 页;张乃翥:《从龙门造像史迹看武则天与唐代佛教之关系》,《世界宗教研究》1989 年第 1 期,47 页;洛阳市地方史志编纂委员会编:《洛阳市志》卷十五《白马寺·龙门石窟志》,郑州:中州古籍出版社,1996,247 页。

③ 该造像记的墨拓翻印在《题记》,1443。

海,永固慈山。天衣拂而恒存,劫火燃而不灭。①

伏愿天皇、天后,惟睿惟神,与慧日而恒明,将法云而并荫。十方国土,一切众生,俱植善缘,咸臻景福。②

李氏表达出一个清晰的意思,就是在她死后能设想到一系列可能发生的事情。首先,她来生会托生于兜率天,同弥勒菩萨一起等待下生人间。当弥勒下生人间成为下一位佛的时候,她也会托生于此,故而也就生活在一个如来的时代,这也就大大增加她证得觉悟的机会。她希望自己能够参加弥勒佛在龙华树下的一场说法,同所有听到弥勒佛说法的生灵一起证得觉悟。由此,她便可以"长离苦海",也就意味着她或许可以成佛,或者说她的灵魂会进入涅槃。③如果她相信文章开头引用的唐代经典中的承诺,那么李氏造佛像的善举将会确保她在龙华初会时就得到解脱。

尽管如此,在李氏最后一次离开世间的时候,"劫火"将会燃烧。在我看来,这种末世观是和印度后期解经家所提出的宇宙进化观点遥相呼应的。这些观点中最常见的一种认为,宇宙在四劫(kalpa)或是亘古绵延的时间中动荡:在坏劫时,我们知道的世界被逐步毁灭;此后是空劫,宇宙完全消失;成劫时,宇宙逐渐重

① "天衣"的典故出自《智度论》:"劫义佛譬喻说四十里石山,有长寿人,百岁过,持细软衣,一来拂拭,令是大石山尽,故劫未尽。"参见丁福保编:《佛学大辞典》卷一,468b 页。
②《题记》,1443。编号为 1467 的题记也有同样的情感表达,这是邓氏兄弟在 654 年所造的释迦牟尼像龛。
③ 对于和弥勒一同下生这种信仰的介绍,参见 Jan Nattier, "The Meanings of the Maitreya Myth," in *Maitreya, the Future Buddha*, pp.23—47。

现并且渐渐充满生机;在住劫时,宇宙持续彰显其形态并为众生所充盈。①

我们所知道的世界和世界的历史都存在于住劫时期。住劫又被分为二十个增劫或是减劫。②劫从第一个增长阶段的顶峰开始,此时金轮王(cakravartin)统治宇宙,人的寿命可以达到 84 000 岁,身高可以达到 8 400 尺,生活是轻省的。然后事物开始恶化,在减劫的最后,人类的寿命减到仅有十岁,人的身体也缩短至只有一尺高。战争、灾祸、疾病横行。经过一个激烈的混战时期,减劫结束,另一轮的增劫开始。

人们相信在释迦牟尼的时代,人的平均寿命是一百岁,这就表明减劫已经发展到晚期,当佛教传至中国时就更是如此。或许像李氏这样的人会认为,6 世纪持续的战争虽然构成了减劫末期的"刀兵时代",处于减劫的末期,但这个时期恰恰也是增劫的开始。如果真是这样的话,那就解释了她为什么会认为弥勒时代临近了。经典预言当增劫到达顶峰时,转轮王会出现,弥勒会在这时降生人间。③李氏祈祷能够托生在兜率天,平静地等待这个时刻。她也希望在弥勒下生的时候,她能够一同转世并获得无上正等正觉。假如这个时期来临,她的灵魂将在世界毁灭之前,即眼前劫结束之际获得解脱。

住劫结束时,坏劫将会出现,世界会被火灾、风灾和水灾毁灭。这些大的宇宙事件要远远大于任何一位化身佛或其教义。中国信

---

① 这个时间表来自《阿毗达摩俱舍论》(简称《俱舍论》),由世亲写于 5 世纪上下。参见 Nattier, *Once Upon a Future Time*, pp.15—16。

② Nattier, "The Meanings of the Maitreya Myth," p.27.

③ 同上文,46 页,注释 60。

徒不认为佛理在宇宙消失时仍然存在于法身佛（dharmakāya）中，且不相信其将在地球重现的时候随之而显现；相反，他们担心付诸纸片或是人类记忆的佛法在世界毁灭之际无法留存，中国信徒坚持认为自己是释迦牟尼佛法的护法者，所以主动承担起护法的职责。假如李氏的祈愿灵验，她的灵魂在坏劫来临之际已经远离，而她的造像——她所造佛法的形象——将会被留在人间，如此，她保存佛法的努力会以何种机制得以实现呢？

李氏相信如果她的造像刻在"不朽"的石头上，便可以"劫火燃而不灭"。我怀疑思顺坊的铭文中提到"何陵□（谷）之能贸？"这句话时，指的也是世界性的灾难。然而，中国的信徒既然期待自己的造像能够在坏劫中存留下来，便说明他们并不是真的认为他们所感知的世界会被毁灭，它只是会遭受火灾、风灾、水灾的肆虐。石头造像，尤其是在石窟内的造像，大多能够躲过风、火灾害而被保留下来，而像李氏那样刻在悬崖峭壁之上的石窟造像则被认为能躲过洪水的摧残。

保存在石头上的佛法

初唐时期的供养人认为绘像和独立造像仅仅是昙花一现，不宜长久存留。按照当时普遍的观点，由于颜料的剥落或褪色、布料的腐坏以及寺院建筑泥墙的坍塌，绘画很快就会破败。独立的造像，特别是由珍贵材质所制的那些，则有可能被偷走，被水、火所毁。①

---

① 这种关于造像的看法同刻经是相同的。唐邕，北齐北响堂山石经的发愿人，在发愿文中写道："缣缃有坏，简策非久，金牒难求，皮纸易灭……尽勒名山。"（中国佛教协会编：《房山云居寺石经》，北京，文物出版社，1978，2页）

思顺坊的铭文中写道:"彼丹青徒焕,旋见销毁;金玉虽珍,易以零落。"因此,龙门的供养人把他们的信仰刻在不易毁坏的石头上。正如一位当地官员所写的那样:"以为□石无亏,丹青有昧。遂于伊阙敬作释迦石像一龛。……沙尘可化,妙色常存。勒兹玄石,广传不朽。"①

在那时,对于石头质地的推崇并不仅仅是佛教信徒的专属,许多6世纪的墓志铭都"声称"它们能够留存下来,就是因为被刻在石头之上。②与此稍有不同的是,龙门的供养人确信山体本身以及山石上所刻的内容都将不朽。卢徵(737—800)的造像记中简单表达为:"山既不朽,像亦长存。"③这些供养人考虑的不是像山体腐蚀或者风化剥落这样缓慢的毁坏过程;他们考虑的是宇宙灾难性的动荡,特别是那遥远但不可避免的坏劫。这也就是为什么李氏和下面我们要提到的王氏兄弟要把他们的石窟放在高耸的悬崖上。他们认为龙门的石头能够抵挡风、火的肆虐,且如果洞窟被开凿在足够高的地方,就可以躲过水灾。许乾在自作的造像记中这样评价自己的造像和龙门所有的造像:"仙衣纵拂,巍巍之相罕亏;劫火虽燃,种种之形讵灭。"④

在中国佛教的实践过程中,佛像的持久保存似乎是一个关注重点。在印度信仰中,佛像的保存似乎与佛法衰落的观点相联

① 《题记》,1475。

② 参见邢伟(d.514)、赫连子悦(d.573)、范粹(d.575)的墓志铭,载赵超编:《汉魏南北朝墓志汇编》,天津:天津古籍出版社,1992,78、461、469页。非常感谢韩文彬(Robert Harrist),我是从他的书 The Landscape of Words: Stone Inscriptions from Early and Medieval China (Seattle: University of Washington Press, 2007)中获取的这些信息。

③ 《题记》,2830,纪年791年。

④ 《题记》,1129,纪年696年。

系,至少7世纪中国的佛学大师玄奘是这么记录的,当然,玄奘本身的信仰也许影响了他的认知。在菩提迦耶,玄奘听说了一个关于两尊观自在菩萨造像的预言,这两尊像于多年前被雕成,用来界定释迦牟尼开悟之处的金刚座的南北边界。根据玄奘的记载,那里年长的人们都相信"此菩萨像身没不见,佛法当尽",并且"今南隅菩萨没过胸臆矣"。①这个预言把菩萨像的消失作为度量佛法衰落的标志。然而在印度,似乎很少有人有兴趣去造出一尊可以躲过坏劫而能够长久不朽的造像。

中国佛教信徒执着于佛像的持久留存,特别是对石头的耐久性和不朽性的推崇,似乎和中国人固有的长生不老信仰有关。在早期的中国文化中,常常可以看到精心制作的石器与死后世界之间的关联。新石器时代良渚(约前3500—前2000年)及红山文化(约前4000—前2500年)的贵族墓中出土的玉器显然是耗费大量时间和金钱的产物。例如在红山文化墓葬中发现的玉猪龙、勾云纹玉佩、马蹄形箍遗迹,以及在良渚文化墓地中发现的璧和琮。从这些玉器和石器的非功能性及神秘造型上看,其宗教功能非常明显。②在这些墓地中也发现了其他象征着生命轮回和重生的符号,这表明玉石同阴间永生信仰和早期长生不老观念之间有所联系。这种传统在汉代(前202—220年)发展到了顶点,尤其体现在当时制造的已故汉室皇家成员墓中遗体上的"玉衣"。巫鸿已经很有说服力地论证了"玉衣"实际上是一组保护套,以玉护身,可以让尸体免于朽坏,这些汉代皇室的尸体就可以变为玉体,继而达到永

---

① Beal, *Si-yu-ki*, v.2, p.116.

② 参见 Jessica Rawson, *Mysteries of Ancient China*：*New Discoveries from the Early Dynasties*(London：British Museum Press, 1996)。

生的目的。①汉代时佛教初传中国,这种对石头可以让身体不致朽坏能力的信仰,很快便被施加于佛像,于是石质佛像便被认为是佛法的永恒载体。就像人们相信玉衣可以防止身体腐烂一样,在唐代早期,人们相信石像也经得起世界动荡的破坏周期。

雕凿不朽的石像和在石头上刻经是并行的。刻经始于 6 世纪中叶,经文被刻在石窟寺(例如河北省的北响堂山)以及山腰和干石河床上。②579 年,今山东省南部邹城县的邑义聘请了一位僧人书法家书写了部分《大集经·穿菩提品》,并模仿巨型浮雕碑的形制,将其刻在 53 米宽的花岗岩山体的表面上。③589 年,灵裕大师(518—605)在今河南省安阳市附近的宝山开凿大住圣窟,造卢舍那、阿弥陀、弥勒造像以及一列二十四尊浅浮雕刻成的印度传法圣师。外壁刻有诸品佛名经,以便念诵佛名,忏悔除罪,另有一些奠定末法理论基础的经文,例如《涅槃经》《大集经·月藏分·法灭尽品》。④在隋代大业年间(605—617),僧人静琬在今北京西南 75 公

---

① Wu Hung(巫鸿), "The Prince of Jade Revisited:The Material Symbolism of Jade as Observed in Mancheng Tombs," in *Chinese Jades*, *Colloquies on Art and Archaeology in Asia*, no.18, ed. Rosemary E. Scott(London:Percival David Foundation of Chinese Art, 1977), pp.147—170.其他观点参见 Miranda Brown(董慕达), "Did the Early Chinese Preserve Corpses? A Reconsideration of Elite Conceptions of Death,"*Journal of East Asian Archaeology* 4, nos.1—4(2003):201—223。

② 参见 Katherine R. Tsiang, "Monumentalization of Buddhist Texts in the Northern Qi Dynasty:The Engravings of *Sūtras* in Stone at Xiangtangshan and Other Sites in the Sixth Century," *Artibus Asiae* 56(1996), no.3/4:253—254;《题记》,37—38 页;中国佛教协会编:《房山云居寺石经》,1 页。

③ 参见 Robert E. Harrist, Jr.(韩文彬), "The Virtual Stele on Tieshan and the Engraved Sūtras of Shandong Province," *Oriental Art* 49, no.4:2—13。

④ 参见常盘大定:《作为三阶教母胎的宝山寺》,《宗教研究》第 4 卷第 1 号,1927,35—56 页;大内文雄:《宝山灵泉寺石窟塔铭研究》,《东方学报》第 69 期,1997,287—355 页。

里处的房山开始刊刻佛经,计划囊括所有佛教经典。①根据他的计划,在"未来悬远无佛法时","为护正法",刻经的石头或被密封藏于云居寺崖壁上的九间石室内,或被埋在佛塔之下的地宫。②在石窟内和石板上刻经并将其封藏起来,这样的做法和在石窟内造像有同样的目的,中国的信徒认为通过他们这样的劳作,可以使佛法留存。

王玄策——出使印度的大使

1976 年,龙门文保中心的考古学家在宾阳南洞发现了一则之前被忽略的题记,该题记位于西壁左下角。③造像记毁坏得相当严重,只有部分字迹可以识读,但还是可以还原如下:"王玄策□(愿)□(上)□(资)□(皇)□(基)□□,下及法界[众生]敬造[弥勒]像一铺,麟德二年九月十五日(665 年 10 月 29 日)。"④

王玄策是唐太宗和高宗时期出使印度的使者。第一次出使印度的时候,唐太宗派朝散大夫行卫尉寺丞上护军李义表为正使,王玄策为副使。⑤这个使团共有二十二人,于 643 年初护送摩伽陀国(Magadha)国王派遣来的印度使者回国。⑥643 年十二月

---

① 中国佛教协会编:《房山云居寺石经》,3 页。亦见雷德侯(Lothar Ledderose):《雷音洞》,载巫鸿编:《汉唐之间的视觉文化与物质文化》,北京:文物出版社,2003,235—265 页。

② 中国佛教协会编:《房山云居寺石经》,2—3 页。

③ 参见李玉昆:《龙门石窟新发现王玄策造像题记》,《文物》1976 年第 11 期,94 页。

④ 《题记》,0145。西壁 20 号龛,高 100 厘米,宽 50 厘米,进深 20 厘米。题记在龛的南边。参见刘景龙、杨超杰主编:《龙门石窟总录》卷一,49 页。

⑤ 参见《题记》,55—56 页。

⑥ 冯承钧:《王玄策事辑》,《清华学报》(自然科学版)1932 年第 A1 期,13 页,注释 11。

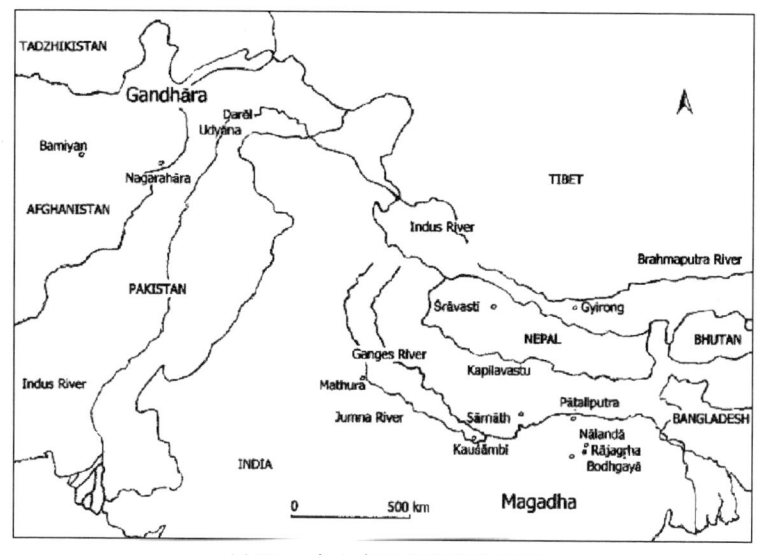

图 5.1 中古中国人印度旅行图

到达摩伽陀国,645 年正月,登耆阇崛山(Gṛdhrakūṭa),李义表立碑并作《登耆阇崛山铭》。①二月,到位于菩提迦耶的摩诃菩提寺立碑,同年回国。王玄策第二次出使印度是在 647 年到 648 年,这次他作为正使,带领使团前往印度,适逢摩伽陀国王过世,宰相阿罗那顺夺取政权,派兵攻击王玄策等唐朝使臣。王玄策逃到吐蕃,在吐蕃的帮助下击败了阿罗那顺,并将其押解到长安,献俘阙下。王玄策第三次出使印度是在 657 年,唐高宗派其前往印度送佛袈裟,他们经由吐蕃和尼泊尔前往印度(图 5.1)。②660 年,王玄策等唐朝使团在摩诃菩提寺受到寺主的盛情款待,661 年返回大

---

① 见董诰等编:《全唐文》卷一百六十二。

② 这个信息见《大唐天竺使铭》,这一摩崖石刻于 1990 年在西藏吉隆县北 5 公里处被发现,距离中、尼边境仅 7 公里。霍巍:《〈大唐天竺使铭〉及其相关问题的研究》,《东方学报》第 66 期,1994,253—270 页。

唐,把在乌苌获得的佛顶舍利进献给唐高宗。①一同进献的还有王玄策所著十卷回忆录《中天竺国行记》,并三卷图解,图解极有可能是宋法智所绘,他是第一次随唐朝使臣出使天竺的主要画工。②虽然此回忆录现已失传,但毫无疑问,它所收录的许多画作是描绘印度佛像的。

王玄策在龙门的造像已经无法辨识,但是很可能是复制印度的造像。关于王玄策的历史,流传至今的非常少,其中有两处记录了他与印度造像相关的活动:其一,他在印度参与复制佛像的活动;其二,他在洛阳曾负责重造印度佛像的活动。正是通过像王玄策这样的旅行者的努力,唐代的供养人希望通过复制印度佛像来保留最真实的佛法的愿望才能得以实现。

菩提寺内的释迦牟尼像

尽管王玄策的《中天竺行记》已经亡佚,但是唐代的某些资料仍保存了书中的一些信息,尤其是《法苑珠林》,这部由道世于668年编纂完成的佛教类百科全书记载了摩诃菩提寺著名的释迦牟尼造像。③道世书中开篇的一段来自王玄策书中的引言:

---

① 冯承钧:《王玄策事辑》,10页;孙修身:《王玄策事迹钩沉》,乌鲁木齐:新疆人民出版社,1998,279页。

② 《旧唐书》卷四十六《经籍志上》,2016页。三卷图解见张彦远《历代名画记》卷三《述古之秘画珍图》,北京:京华出版社,2000,43页。

③ 据说玄照曾许愿,如果他无缘目睹摩诃菩提寺像,将是此生遗憾。当他到达那里的时候,绕着金刚座巡行礼拜。参见义净:《大唐西域求法高僧传》,《大正新修大藏经》卷五十一,2066号,1—2页。

依王玄策行传云,西国瑞像无穷,且录摩诃菩提树像云……又金刚座上尊像,元造之时,有一外客来告大众云:"我闻募好工匠造像,我巧能作此像。"大众语云:"所须何物?"其人云:"唯须香及水及料灯油艾料。"既足,语寺僧云:"吾须闭门营造。限至六月,慎莫开门。亦不劳饮食。"其人一入,即不重出。唯少四日,未满六月,大众平章不和,各云:"此塔中狭窄,复是漏身。因何累月不开见出?"疑其所为,遂开塔门。乃不见匠人,其像已成,唯右乳上有少许未竟。后有空神惊诫大众云:"我是弥勒菩萨。"①

显然,菩提寺的僧人对所有来自中国的朝圣者都复述了相同的神话:他们的造像是天赐圣物。玄奘著于648年的《大唐西域记》也有同样的记载,只不过多了一个细节。玄奘描述该造像结跏趺坐、右手下垂,这手印表明造像所表现的是释迦牟尼成道时,以手指地召唤地神见证他战胜魔罗诱惑的瞬间。

接下来这一段重述了王玄策所描述的大唐使团见到造像的情形:

其像自弥勒造成已来,一切道俗规模图写,圣变难定,未有写得。王使至彼,请诸僧众及此诸使人,至诚殷请,累日行道、忏悔,兼申来意。方得图画,仿佛周尽。直为此像出其经本,向有十卷,将传此地。其匠宋法智等巧穷圣容,图写圣颜。来到京都,道俗竞摸。

---

① 道世:《法苑珠林》卷二十九,上海:上海古籍出版社,1991,220页;《大正新修大藏经》,2122号,502c—503a页。

中国使团的虔诚行为是否使得印度僧人允许其临摹造像或者说使得"圣变"允许其精准地复制造像，这一点并不清楚，但是画师们希望能够精准临摹造像的强烈愿望却是实实在在的。只有忠实的临摹才有可能捕捉到偶像的灵验之处。这尊造像巨大的精神力量表现在哪里呢？经典说弥勒参加了释迦牟尼的说法大会，并同他面对面交流。[1]因此，这尊造像出自神圣之手固然非常神奇，但是其真正的权威在于这是出自一个真正见过佛祖的人之手。这尊由弥勒所造的偶像象征了佛法。当这尊完美且费尽周折得来的佛像到达长安时，被视为有特别灵验的效力。难怪中国佛教徒争相模仿这一样式的造像。

显然，在朝廷的命令下，人们重现了从菩提寺传回的图像。约664年，"又命塑工宋法智于嘉寿殿竖菩提像骨"。[2]由于这段记载出自玄奘法师传记，而玄奘法师又是从印度菩提寺带回释迦牟尼佛像范本之人，且塑工同样还是在 645 年复制佛像的宋法智，因此为嘉寿殿所塑的"菩提像"很可能就是从摩诃菩提寺带回的范本。从这段描述中可以得知，首先用木头和竹子制作该菩提像的骨架，然后外部用干漆或者陶土塑形。尽管这尊特别容易朽坏的造像已经消失多年，但是对这一印度佛像的仿制可能仍然存在。698 年，著名的求法僧义净(635—713)将另一尊"金刚座佛真容"像带回洛阳，即摩诃菩提像。[3]

---

[1] 例如，《无量寿经》中弥勒和释迦牟尼谈论阿弥陀的西方极乐世界。参见 Gómez, *The Land of Bliss*, pp.217—219。

[2] 参见冯承钧：《王玄策事辑》，12—13 页，引自《大唐慈恩寺三藏法师传》卷十。徐松记载了嘉寿殿，但他不知其具体位置，见《唐两京城坊考》卷一《宫城》，7 页。

[3] 志磐《佛祖统纪》卷三十九，《大正新修大藏经》卷四十九，2035 号。义净的遗骨葬在龙门北岗上，参见温玉成：《唐代龙门十寺考察》，载龙门文物保管所、北京大学考古系编：《龙门石窟》二，232 页。

中央美术学院罗世平认为在初唐时期，头戴宝冠、右手作触地印的造像是这一印度图像的复制品。① 例如位于龙门东山擂鼓台南洞里，头戴大宝冠且饰有珠宝的佛像很可能就是在 8 世纪早期根据义净范本雕刻而成的（图 5.2）。②

图 5.2　7 世纪末 8 世纪初擂鼓台南洞单体坐佛（作者摄于 1994 年）

敬爱寺中的弥勒造像

　　王玄策也负责改造印度偶像的工作。张彦远写于 847 年的《历代名画记》中记载了一则关于王玄策和佛教造像的奇闻轶事：

　　敬爱寺，（据裴孝源《画录》云：“有孙尚子画。”彦远按：敬爱寺是中宗皇帝为高宗武后置。孙尚子是隋朝画手，裴君所记为谬矣。）佛殿内菩萨树下弥勒菩萨塑像，麟德二年自内

---

① 罗世平：《广元千佛崖菩提瑞像考》，《故宫学术季刊》第 9 卷第 2 期，117—138 页。另一种相反的观点认为这是密教像主毗卢遮那佛像。参见常青：《试论龙门初唐密教雕刻》，《考古学报》2001 年第 3 期，354—356 页。Janice Leoshko 指出直到 11 世纪时，摩诃菩提寺中触地印的佛像身上才出现珠宝装饰，但是她没有质疑玄奘所描述的饰有珠宝的造像。参见 Janice Leoshko, "Pilgrimage and the Evidence of Bodhgaya's Images," in *Function and Meaning in Buddhist Art*, ed. K. R. van Kooij and H. van der Veere(Groningen: Egbert Forsten, 1995), pp.45—57。
② 该尊像于 2004—2005 年之际的冬天在"中国：黄金盛世的破晓"中展出，展览由纽约大都会艺术博物馆举办。罗世平认为这种类型的造像在四川也有复制，参见罗世平：《四川唐代佛教造像与长安样式》，《文物》2000 年第 4 期，53 页。

出，王玄策取到西域所图菩萨像为样，(巧儿张寿、宋朝塑。王玄策指挥，李安贴金。)东间弥勒像，(张智藏塑，即张寿之弟也。陈永承成。)西间弥勒像。(窦宏果塑，已上三处像光及化生[1]等，并是刘爽刻。)

根据这则记载，665 年，朝廷将内府收藏的宋法智所绘的像本作为敬爱寺的造像模本。王玄策负责再创作的过程，指导塑像和贴金工程。让王玄策来做这项工作极有可能是因为他见过原本的塑像。宋法智没有参与该项工作，但是文中提到的宋朝很有可能就是他的儿子。

敬爱寺佛殿中的主像尊格在两个地方有可能得到识别。尽管张彦远称其为"菩萨树下弥勒菩萨塑像"，但实际上并没有"菩萨树"的说法。假如张彦远指的是菩提树，那么这尊主像很可能就是在菩提树下得道证悟的释迦牟尼，如此一来这个句子应该理解为"菩提树下弥勒菩萨所塑的释迦牟尼像"。如果真是这种情形，那么敬爱寺的主像很有可能是仿造来自菩提迦耶的摩诃菩提寺，这尊像被认为是由弥勒菩萨非常神奇地造出的。

这尊像尽管不像张彦远记载的那样是弥勒菩萨，但很可能是弥勒佛。弥勒在龙门总是被唐代的刻工刻画成佛的样式，很可能在这个佛殿中也是如此。[2]像艾威廉(William Acker)指出的那样，尽管这尊像表现的是弥勒佛，但张彦远很可能认为这尊像就是弥勒菩

---

[1] 现今暂居于兜率天的菩萨在未来化生于世上便是这类化生的一个例子。

[2] 个例是处于"过渡时期"的(也就是经常在北齐造像中看到的)身着菩萨装善跏趺坐弥勒像，可见于 659 年开凿的武上希洞(308 窟)以及位于宾阳南洞外的另一窟。参见冈田健：《龙门石窟初唐造像论之二》，《佛教艺术》第 186 期，1989 年 9 月，105—107页，插图 53、54、58。

萨,因为当时的信徒认为弥勒仍然是以菩萨的身份待在兜率天。如果真是这样的话,那么张彦远称之为"菩萨树"的则很可能就是龙华树,即那棵弥勒在其下得道成佛并三会说法的龙华树。最后,张彦远记载东间和西间的造像为弥勒,由此亦可以确认主尊应为弥勒,因为由两尊弥勒胁侍释迦牟尼的造像很难见到,而表现弥勒三次说法的三尊弥勒造像组合则经常可以在龙门、敦煌和其他地方看到。①

　　尽管这尊像的供养人很可能是位皇室成员,但是造这样一尊像的目的以及是以何人的名义比照大内样图造像的,仍然是未知的问题。敬爱寺本是由皇位继承人李弘(652—675)为其父母高宗皇帝和武后所造,是年 657 年,李弘五岁。②虽然在现代读者看来,一个五岁的孩子构想这样的事似乎太过于早熟了,然而应当

---

① 唐朝前期,大约 650 年至 674 年间,龙门有个三弥勒洞(温玉成:《龙门唐窟排年》,载龙门文物保管所、北京大学考古系编:《龙门石窟》二,185 页),在破窑北壁有一个初唐时期小型窟龛,内有三尊弥勒佛像。参见张乃翥:《佛教美术全集 6　龙门佛教造像》,159 页。松本荣一(Matsumoto Eiichi)对敦煌 117、8、74 和 12 窟"弥勒净土"壁画的研究中,推断所有这些画面都代表了弥勒佛在地上讲法的情景(《敦煌画研究》,1937,艾威廉在 Some T'ang and Pre-T'ang Text 中转引,v.1, pp.347—350),基于此,我赞同艾威廉的观点。在敦煌壁画中,一大群人簇拥着坐于宝座上的弥勒,弥勒手施推究印,表明正在说法。背景是连绵的山峰和弥勒将要诞生的翅头末城,前景是商佉(Śaṅkha)王,他是弥勒托生在世时的转轮圣王,此外还有弥勒婆罗门父母的家。一些壁画上有文字标识主题,所有这些主题都是基于《弥勒下生成佛经》,该经描述了弥勒降生世间的情形。第 12 窟南壁的晚唐壁画也是一例,它描绘的是一群男女在弥勒说法的时候剃度皈依佛教的情形,在主构图的下方是一组条形屏风,描绘弥勒在世的故事。参见段文杰主编:《敦煌石窟艺术:莫高窟第九窟、第一二窟》,南京:江苏美术出版社,1994 年,图版 132、141—145。艾威廉进一步观察到弥勒坐在树下,用覆满花朵的华盖来象征树,另有两尊坐佛胁侍在弥勒佛两侧。实际上,12 窟内这两尊胁侍造像身着菩萨装而非佛装,但是他们善跏趺坐的姿势却是弥勒佛所特有的,艾威廉推断三尊坐像代表的都是弥勒,表现的是弥勒龙华三会说法的情景。基于对敦煌壁画的这种识别,他认为敬爱寺图像中树下三尊弥勒造像代表的是弥勒龙华三会(Some T'ang and Pre-T'ang Text, v.1, pp.351—352)。

② 王溥:《唐会要》卷四十八《寺》,台北:世界书局,1968,848 页。

指出的是，在中古中国时代，六七岁的孩子能够决定自己是否出家。①考虑到李弘皇位继承人的身份，这个五岁的孩子应该可以动员举国上下自己所能动用的所有资源来实现为自己的慈父母献礼的愿望。实际上，寺院的命名也显示了李弘的目的。《无量寿经》教导家庭成员之间应该"敬爱"。②敬爱寺的名字是一个孩子向父母公开表明孝心的命名方式。

不过，这尊弥勒像甚至整座大殿的功德主很可能是另外一个皇室子嗣李显（656—710），他曾被封为周王（684），后又成为中宗皇帝（684，705—710 年在位）。张彦远在描述弥勒大殿的时候，把弥勒殿和敬爱寺混为一谈，他认为敬爱寺是中宗皇帝为高宗、武后置。③665 年，"中宗皇帝"还是个九岁的皇子，很可能张彦远是出于敬重，称李显为未来皇帝。张彦远可能认为李显已经造了弥勒佛像。由于李显的师傅玄奘非常虔诚地信仰弥勒，因此，中宗选择弥勒很可能是受师傅玄奘的影响。④

王玄策所造弥勒像龛

由于王玄策在龙门所造弥勒像龛已经被毁，要说清楚这尊像的细节以及它同敬爱寺内弥勒像的关系已不太可能。假如这个像龛是由龙门石匠在没有任何特别指导下雕凿的，那么该龛看起

---

① 例如智胜尼（427—492），她在六岁的时候决定出家，她的传记见 Kathryn Ann Tsai（蔡安妮）trans., *Lives of the Nuns: Biographies of Chinese Buddhist Nuns from the Fourth to Sixth Centuries*（Honolulu: University of Hawai'i Press, 1994），p.73。
② 参见丁福保编:《佛学大辞典》卷二，2444a 页。
③ Acker, *Some T'ang and Pre-T'ang Texts*, v.1, p.307.
④《旧唐书》卷七《中宗李显本纪》，135—151 页。

来很可能与本土化样式的弥勒造像并无二致,例如637年刘妃造像龛和648年思顺坊造像龛(参见图4.5)。[1]然而,王玄策刚刚为皇室监造了一尊印度佛像,他多半还想在龙门雕凿另一尊那样的佛像。在喧嚣的城市中,一座木质大殿中的泥塑佛像是非常容易被毁掉的,如果王玄策认同他所处时代的末世思想,那么他有可能会选择在"不朽"的石头上刻像。

在敬爱寺中重新复制的印度佛像很可能是陀历那个巨型弥勒造像,由于陀历地处从乌苌古国进入北印度的道路(参见图5.1),故从400年开始,中国的朝圣者就特别推崇这尊著名的弥勒造像。据估计,这座巨大的鎏金旃檀造像高约八十尺到一百尺(22—28米)。法显(约于400年)、法盛(约于404年)和玄奘(约于630年)都记载了相似的传说,据说一名罗汉携工匠到兜率天观弥勒像。回到地上后,工匠造出一尊身相完美的木像。记载中,王玄策从乌苌带回了佛顶舍利,由此推测,他可能也见过陀历的弥勒。

陀历弥勒像的部分重要性在于此像是和佛法东传中国联系在一起的。据法显记载,这个寺院的僧人认为弥勒像造成之后,印度僧人才开始穿越陀历河谷将佛法东传。玄奘也有记载:"自有此像,法流东派。"[2]这尊巨型雕塑在中国的声望,以及它同

---

① 刘妃造弥勒像记。刘妃是已故高祖(618—626年在位)的妃子,道王元庆(生于约620—664年)的母亲。刘妃造弥勒像龛是龙门天然洞窟破窑(1069窟)内最早雕刻的像龛,位于后壁,龛内坐姿弥勒有近1米高。参见龙门文物保管所、北京大学考古系编:《龙门石窟》二,图版107;刘景龙、杨超杰主编:《龙门石窟总录》第7卷,9页,注释82;《题记》,1466。

② 关于法显,英文版参见 Beal, *Si-yu-ki*, v.1, p.xxx。关于玄奘,参见同书,v.1, p.134。亦见 Alexander Soper, *Literary Evidence*, pp.268—270。

佛教传入中国的联系,造就了它的特殊性。鉴于此,我推测这尊像就是宋法智所复制的"西国"弥勒造像,亦是后来在敬爱寺中被摹刻的造像,甚至很有可能也是王玄策在龙门所造的佛像。

"吾涅槃一千年,外当于中国"

今天去龙门的游客沿着宾阳三洞南边岩壁的栈道一路步行向南,会对这一区域的佛教造像感到震惊,因为他们的外观有着明显的印度痕迹(图5.3)。每一尊造像都挺直坐在方形的台子上,双腿下垂。薄衣贴体,并无折痕,只有明显的下摆。右肩坦露。头呈椭圆形,头发像帽子一样,嘴唇特别是下唇非常饱满。这些造像看起来是仿造后笈多王朝(late-Gupta,约320—647)鹿野苑(Sārnāth)佛像(图5.4)。①

据龙门研究院的最新统计,这里有近一百尊这样的造像。这些造像基本相同,每尊高在1米左右,都做相同的说法印:右手举起,拇指和食指捏在一起,左手手心朝上放在膝盖上,食指和拇指同样捏在一起。②大多数造像都是在1.5米见方的开放式像龛内,坐落于宾阳南洞和敬善寺洞周围(图5.5)。龛之间的变化包括刻

---

① Marylin Rhie 曾经写道:"尽管这种样式的佛教造像可能最终来源于鹿野苑学派,但是一些特别的细节看起来更接近6至7世纪东南亚造像对鹿野苑佛像的演绎。"参见 Marylin M. Rhie, *Interrelationships between the Buddhist Art of China and the Art of India and Central Asia from 618—755 A. D.*(Napoli:Istituto Universitario Orientale, 1988), p.42。

② 这些佛像的手大多数已经毁掉,但是440窟的造像还能够看清,这是由沈衰为其亡妻所造。见龙门文物保管所、北京大学考古系编:《龙门石窟》二,184页,插图46,图版50。

图 5.3　305、306 窟优填王造像
（作者摄于 1996 年）

图 5.4　印度东部沙岩坐佛
（可能出自 5 世纪笈多王朝）

进龛后壁的佛座靠背，或是加刻胁侍弟子和菩萨。①

　　幸运的是，这些神秘的佛像可以通过铭文来释读。它们中最早的有纪年的佛像铭文这样刻道：“比丘□□为亡父母敬造［优填］王像一躯，法界共此福德。永徽六年十月十五日。”②尽管在这篇铭文中佛像用的是简称，但是造像并不是优填王，而是释迦牟尼。释迦牟尼悟道后升上忉利天为其母摩耶夫人讲法，在他离开的这段时间，优填王饱受思睹之苦。据《佛游天竺记》记载，优填

────────

① 关于前者，参见稻本泰生（Inamoto Yasuo）：《优填王像东传考——以中国初唐期为中心》，《东方学报》第 69 期，1997，374—377 页；关于后者，一个能说明问题的例子是 332 窟，参见冈田健：《龙门石窟初唐造像论之二》，插图 52。

②《题记》，0338，306 窟。

图 5.5　敬善寺区域：305、306、308、309、312、332、335、354、356、358、379、411、429、440 优填王像龛，306 最早有纪年的优填王像龛，331 韩氏造像龛，358 王氏兄弟造像龛，403 敬善寺（龙门石窟研究所、中央美术学院美术史系编《龙门石窟窟龛编号图册》）

王决定造一尊释迦牟尼像：

> 国主优填王，思恋世尊，乃请大弟子目连，借三十二巧工，持栴檀香木，往彼天宫，雕割三十二妙相。遂持下人间，置本精舍，佛无所座。尔后世尊却从天下来，其像躬出……仰侍于佛。尔时世尊亲为摩顶，授记之曰："吾涅槃后一千年，外当于东夏（作者注：指中国），广为人、天作大饶益。"①

---

① 由法显和西域僧人佛陀跋陀罗（Buddhabhadra, 359—429）翻译，本书英文译本改编自 Soper, *Literary Evidence*, p.261. 译者注：在该文章中 Soper 解释道，《佛游天竺记》全文早就不传于世，只有关于优填王像的片段因日本僧人奝然（938—1016）得以幸存。奝然于北宋初年往中国朝圣，获得了这一关于优填王像的文书。奝然的弟子于 985 年将这一文书抄写下来，随后带回日本。

这个流传至广的传说意义非常重大。不仅仅是因为它为造像特别是皇室供养人造像提供了合理的解释，而且证实了这种基于佛生前模样，且由神力所造之像的真实可靠性。①如此，它便是可以表现佛法的图像。最后要说的是，这尊像体现了佛法从印度向中国传播的现象，甚至表明将佛法传扬给中国人是释迦牟尼的本意。

西方学者认为，这个传说为至晚4世纪就已经在中国出现的优填王造像的信仰提供了权威的经典依据。②这一早期的图像类型可见于京都清凉寺的10世纪后期木质雕像，这尊造像的内部文书认为它是由中国刻工为日本僧人奝然所复制的"优填王像"。清凉寺造像是一尊立佛，躯干上有U形衣褶纹路，这种样式可见于中亚秣菟罗(Mathuran)雕塑中。③它同龙门坐姿鹿野苑优填王佛像有很大的区别。④中国的出资人可能比较熟悉这个造像的传说，并且对清凉寺的造像类型并不陌生，毕竟在宾阳南洞北壁就矗立着一个7世纪早期类似清凉寺类型的造像(图5.6)。因此，他们一定是出于某些特别的原因而选择在宾阳南洞和敬善寺洞周围复制完全一样的造像。

龙门的优填王造像完全相同，这表明他们都是复制同一个特

① 参见 *Latter Days of the Law: Images of Chinese Buddhism*，850—1850 (Lawrence, Kans.：Spencer Museum of Art/Honolulu：University of Hawai'i Press, 1994)，cat no.1, pp.221—225。222 页请把 Marco Polo 改为 Bole。

② Carter, *The Mystery of the Udayana Buddha*；Caswel, *Written and Unwritten* p.41.

③ Gregory Henderson and Leon Hurvitz, "The Buddha of Seiryōji: New Finds and New Theory,"*Artibus Asiae* 19(1956), no.1；5—55.

④ 参见我的学生谢世英(Hsieh Shihying)：《龙门石窟的优填王造像——别于日本清凉寺之优填王造像》，《历史文物》第6期第2号，1996年4月，26—39页。

图 5.6　7世纪宾阳南洞北壁立佛

定的造像,一些日本学者认为这类龙门造像是复制玄奘 645 年从天竺带回大唐的造像。①玄奘从印度带回来七尊佛像:"摩揭陀国前正觉山龙窟留影金佛像一躯,通光座高三尺三寸。拟婆罗疟斯国鹿野苑初转法轮像刻檀佛像一躯,通光座高三尺五寸。拟憍赏弥国出爱王思慕如来刻檀写真像刻檀佛像一躯,通光座高二尺九寸。拟劫比他国如来自天宫下降宝阶像银佛像一躯,通光座高四尺。拟摩揭陀国鹫峰山说《法华》等经像金佛像一躯,通光座高三尺五寸。拟那揭罗曷国伏毒龙所留影像刻檀佛像一躯,通光座高尺有五寸。拟吠舍厘国巡城行化刻檀像等。"②据玄奘的行记记载,他在舍卫城(Śrāvastī)的祇园(Jetavana)没有发现优填王造像③,相反,他到达憍赏弥(Kauśāmbī)的时候,"有刻檀佛像……邬陀衍那王之所作也。灵相间起,神光时照。诸国君王恃力欲举,虽多人众,莫能转移。遂图供养,俱言得真,语其源迹,即此像也"。④显然,玄奘坚信憍赏弥造像就是佛的写真像,这很可能也就是他临摹并带回大唐的佛像。

---

① 曾布川宽:《唐代龙门石窟造像的研究》,193—194 页;稻本泰生:《优填王像东传考——以中国初唐期为中心》,362—368 页;肥田路美(Hida Romi):《关于初唐时代的优填王像》,《美术史》第 120 期 1986 年 4 月,81—94 页。

② 玄奘从西域带回的佛像记载在《大唐大慈恩寺三藏法师传》,《大正新修大藏经》卷五十,2053 号,252b—c 页。高度是根据每尺 29.5 厘米计算的。万国鼎:《唐尺考》,载河南省计量局主编:《中国古代度量衡论文集》,郑州:中州古籍出版社,1990,119 页。

③ 玄奘的确在舍卫看见了一座雕像,但是这尊像是波斯匿王所造,"昔者如来升三十三天为母说法之后,胜军王闻出爱王刻檀像佛,乃造此像"(Soper, Literary Evidence,p.262)。波斯匿王造金像同阿育王竞争的传说在《增一阿含经》卷二十八中有记载,此经于 384 年至 385 年译出。参见肥田路美:《关于初唐时代的优填王像》,87 页;Soper, Literary Evidence, p.259。

④ Soper, Literary Evidence, p.262.

龙门优填王像出现的时机也支持了玄奘摹本是龙门石窟造像范本的观点。龙门最早的优填王像出现在655年,距离玄奘从印度返回大唐仅过去十年,最晚的一尊出现在680年,其时玄奘和其弟子正声名鼎盛。玄奘返回大唐时,受到太宗皇帝的热情接待,太宗在长安准备了一个寺院和一班人马,来帮助玄奘完成他巨大的翻译工程。但是664年玄奘死后,高宗皇帝就不再支持他的弟子们。①此外,龙门优填王造像的风格也指向了玄奘的摹本。憍赏弥位于鹿野苑以西,距鹿野苑仅有100公里,因此来自憍赏弥的造像很可能延承了后笈多王朝鹿野苑的风格,与龙门优填王造像所呈现的样式相一致。

玄奘的优填王佛像是怎么传到龙门的? 无史可考,只能推测一二。玄奘带回的这尊著名的印度佛像摹本原本被安置在长安弘福寺内供公众瞻仰,但他返回长安不久即被太宗皇帝诏到洛阳,向皇帝介绍"印度之境,玉烛和气,物产风俗"。②此外,玄奘的家乡在洛阳东南,他本人早年在洛阳净土寺受度出家,他的兄长也是净土寺里的僧人。③如果玄奘把优填王像的摹本带到了洛阳,那么优填王像很可能就被寺院相关的僧尼和他的家人复制摹刻,也许通过这种途径,玄奘带回的摹本像就成了龙门石窟优填王像的范例。

---

① Alan Sponberg,"Hsüan-tsang," in *Encyclopedia of Religion*,p.481.

② Stanley Weinstein,*Buddhism under the T'ang*,p.24.《唐大慈恩寺三藏法师传》,《大正新修大藏经》卷五十,2053号,253a页。冈田健坚持认为玄奘直到657年才向皇帝做了汇报,而657年龙门最早的优填王像已经出现,他认为玄奘摹本并非是龙门优填王像的来源。参见冈田健:《龙门唐代洞窟》,载美秀博物馆:《龙门石窟》,146—147页。

③ Beal,*Si-yu-ki*,p.xviii.

优填王造像的出资人

宾阳南洞外立面的上方有一个小型方形洞窟，窟内刻有一尊优填王像，纪年是656年。①造像记刻在南壁，内容如下：

> 莘师祖妻孙知身无常，夫主先亡以显庆元年四月廿五日，发心敬造优填王像一龛，未及成就，闻孙婆其年五月四日身故，续后有眷属爨协、莘信、孙信等捡校。今得成就，愿亡者灵化净境，断除三郢，又愿及一切含识俱登正觉。镌记。②

孙氏看起来是当地发起优填王造像团体的成员之一。爨协，在文中被写明是孙氏的眷属，很可能就是爨君协，他曾在659年为亡故的妻子造优填王像。③他的造像位于附近一排有九尊优填王像的像龛内，像龛非常长，龛内的优填王像刻于659年到661年之间（356窟，参见图5.5）。④造像记表明其中一些优填王像是由李大娘、安四娘、徐乞德并妻曹大娘、皇甫文刚及妻所造。另有两尊是由高二娘为其亡弟高须达及其全家所造。⑤

高二娘的造像记和附近另一排刻有十三尊优填王像的像龛的联系非常有意思。龛内有一尊造像记写道"高顺达为亡

---

① 192窟，这尊优填王像高90厘米，题记收录在刘景龙、杨超杰主编：《龙门石窟总录》第2卷，图版78、79。

②《题记》，0257。

③《题记》，0409。

④ 刘景龙、杨超杰主编：《龙门石窟总录》第2卷，图版410—416。

⑤《题记》，0408、0410、0413、0414、0415、0416。

妻敬造"。①高顺达很可能是高须达和高二娘的兄弟。这一列其他的供养人包括三位僧伽人员:法藏造了三尊优填王像,明如造了五尊,法胜造了一尊。②明如和法胜还造有其他优填王像,并且法胜在清信女李660年为其亡夫造阿弥陀像和优填王像的窟龛中还造有其他两尊。③清信女李很可能就是659年爨君协造像团体中造优填王像的李大娘。④此外,僧人明如不仅在高顺达造像团体中造有五尊优填王像,而且他(她)在爨君协团体造像龛下方的一组三龛内,出资捐刻了一尊优填王像。

通过这种错综复杂的联系,我们可以尝试得出如下结论:这些优填王像的绝大多数是由一小群相互关联的人所供养的。此处讨论的二十九尊像的供养人所对应的供养人只有十八位。这个小圈子的人对这种造像特别感兴趣,也许是因为他们可能和这个范本有着直接的联系。如果他们和玄奘是朋友或者亲戚,或是净土寺的僧人、清信人士,那么他们很可能看到过玄奘带回的优填王像。净土寺的住持于650年出资在龙门造像一尊。⑤或许出资造优填王像的人也是净土寺的僧人,比如那位655年最早的僧人供养人,他的名字已佚,其他的僧人则有法生和明如。

---

① 《题记》,0253,176窟。
② 《题记》,0244、0245、0246、0248、0249、0250、0252、0255、0256。法藏很可能就是曾效力于武则天座下的华严名僧康法藏(643—712),176龛的优填王像参见刘景龙和杨超杰主编:《龙门石窟总录》第2卷,图版34—38。
③ 《题记》,0497。
④ 《题记》,0408。
⑤ 阿弥陀像一尊,老龙洞(669窟),《题记》,0995。他在唐字洞(1192窟)出资造将近2米高的没有纪年的弥勒佛像龛,占据南壁中央比较显眼的地方(《题记》,1592)。参见刘景龙、杨超杰主编:《龙门石窟总录》第7卷,图版511—512。

王氏兄弟造优填王像和阿弥陀像

659年夏,前豫州司功参军事上骑都尉王氏兄弟,出资造了一座1.5米见方的小龛,为其亡故父母做功德。这个窟龛位于距地面30多米高的峭壁上,是敬善寺区域最高的窟龛。造像记部分已漫漶不清,从残余的文字可以看到他们的父亲是将军,母亲姓李,称号为渔阳郡君,表明她是皇室家族成员。弟弟王友方是造像记的作者,在文中,他表明把石窟置于如此高的位置,是为了保护窟龛不受水劫的毁坏:

> 灵龛月偃,桂殿星悬。凌虚划石,□岭飞轩。岩高隐地,波澄倒天。一从刊勒,于□□年。①

后壁存留的两尊坐佛被认定为阿弥陀佛和优填王像。②乍一看,这组合看起来不够正统,铭文也没有解开谜团,文中既没有确定这两尊像的尊名,也没有指明信徒要拜求的神祇。但是答案也许可以在东汉末年被译出的、唐代非常盛行的《佛说作佛形像经》中找到。③经文的主题是关于造像之人可以获得的往生。经卷开篇写到佛祖到达憍赏弥,见到十四岁的优填王,优填王毕

---

① 《题记》0420,358 窟。拓片载北京图书馆金石组编:《北京图书馆藏中国历代石刻拓本汇编》第 13 册,110 页。

② 龙门文物保管所、北京大学考古系编:《龙门石窟》二,184 页。西壁图片可参见刘景龙、杨超杰主编:《龙门石窟总录》第二卷,73 页,图版 424。

③ 参见 Robert H. Sharf,"The Scripture on the Production of Buddha Images,"p.263。

恭毕敬地拜见佛祖，并说道："我欲作佛形象恭敬承事之，后当得何等福？"①佛祖答道："若作佛形象，其得福祐我悉为汝说之。"佛列举了各种福报，包括生的面目端正、身体呈"紫磨金色"、生于第七梵天上、生在富贵家庭、生作帝王或转轮王。佛像的供养人死后不复在恶道中生。经文最后写道："佛告王：'作善者作佛形像。其得福祐如是，不唐。'其王欢喜，前为佛作礼，以头面着佛足。王、群臣皆为佛作礼而去。寿终，皆生阿弥陀佛国。"

这部佛经中唯一要传达的信息就是造佛像所得到的福祐，它同王氏兄弟造像龛的主旨是一致的。龛中的优填王像表现了佛祖和优填王之间的对话，而阿弥陀佛像则指代王及群臣（推而广之也包括任何供养人）托生阿弥陀净土的福报。既然这个造像龛从字面意思上涵盖了整部佛经，它也会带来佛经中所列举的种种福报，通过铭文，王氏兄弟将这福报传给了亡故父母。②

阿弥陀佛和五十菩萨

穿过宾阳洞南优填王像区域，来到了敬善寺石像前的平台。两侧各矗立着一尊2米多高的高浮雕菩萨像，石窟的外立面有一对威猛的力士站在过道两侧，力士的雕刻非常精美，特别是力士身上的串珠和项链及肌肉张力的细节刻画更是让人印象深刻，相比于目前所见到的龙门雕塑，这对立体圆雕力士夸张的造型要比其他雕塑显得更为自然（图 5.7）。洞内雕刻的大大小小的造像也

---

① 同上书，265 页。
② 王氏兄弟造像龛并非特例，另一例子可见于 660 年清信女李为亡夫造优填王像记（《题记》，0497）。

图 5.7　敬善寺外力士(作者摄于 2004 年)

图 5.8　敬善寺西壁阿弥陀像

非常精美。西壁雕刻着一尊坐佛,高 2.5 米,坐在八边形的佛座上,底部刻有莲瓣,另有两只狮子蜷卧在座两侧。坐佛手部已残,施无畏印和与愿印。现存的佛头是件粗糙的复制品,原始的佛头面部表情很微妙,厚厚的嘴唇深陷于脸颊处,眼睛低垂,像是在思考,眼睑模仿笈多样式 S 形曲线雕刻而成(图 5.8)。①佛像头光上刻有七尊佛,代表过去七佛,在两侧的光环里是一对站立的供养菩萨。南壁角落处站着阿难,和北壁迦叶相对。在他们旁侧是一对出家人小像,脸朝向主佛。北壁刻的是一位比丘尼,南壁刻的

① 原刻在 20 世纪 30 年代被窃,目前藏于大阪市立美术馆,载大阪市立美术馆:《隋唐的美术》,东京:平凡社,1978,图版 268。

是一位比丘。紧挨他们的是一对菩萨立像,菩萨头部都是粗糙的复制品。①菩萨旁紧挨入口的是一对护法,采用浅浮雕的雕刻手法。每一个护法身穿宝石镶嵌的铠甲和短袍,脚踩地鬼,手上挥舞着长剑。

主佛周围有许多小型高浮雕的菩萨造像,以各种坐姿坐在梗茎相连的莲花上,莲梗连着大尊的立菩萨和弟子(图 5.9)。除了这些小型高浮雕菩萨造像,洞窟内的其他元素表明主佛代表的是释迦牟尼。关于菩萨的数量有各种说法。②其总数很难计算,因为一些已经被盗,另一些相似的小型造像也与它们混在一起,但是据我计算,在后壁有 8 尊,北壁有 17 尊,南壁有 14 尊,东壁大约有 12 尊,总共接近 50 尊。这个数字是有特殊意义的,它表明这个石窟是关于阿弥陀和五十菩萨造像的工程。

该石窟没有铭文,但是中国学者李巳生发现该石窟同四川 634 年的一个石窟非常相似。在四川的这个石窟内,后壁阿弥陀佛三尊像的周围也雕刻着一定数量的小型坐姿菩萨(图 5.10)。③它的碑首题刻是"阿弥陀佛并五十二菩萨"。④铭文内容如下:

---

① 冈田健的书中有其中一个菩萨的原始头部造像照片,参见冈田健:《龙门石窟初唐造像论之二》,插图 32。

② 刘景龙、杨超杰(《龙门石窟总录》第 3 卷,10 页)得出总数为 61 个,而顾彦芳和李文生计算的结果是:北壁 13 尊,东壁 16 尊,南壁有"超过 20 尊"(顾彦芳、李文生:《龙门石窟主要唐窟总叙》,载龙门文物保管所、北京大学考古系编:《龙门石窟》二,258 页)。温玉成在《中国石窟雕塑全集 4　龙门》(26 页)中得出总数为 50 尊。

③ 李巳生:《一佛五十菩萨和菩萨装佛》,《敦煌研究》1991 年第 2 期,54 页。四川省梓潼县卧龙山千佛崖第三窟的图片资料,参见中国石窟雕塑全集编辑委员会编:《中国石窟雕塑全集 8　四川·重庆》,重庆:重庆出版社,1999,图版 155。另一个表现这一图像的唐代造像更是具有极其规整的构图,仿佛它本身是一个独立的雕塑,这就是河南浚县千佛洞第 1 窟北壁,参见《中国石窟雕塑全集 6　北方六省》,重庆:重庆出版社,2001,图版 74。

④ 如果加上阿弥陀佛的胁侍菩萨——观世音菩萨和大势至菩萨,那么总共是 52 尊。

图 5.9　敬善寺北壁供养僧人周围的弥坐菩萨、立菩萨

图 5.10　四川梓潼卧龙山千佛崖第 3 窟阿弥陀和五十二菩萨
（刘长久主编《中国石窟雕塑全集 8　四川·重庆》）

　　阿弥陀佛五十菩萨像者，盖西域之瑞像也。传云，彼国鸡头摩寺有五通菩萨至安乐世界，曰阿弥陀佛言："世尊！娑婆世界三世尊像，今硕□之□彼供养。"佛言："可，汝且前去，寻遣送法。"菩□即□适到婆娑，其像已至，有一佛五十菩萨，右坐莲华于树叶上。①

① 胜木言一郎（Katsuki Genichiro）：《关于中国阿弥陀三尊五十菩萨图的图像》，《佛教艺术》第 214 期，1994，68 页。我在翻译时，参考了道宣《集神州三宝感通录》第二章（《大正新修大正藏》卷五十二，421 页）的相关记载，转引自曾布川宽：《唐代龙门石窟造像的研究》，229 页，注释 247。道宣也描述了北齐关于刻绘此类造像的传统，但是四川和龙门的造像强调的是空间的三维立体姿势，所体现的雕塑传统与道宣所描述的不同。

这个故事的来源没有经典支持,且证据显示,这方碑刻是目前现存对这一图像最早的记录,因为道宣后来的记载实际上来源于这方碑刻的内容。①当玄奘写到参观拘苏摩补罗城(Pātaliputra)周边的屈咤阿滥摩僧伽蓝(鸡头摩寺,Kukkutārāma Monastery)时,没有提到这个故事或者阿弥陀佛五十菩萨的造像(虽然看起来玄奘也不太可能为推广阿弥陀信仰做太多工作)。因此,笔者倾向于认为这个故事是一个本土创作,目的是为一种由四川向全国传播的新型印度图像提供叙事支持。

尽管敬善寺石窟内主佛造像的中国式风格和附近石窟内的主佛造型一致,但是菩萨却是在模仿印度人像优雅摇曳的姿势,臂腿弯曲,特别是一些造像头部微颔。②此外,还有一些不同寻常的姿势亦让人想起印度艺术。一个很好的例子就是背对着观者的菩萨坐姿,对于中国人物雕塑来说,这是一个很特别的姿势,但是这种坐姿的菩萨不仅出现在敬善寺南壁,也出现在相邻的梁文雄洞(363窟),尽管梁文雄窟的主佛是一尊善跏趺坐弥勒佛,但是壁面上借鉴了五十菩萨造像。③附近有两个同时期的洞窟袁弘勣洞(362窟)和394窟,这两个窟内都刻有阿弥陀佛和五十菩萨,但是雕刻质量不及前例,且没有想要模仿印度样式

龙门石窟供养人

---

① 胜木言一郎:《关于中国阿弥陀三尊五十菩萨图的图像》,68—69页。

② 一个很好的对比例子就是韩氏造像(331窟),敬善寺北数米处,该窟有661年的题记(《题记》,0387)。图片参见龙门文物保管所、北京大学考古系编:《龙门石窟》二,图版47。

③ 梁文雄洞是为其父母所造,两侧壁面上有其父亲做供养姿势的图像,这是根据壁面上的题记断定的(《题记》,439、440)。梁文雄的母亲姓韦,据此,水野清一和长广敏雄宣称,梁文雄是韦妃的亲戚。参见《龙门石窟研究》卷一,30页。

的倾向。①

这种造像的印度来源可以在莫汗眉得那里（Mohammed Nari）的碑上看到，该碑目前藏于拉合尔博物馆（Lahore Museum），很可能是 4 世纪所造（图 5.11）。约翰·亨廷顿（John Huntington）认为这座犍陀罗的雕刻所表现的是极乐世界的阿弥陀佛，佛周围环绕着二十五身菩萨和化生生物。②不管这种解读是否符合这块碑的原始题材，但是它的题材构成和风格同敬善寺刻画的造像确实多有契合。在碑的中央是一尊坐佛，坐在花瓣上翻的莲座上。主佛周围莲瓣上的是一系列菩萨、供养人、佛和化生人。他们各种各样的动态姿势非常引人注目——有些造像用手托着下巴作沉思状，或者两手扣住一只膝盖，有的则身体上扬或者扭到一边。一个菩萨以其侧后方示人。在敬善寺的壁面上也可以看到这些相同姿势的菩萨，因此即使这些造像的传说没有经典依据，但是敬善寺内的菩萨同莫汗眉得碑上的菩萨以其相似的风格表明，中国阿弥陀佛和五十菩萨的造像的确来源于印度造像。

① 袁弘勖洞位于敬善寺洞北侧，高 2.2 米、宽 2.5 米，进深 2.1 米，完工早于袁弘勖的时代。这个洞窟以袁弘勖命名，是由于入口处有袁弘勖 665 年造观音龛的题记。参见温玉成：《龙门唐窟排年》，载龙门文物保管所、北京大学考古系编：《龙门石窟》二，183、184、188 页；冈田健：《龙门石窟初唐造像论》，100—103 页。394 窟在敬善寺洞上方 10 米左右的地方，洞窟呈马蹄形，高 1.48 米，宽 1.6 米，进深 1.63 米。西壁刻主佛坐在八边形莲座上，菩萨刻在主佛两侧的墙壁。参见刘景龙、杨超杰主编：《龙门石窟总录》第 3 卷，图版 51—53；刘景龙主编：《龙门石窟造像全集》第 2 卷，北京：文物出版社，2002，图版 458。该窟同 661 年韩氏造像非常相似，表明该窟造像的时间应该在 660 年左右。

② John C. Huntington, "A Gandhāran Image of Amitāyus' Sukhāvatī," *Annali dell'Istituto Orientale di Napoli* 40 (n. s. 30, 1980), no. 4: 651—672. 非常感谢 Joanna Williams，他提醒我关注这块碑。

图 5.11　拉合尔博物馆藏 4 世纪造像
（Isao Kurita《犍陀罗佛教艺术》卷 1）

　　像优填王造像一样，阿弥陀佛和五十菩萨为中国信徒提供了
同样的好处。故事声称其来源于印度，这可能是仿制印度本土的
底本，风格上看起来像是印度的。它不仅来自圣地，而且也是具
有神性的造像，由阿弥陀佛亲自化现于人间。它是有着明确含义
的阿弥陀像，就像优填王造像被认为是第一尊释迦牟尼像一样，
这尊造像被认为是最早的阿弥陀净土像。没有其他的阿弥陀佛
像比这尊佛像更有法力、更值得保存。

石窟和寺院的功德主——韦氏

刻在走道北侧碑形平面上的是《敬善寺石像铭并序》。①敬善寺位于龙门东山北端。到本书著成为止，没有任何考古发掘找到这座寺院的遗址。但是1981年在龙门东山北部发现的粟特人安菩（601—664）与其妻何氏（622—704）的墓可以用来确定敬善寺的位置。他的墓志铭上写明其墓地位于"洛城南敬善寺东，去伊水二里山麓"。②这个寺院至少在650年就已经存在。③诗人李德裕（789—849）和刘沧（854年进士）在9世纪中叶描写过敬善寺的桂树和高塔，但是随着唐朝的衰落，该寺院很可能没有存留下来。④

这方碑刻确定韦氏（已故太宗皇帝的妃子）是这座石窟的赞助者，并进一步表明她也是敬善寺的功德主，但是这方碑刻的撰写人是李孝伦——韦妃儿子纪王李慎（卒于689年）的属官，碑上的内容表明李慎是这块碑刻的功德主。碑文用别出心裁的文学语言描述

① 《题记》，0465。
② 参见温玉成：《唐代龙门十寺考察》，载龙门文物保管所、北京大学考古系编：《龙门石窟》二，230页。
③ 龙门碑铭上最早提及敬善寺的日期是650年（《题记》，0946）。另一个命名为敬善寺的石窟即401窟，日期为669年。碑首为《龙门敬善寺石龛阿弥陀佛观音大至二菩萨像铭并序》，这是一个小型洞窟，在峭壁高处，几乎在韦妃造像窟的正上方。该窟的功德主是某位华州长史骞公夫人，尽管这方造像窟毁损得非常严重，但仍然可以看出她是一位贵族（《题记》，0464；刘景龙、杨超杰主编：《龙门石窟总录》第3卷，图版69—72）。这里还有一个由敬善寺沙门昙向造的无纪年造像龛。龛内有一尊善跏趺坐弥勒佛，两个弟子两个菩萨胁侍。这个龛在宾阳南洞洞门北侧东壁壁面上，被命名为E3龛，该龛非常大，高1.75米，宽1.35米。参见刘景龙、杨超杰主编：《龙门石窟总录》第1卷，81页，图版597；《题记》，0235。
④ 参见温玉成：《唐代龙门十寺考察》，载龙门文物保管所、北京大学考古系编：《龙门石窟》二，230页；刘沧：《登龙门敬善寺阁》，载李献奇选注：《洛阳龙门诗选》，北京：中国旅游出版社，1986，51页。

了韦妃的功德行为,尽管序言是以典型的造像依据作为开头的,但是援引摩耶皇后生佛祖的故事作为开篇则非同寻常,值得注意:

> 若夫银枝毓祉,缔灵影于金园;剑雨销氛,飞惠液于沙界。自鹤林秘彩,鸡山蕴迹。甄睿像于贞金,刊瑞容于芳琬。风猷不坠,繄此赖焉。

然后文中用类似诔文的语言描述韦氏,虽然不确定,但暗示韦妃已经过世:

> 纪国太妃韦氏,京兆人也。苕姿含绮,霏华椒披;兰仪湛秀,绢美蘋隈。①而思惕红沙,浪真辉于五剑;神栖缟雾,延妙业于三珠。②爰择胜甊,聿修灵像。

接下来,作者描述了石窟内鎏金的佛像:

> 质融虹彩,影袭鸾骞。月逗仙河,分紫眉而汰色;星流天菀,翊绀瞳而飞照。恳诚已罄,茂绩其凝。

接下来描述了供养人,文中暗示韦氏在太宗死后遁入尼庵:

> 化鸟旌越海之功,藏龟彰拔尘之果。

---

① 根据 Chavannes, *Mission Archéologique*, v.1, pt.2, p.362, n.8。这里借用了《诗经·召南·采蘋》中对女性的描写。
② 沙畹认为"红沙"指的是道家术士炼丹所用朱砂,他认为第一个句子指的是道家,第二个句子暗示的是佛教(*Mission Archéologique*, v.1, pt.2, p.362, n.9 and 10)。

龙门石窟供养人

下文作者颂扬了石窟和场地，宣称龙门石刻永久存留：

> 昭昭峻业，难可名言者哉。加〔以〕凝石疏基，均霜表地。
> 川洁桐园之翠，风送杏岩之香。虽净境开金，虑暌□于桑海；
> 宏规籀石，谅终期于芥城。

序之后的铭文采用押韵的对偶句。开头两句或许在陈述韦妃已故，第二句似乎是对佛教在印度兴起、传往中国的概述，这类描述在其他唐代早期铭文中也可以看到。开头如下：

> 其铭曰：
> 二灵已散，一体未融。动植滋夥，物象相蒙。
> 情氛委岳，识浪随风。终沦□住，孰亮三空。
> 大雄降迹，玄津斯演。瑞浦澄流，祥山碎巘。
> 雪童战胜，檀林翼善。了义西宣，妙轮东转。

第三节赞颂了韦妃石窟内造像的宗教意图：

> 叶润攸在，震区有庇。①望影咸图，寻光必萃。
> 粤惟德范，凤探微秘。诣道虽忘，瞻容乃喟。

---

① 对于"叶润"的意思有一种猜测，字面意思"叶子光亮"。菩提树的叶子经常被描述为富有光泽，四季常青。但根据诗文对仗的需要，这里应该是个地名，可是我没有找到出处。另外一个可能性是把汉字"叶"解读为梵文贝叶（梵文读作 pattra 或 patta），并把它看作作者对波咤罗国（Pātaliputra，据传国名取自一种名为 patala 的有着浅红色花朵的树，或是另一种名为 patali 的有着香花的树）的简称，鸡园寺就位于那里。那么这个句子就可以翻译成"昔日波咤罗国的珍宝（即鸡园寺阿弥陀和五十菩萨像）今日由震旦护佑"。

最后两段看起来像是描写韦妃在其他方面资助佛事的活动：

> 珠璎褫玩，银藏倾财。林中写塔，云外崇台。
>
> 临豪月满，映睑莲开。香烟起雾，梵响惊埃。
>
> 南控鸾川，北驰春路。万室回瞩，四依辍步。
>
> 抚因共植，披文同悟。比日长悬，随山永固。

上面描述的是寺院的日常活动：建塔、修殿、造像、诵经、烧香、读经及其他做功德的活动。这些或许表明韦妃是敬善寺的功德主。这样推理，就解释了这个石窟壁面上为什么会出现一对供养比丘和比丘尼的大型造像，他们代表的一定是该寺院的人员。[1]唐太宗649年去世之后，韦妃显然到敬善寺或者附近的寺院去修行。很可能她所造的石窟是敬善寺附属佛殿，在她去世后，她的儿子在石窟内加刻了纪念性的碑刻铭文。[2]碑文中提到摩耶夫人（Queen Māyā）生佛陀的典故，颇不寻常，表明这其中或许涉及母子关系。李慎也是其他一些佛教工程的资助人，包括674年刊刻的《佛说观无量寿佛经》石碑，以及在河北省宣务山石窟出资建造的一个大型石窟。[3]敬善寺石窟铭文中没有提到谁是该石窟的功德受益人，但是宫大中提出一种理论，认为该石窟是韦妃为其儿媳——纪

---

① 温玉成认为他们代表的是供养人（《龙门唐窟排年》，载龙门文物保管所、北京大学考古系编：《龙门石窟》二，187页）。

② 李慎的传记见《新唐书》卷八十《纪王慎传》，3577—3578页；《旧唐书》卷七十六《纪王慎传》，2664—2665页。

③ 关于这块碑，参见温玉成：《龙门所见两〈唐书〉中人物造像概说》，载龙门石窟研究所编：《龙门石窟一千五百周年国际学术讨论会论文集》，127页。所造龛，参见阎文儒：《中国石窟艺术总论》，41页。

王妃陆氏所造。①665年陆氏死于泽州，是年三十五岁。她的墓志铭上写道："纪国太妃时在洛下，初闻凶讣，颇极哀痛之情。旋遣悼书，备竭心酸之旨。"从心理学角度来讲，韦妃为她已故的儿媳开窟造像也是说得通的，但是，这种说法至少有两个问题需要注意：造像铭文中从来没有提到陆氏的名字，并且韦妃的石窟可能在7世纪50年代初期就已经动工了，而那个时候，陆氏还活在世上。②

佛法留存

最终，唐代佛教信徒成功地完成了他们为自己所设定的任务，即在东方留存佛法。中文佛教经典中保留了许多梵文文本中已经湮灭的经文，此外唐代的佛学大师们更是用本土创作的经文丰富了佛法经典。③宝山石经和房山石经仍然保存在那里，少为时

---

① 宫大中：《龙门石窟艺术》，128页。

② 这个时间是根据附近石窟的造像铭文得来的，看起来韦氏的石窟可能开始于650年代早期，完工于660年左右。她的石窟和南侧404窟毗邻，它们是这个区域最大的石窟。从外部来看，这两个石窟似乎是作为姊妹窟来开凿的，因为从立面和走道来看，其尺寸和形制完全相同。404窟内有一个653年的造像龛，因此这两个石窟的开凿可能要早于这个时间。韦太妃石窟的正北方有两个石窟——365窟和366窟，纪年分别为662年和661年，这就表明韦太妃窟大约完工于660年，这样其他出资人才有可能把他们的窟龛加在韦太妃窟的附近。此外，纪王典卫王行宝在其他地方有一个造像记，日期为660年（《题记》，1426）。假如他随纪王来龙门出资造像，那么也就表明韦妃的石窟大约完工于660年。

③ 关于前者，一些著名的例子不仅有《妙法莲华经》，更有《维摩诘经》《首楞严三昧经》《大般涅槃经》以及完整版本的《华严经》（参见 Thomas Cleary, *Entry into the Inconceivable*：*An Introduction to Hua-yen Buddhism*［Honolulu：University of Hawai 'i Press, 1983］, p.171）、《胜鬘经》（又称《狮子吼经》，参见 Diana Y. Paul, *Women in Buddhism*, 2nd ed.［Berkeley：University of California Press, 1985］, p.290）、《贤劫经》《摩诃摩耶经》《四分律》《五分律》（参见 Nattier, *Once Upon a Future Time*, p.23，n.30；p.29，n.4 and 5；p.50，n.61）。

间所改变,现在已经被政府保护起来了。①优填王造释迦牟尼像即使曾经在印度出现过,如今也已经不存在了,但是目前在龙门、日本清凉寺以及整个东亚地区都能找到这样的造像。犍陀罗地区或许曾经制作过阿弥陀和五十菩萨像,但是现在只有中国和日本流传这样的造像。②陀历的那尊鎏金旃檀弥勒像早已消失,即便是在本世纪,破坏佛教的行为继续在佛教的故乡上演,曾在犍陀罗地区耸立的巴米扬大佛被火箭弹有意炸毁。③相反,在中国境内,窟龛里的巨型造像已经被政府保护和修复,而龙门石窟更是被联合国教科文组织认定为世界文化遗产。④震旦继续护卫着佛法。

龙门石窟供养人

---

① 房山在 1961 年被列为全国重点文物保护单位(中国佛教协会编:《房山云居寺石经》,1 页)。

② 这种造像组合不仅见于四川和龙门,而且在敦煌壁画中也可以找到,例如 332 窟的东壁。在日本,胜木言一郎认为奈良的法隆寺金堂第 6 号壁画也是这种题材的造像(《中国阿弥陀三尊五十菩萨的图像》,63—65 页)。宇治市平等院凤凰堂内的阿弥陀造像周围也刻有五十菩萨像。

③ 根据 Finbarr Barry Flood 的分析,前阿富汗塔利班武装组织毁坏巴米扬大佛的行为是针对西方的政治行为,而不是一次伊斯兰圣像破坏行动。参见 "Between Cult and Culture:Bamiyan, Islamic Iconoclasm, and the Museum," *The Art Bulletin* 84, no.4(December 2002):641—659。然而从客观的佛教观点来看,塔利班仅仅是弥勒下生之前、释迦牟尼佛法灭尽后这一宇宙戏剧中的参与者。

④ 参见 2000 年 11 月的公告《龙门石窟申报世界文化遗产获得成功》,《中原文物》2001年第 1 期,39 页。

第六章　脂粉钱

　　且因我心中爱慕我神的殿，就在预备建造圣殿的材料之外，又将我自己积蓄的金银献上，建造我神的殿。

——大卫　《圣经·历代志上》29：3

　　对于大多数到龙门参观的游客来讲，行程的重点是大卢舍那像龛（图6.1）。和其他富有感染力的戏剧性经历一样，卢舍那像龛的位置经由巧妙的设计，通过延迟、引导参观者观赏佛像的体验，从而达到累积心理预期的效果。今天的游客从北边进入龙门石窟——这很可能也是唐代参观者从洛阳由陆路抵达石窟的体验——穿梭在从日本、欧洲或是其他地方来的游客之中，他们沿着伊河和西山脚下的石径缓缓前行，之后拾级登上数米高的崖壁，在造有初唐坐佛的潜溪寺石窟前稍作停留，接着继续南行数米，进入有着三座巨型拱门的开阔的宾阳三洞场院内（参见图4.1），之后沿着台阶往下走，行至一个较低的壁面前，游客会经过一些造有优填王像的小型窟龛，然后沿着台阶上行，就会看到大型的敬善寺石窟，在窟门外立面处刻有精美

图6.1　大卢舍那像龛(贺志军摄)

的菩萨和力士。继续沿着石径往前走,游客就到达了"摩崖三佛",这座7米多高的开放型像龛内造有几尊巨大的未完工的造像,此处是龙门石窟北区造像的结束点。往南走几百米后进入石窟南区,南区的石窟以双窑和其他大型初唐石窟为起点,再往前走是著名的北魏石窟,例如慈香窑洞窟和莲花洞,这两个石窟都有标识牌以提示游客,它们被成千上百个没有被标识的窟龛所环绕,周围的壁面就像凿出了无数个黑窗户一样(参见图7.1)。

凝视

南行不到1公里的路程(图6.2),游客就到达通往卢舍那像

图 6.2　龙门西山：21 普泰洞，22 破窑，23 魏字洞，24 卢舍那像龛
（龙门文物保管所、北京大学考古系编《龙门石窟》一）

龛的台阶，台阶于 1991 年被恢复成接近唐代原初的样子。①之前的石阶曲折上行，提供了相对容易的判断路线，令游客可以借助石阶攀登到离地约有 30 米高的卢舍那像龛，但是这种设计就破坏了被精心遮挡和引导的景观。尽管这个像龛没有外立面作为屏障，但是用斩山的方式，把崖壁向里切进了 36 米，因此行人在山脚下的走道上无法看到位于后壁的造像。如今，参观像龛的游客可以通过登上一段和崖壁平行的台阶，然后 90 度拐弯攀爬两层非常陡峭的石阶，最后到达像龛。在缓慢攀登这些陡峭的台阶时，游客首先看见的是台阶顶部露出的宏伟壮观的主佛头部，当游客凝视主佛时，卢舍那佛像的眼睛似乎也在凝视着游客。当游

① 龙门文物保管所编：《奉先寺》，北京：文物出版社，1995，17 页。

图 6.3　大卢舍那像龛西壁的卢舍那

图 6.4　大卢舍那像
龛西北角的菩萨（作
者摄于 1994 年）

客继续往上走的时候，佛身就映入眼帘，后壁胁侍弟子和菩萨也
都出现在眼前，像龛左右两侧巨大的力士像也赫然耸立，他们姿
势夸张，眼神凶猛。最后，游客步入龛前的空地，终于进入卢舍那
像龛。

　　处于像龛后壁中央的是一尊卢舍那佛坐像，从龛内地面到头
光顶部共高 17 米（图 6.3）。卢舍那大佛表情深邃，代表了三昧，
或"定"，即一种深层的冥想状态。已经遭到毁坏的身体却烘托了
卢舍那大佛匀称而沉思的面部以及外袍笼罩下完美而静止的躯
干。佛像面前的石头很久前已经断裂，因此，佛像的手和腿不再

能分散面部表情对人们的吸引力。①佛像的右侧刻的是年长的弟子迦叶，雕像已经碎裂，而左侧刻的是年轻的阿难。两弟子像都有 10 米多高。在后壁与两侧壁相交的角落雕刻着身着精美珠宝的菩萨，每一尊菩萨的高度都有 13 米多(图 6.4)。由于主佛代表的是卢舍那佛，所以菩萨一定就是普贤和文殊，但并不能确定哪个是普贤哪个是文殊。②这五尊像都包含在后壁的浅龛中。两侧壁也被凿成浅龛，在角落处站立着一位敬拜者，面朝主佛，大约 6 米高。紧邻其侧的是一尊天王(lokapāla)，面朝外侧，脚踏地鬼，以胜利者的姿势护卫着这个佛国世界与其中所有的礼拜者。旁边是一尊和其同样规格的金刚力士(dvārapāla)像，力士高举胳膊，似乎在战斗。北壁天王右手托着一座小塔，通过这个标志，可以将其识别为北方多闻天王。南壁天王因为风吹雨打，大部分已残毁，但很可能是南方增长天王。

视觉画面的控制

　　工匠不仅对于观众看见卢舍那像龛时的视觉效果精心控制，而且巧妙地处理各个造像的比例，以期调和两种不同的视觉现象。③

---

① 从胳膊的位置来判断，右手要比左手高，因此双手并不是叠放在一起呈禅定印的，很可能是施无畏印和与愿印，不过胁侍菩萨的手施推究印，因此我更愿意认为佛像双手施推究印或说法印。

② 在以卢舍那佛为中心的《华严经》中，这两位菩萨最为常见，张乃翥判断南边的菩萨是普贤菩萨，但是没有给出理由(《龙门石窟大卢舍那像龛考察报告》，《敦煌研究》1999 年第 2 期，126 页)。

③ 宫大中首先注意到了这种现象(《龙门石窟艺术》，146—147 页)，冈田健也有讨论，见《龙门石窟初唐造像论之三》，115—116 页；大桥一章(Ohashi Katsuaki)：《奉先寺诸像的建造与白凤、天平雕刻》，载龙门文物保管所、北京大学考古系编：《龙门石窟》二，238—239 页。

一种视觉现象是从下面仰视大佛的时候，雕像看起来有明显的变形。假如采用正常的比例，那么头部会显得非常小且远。菩萨至美的头部和慈悲的表情传达了这些救世胁侍神祇最精髓的价值。因此，如果菩萨的头部在视觉上被忽略，那么他们的身份也就没有意义了。正常的头部和身体的比例是1∶8，为了中和视觉上被缩小的错觉，刻工将菩萨的身体长度定为头部长度的5倍不到，通过缩短身高，使头部下降至游客能够看清其表情的位置。类似的，菩萨的上半身格外宽阔，从而能够支撑头部，并且作为背景，衬托繁缛复杂的珠宝以及持推究印的丰润双手。印度样式的珠宝和手印代表了偶像的正统和灵验性，因而它们必须清晰可识别。[①]

刻工面临的另一个视觉问题是当观众从斜视的角度观看时，浮雕容易显得被压缩、难以辨认。最明显的例子是两侧的天王和力士，刻工通过改变部位比例来弥补这些视线错觉。当观众直视北边的天王和力士时，会发现这些造像被特意拉宽了，特别是臀部和肩部有着近乎夸张的宽度（图6.5）。他们的左肩比右肩高且宽，脖子左侧被刻画得近乎怪诞。但是，如果观众站在卢舍那像龛的正前方，从设计好的斜角观看这些造像的话，左侧宽出的部

[①] 李丹丽（Denise Leidy）将一套中唐时期制造的带有青铜和绿松石配件的碧玉饰板同隋代公主李静训（d.608）墓出土的项链作了对比。李静训墓的项链由28颗嵌有珍珠的金链构成，多重的搭扣，镶刻有青金石，5颗切面呈凸弧形的宝石，以及一个浅蓝色吊坠。李丹丽认为这种样式很可能源自印度西北，即犍陀罗地区。参见 Denise Patry Leidy, "Avalokiteshvara in Sixth-Century China," in *The Flowering of a Foreign Faith：New Studies in Chinese Buddhist Art*, ed. Janet Baker（Mumbai：Marg Publications, 1998）, p.102, figures 2c and 2d. 近年来出版的图录中，这条项链被认为出自萨珊王朝（*The Glory of the Silk Road：Art from Ancient China*, ed. Li Jian[Dayton, Ohio：The Dayton Art Institute, 2003], cat.114），不过这两种说法都证明了我的论点：卢舍那像龛菩萨所佩戴的项链不是中国传统的样式，而是源自西域。

图 6.5　大卢舍那像龛北壁的天王和力士

分中和了视觉上的收缩效果,这样就使得这些雕塑看起来相当正常了(图 6.6)。在雕刻菩萨时也运用了相同的技巧。当正视菩萨的时候,观众可以察觉到菩萨躯体的外侧显得有点庞大,看起来似乎往外侧那个方向倾斜;然而,从整个卢舍那大龛的正面去观看时,菩萨身体的上半身似乎朝向观者轻微移动,整个效果就呈现出三屈式翘臀姿势。

　　这些造像证据表明整个拟定观看卢舍那像龛的角度应该是像龛的正前方,接近参观者攀上台阶的地方。处于这个位置,唐代的参观者可以直接仰视卢舍那大佛的面容,弟子也同时映入眼帘。他/她以大约 25°角观看角落处的菩萨,因此菩萨看起来就有些向其倾斜,又以 45°角观看力士,从这个角度来看他们的身体,比例正常,圆睁的怒目聚焦在朝圣者身后,护卫着他/她。为了补充完整假想中的唐朝时期信徒的体验,我们还应该想象这些造像身上最初的色彩配置——饰有蓝、绿宝石的金色项链,宝石艳丽夺目,白色的皮肤、红色的嘴唇、深蓝色的头发,以及用

图 6.6　不同角度看大卢舍那像龛的天王和力士（作者摄于1994 年）

黑玻璃点的睛。①

图像证据和文字证据

主佛所坐的宝座尽管已经碎裂，但是残存的部分依然可以看到考究的雕刻工艺。八角形束腰莲座被置于宽阔的底座上，底座边缘饰有莲瓣，在佛座束腰处可以看到五个立面的角落都有一个

————

① 这个配色图式也运用在敦煌早期唐代壁画的菩萨塑像，如 220 窟。参见段文杰编：《敦煌石窟全集》第 2 卷，香港：商务印书馆，2002，图版 108—109。关于在卢舍那大佛瞳孔中发现的玻璃残迹，参见龙门文物保管所编：《奉先寺》，4 页。据张乃翥称，南侧弟子旁的菩萨瞳孔附近发现有墨绿色的矿物质（《龙门石窟大卢舍那像龛考察报告》，126 页）。

力士像柱,力士以胜利者的姿态踩在一对地鬼身上。在力士之间,束腰的每一立面都有一尊身穿铠甲的天王坐在两个地鬼上面。佛座的上半部分几乎完全毁掉了,但在南侧和后壁相连的地方还保留有少许原始的雕刻。在这个地方,一些上翻的莲瓣依稀能辨,每一个莲瓣中央都有一尊小坐佛(图6.7)。很有可能整个佛座平台都被刻成重瓣莲花,每一片莲瓣上都有一个坐佛形象。

佛座南侧曾经刻有题记,依稀的残迹表明刻出不久即被毁坏,后又被重新刻在佛座的北侧。①题记内容应该是写于683年高宗死后,因为文中使用了他的谥号,在723年重刻之前已经成文。这不是一篇歌功颂德的造像铭文,而是记载了卢舍那像龛的开凿过程,以及大奉先寺的建造过程,包括后又把大卢舍那像龛命名

图6.7　大卢舍那像龛佛座南立面的莲花瓣

---

① 由于"保护"工程,佛座部分区域被抹上水泥,目前北侧的题记已经不能辨识,参见 Antonino Forte, "Marginalia on the First International Symposium on Longmen Studies," *Studies in Central and East Asian Religions* 7(1994):75—76。

为奉先寺的内容，文中还记载了一些僧人的活动。①

题记开头这样描述道：

> 龙门山之阳，大卢舍那像龛者，大唐高宗天皇大帝之所
> 建也。②佛身通光座高八十五尺（25 米），二菩萨高七十尺（20

① 不仅今天人们用奉先寺指代大像龛，而且附近 683 年所造的一个石窟中的题记也把大像龛指作奉先寺（1371 窟；《题记》，1654），由于该石窟的供养人是在宫廷供职的宦官，因此他不太可能会错名字。大像龛的壁面上有很多方形的洞口，用于固定建筑物的大梁，由此许多人可能会认为它就是奉先寺。但是题记的内容（见下一章节的讨论）却表明奉先寺建在龙门山南侧，这些建筑是后来加的，可能是北宋（960—1127）或者是金代（1115—1234）。参见宫大中《龙门石窟艺术》，137 页；温玉成《略谈龙门奉先寺的几个问题》，《中原文物》1984 年第 2 期，57 页。温文引用了蔡学昌未曾刊布的观点，蔡学昌认为：从大卢舍那像龛崖壁上残存的"梁孔"及地面遗留的柱础推断，大卢舍那像龛建造过回廊式窟檐。但从"梁孔"大肆破坏原有雕刻品的做法看，绝不是唐代开凿大卢舍那像龛时干的。经我们判断，开凿窟檐的法式与宋《营造法式》颇接近，因此可能是金代加修了窟檐。温玉成根据《佛祖统纪》中的记载，大中祥符八年（1015），宋朝皇帝下令大修佛像，大卢舍那像龛也很可能于此时修整并建檐廊。奉先寺原来的造像是露天的摩崖造像群，为了保护大像龛，当时还专门在崖顶开凿了 120 米的人字形排水防护沟。参见宫大中：《龙门石窟艺术》，137 页；京洛：《文博简讯：河南省（关于 1971 年奉先寺的修复）》，《文物》1972 年第 3 期，74—75 页。

② 龙门最早以伊阙著称，从 7 世纪中期以后，就被称作龙门。根据 9 世纪早期《元和郡县图志》记载，隋炀帝杨广（604—617 年在位）即位后，欲迁都洛阳以控东方，他从长安来洛阳考察地形，登邙山南望伊阙，喜曰："此非龙门耶？自古何因不建都于此？"身旁大臣苏威奉承道："自古非不知，以俟陛下。"隋炀帝很满意这样的回答（阎文儒：《龙门石窟命名之由来》，载龙门石窟研究所编：《龙门石窟研究论文选》，3 页），不久下令建东京（《资治通鉴》卷一百八十《隋纪四》，5615 页），根据风水学，东京"北倚邙山之塞，东出瀍水之东，西出涧水之西"（《资治通鉴》卷一百八十《隋纪四》，5618 页），二水聚天地之灵气，蜿蜒流过山谷，汇流入河，这种地理格局对东京城市发展和居民生活都非常有利。东京的设计同汉代都城设计的理想相符，东西和南北都有中轴线，城市的设计是东西南北对称的。隋代洛阳城拟建距离汉魏洛阳城 9 公里处，以期中轴线对准伊阙。中轴线从应天门往南过端门再到外城的定鼎门，直对伊阙，伊阙就像伊河上的大门。龙门题记中和定鼎门相关的题记"鼎门北临"（《题记》，2730），魏牧谦造像记中也提到"定鼎之郊"（《题记》，1399），都城为真龙天子——皇帝所在之处，伊阙更名龙门，成为东京南端第一道门户。隋洛阳城中轴线地图参见 Heng Chye Kiang（王才强），*Cities of Aristocrats and Bureaucrats：The Development of Medieval Chinese Cityscapes*（Honolulu：University of Hawai'i Press，1999），fig.7。

米),迦叶、阿难、金刚(力士)、神王各高五十尺(15 米)。粤以咸亨三年壬申之岁四月一日(672 年 5 月 3 日),皇后武氏助脂粉钱二万贯,奉敕检校僧西京实际寺①善道禅师,法海寺主惠暕法师,大使司农寺卿韦机,副使东面监上柱国樊玄则,支料匠李君瓒、成仁威、姚师积等。至上元二年乙亥十二月卅日(676 年 1 月 20 日)毕功。②

尽管铭文中很明确地称大佛名为卢舍那,但它却是在像龛完成至少七年之后刻成的,也使得大佛身份还不能确定。不过,支持这一说法的证据保留在佛座南侧的莲花花瓣,花瓣上刻有坐佛。日本京都大学人文研究所的学者曾布川宽曾经注意到《梵网经》第二章描述"千花千佛卢舍那"。③《梵网经》由释迦牟尼说法,但经中的主要神祇是卢舍那,释迦同卢舍那之间的身份可以互换。释迦牟尼说:

> 我今卢舍那,方坐莲花台。
>
> 周匝千华上,复现千释迦。
>
> 一华百亿国,一国一释迦。
>
> 各坐菩提树,一时成佛道。

龙门石窟供养人

---

① 实际寺近年来有考古发掘。参见李健超:《隋唐长安城实际寺遗址出土文物》,《考古》1988 年第 4 期。
② 翻译基于《题记》,1635,参考《题记》,1637;温玉成:《〈河洛上都龙门山之阳大卢舍那像龛记〉注释》,《中原文物》1984 年第 3 期,99—100 页;英文参见 Chavannes, *Mission Archéologique*,v.1,pt.2,pp.254—256。亦见冈田健:《龙门石窟初唐造像论之三》,118—119 页,注释 8。
③ 曾布川宽:《唐代龙门石窟造像的研究》,214—215 页。

如是千百亿，卢舍那本身。

千百亿释迦，各接微尘众。[1]

尽管《梵网经》是 5 世纪中国本土经典，但它包括了印度经典的内容，如《大般涅槃经》，因此唐代佛经翻译家认为这是部真经。[2]卢舍那佛是法身原始载体的想法在《华严经》中有体现，经文中用珠宝交饰的因陀罗网将宇宙比喻成一张重重影映的大网，从而进一步阐述了释迦牟尼和卢舍那之间的相互联系。[3]因陀罗网的每一个打结处都有一颗宝珠，每一颗珠子不仅映照出整张网，还反射出其他每一颗独立的宝珠。世间所有现象就像这些宝珠一样，每一现象都可以被看作反映宇宙中的全体，这全体既有整体性，又有多重性。因此，虽然每一现象都保有自己的独特个性，但是不能与整体分开。

关于动机的问题

选择卢舍那作为像龛的主像，在龙门是前所未闻的，因此这个造像选择对于供养人来讲一定有很特别的意义，但是目前主流的理论忽略了卢舍那造像本身的宗教意义和功能，而断定造此大

---

① 《大正新修大藏经》卷二十四，1484 号，1003c—1004a 页。

② Paul Groner, "The *Fan-wang ching* and Monastic Discipline in Japanese Tendai: A Study of Annen's Futsū jubosatsukai kōshaku," in *Chinese Buddhist Apocrypha*, ed. Robert E. Buswell，Jr.（Honolulu: University of Hawai'i Press，1990），pp. 252—255.非常感谢德野京子提示这条文献。

③ 6 世纪 70 年代所用的《华严经》是佛陀跋陀罗翻译的六十卷版本。参见 Cleary，*Entry into the Inconceivable*，p.171。

龛纯粹出于政治目的。①尽管造像铭文中很明确地说卢舍那像龛是由皇帝发起开凿，皇后捐出了自己的脂粉钱以协助，但是一些学者坚信该龛的原始供养人就是武后。1970 年在龙门石窟文物保管所工作的宫大中坚持认为"大像龛的创建，是由执掌国柄的大唐天后——武则天作后台的"。②他写道，"武则天利用佛教，不惜劳民伤财"，说她"大规模地修庙宇、开石窟、造大像，为她自己歌功颂德，树碑立传"。③他强调武后开凿这个大像龛是为了自己政治和宗教的荣耀，并认为卢舍那像是仿照武则天的肖像而造。传统的观点认为佛和菩萨都是男性，宫大中声称这尊造像一反佛教传统惯例，自出机杼地采用了女性的外貌特征来塑造佛像。④他又指出太平公主被描述成"方额广颐"，武后和太平公主相貌相似。⑤所以，武后的面貌可以说"与大卢舍那佛的形象特征几乎完全吻合。因此，可以说大卢舍那佛的形象，在一定程度上就是武则天形象的写照，或者说就是武则天的模拟像"。

　　20 世纪 80 年代，宫大中的这种说法也被其他学者阐释过。

----

① 其他理论包括：田边三郎助(Tanabe Saburosuke)认为千瓣莲花宝座喻示这尊造像是卢舍那大佛，而阿难、迦叶及头光中过去七佛则表明这尊造像也是释迦牟尼。这样双重身份的神祇既可能是世间的君主，也可能是控制宇宙法则之主。在田边三郎助看来，这尊造像是国家佛教的一种诠释，代表了由皇帝和皇后掌控的无上政治权力。参见《龙门石窟奉先寺洞本尊卢舍那佛像》，《国华》第 1128 期，1989，43—46 页。钱德拉(Lokesh Chandra)认为卢舍那是密宗在 670 至 671 年吐蕃的军事优势丧失后因保护民族所需被创造出来的。参见 "The Role of *Tantras* in the Defence Strategy of T'ang China," in *Kusumañjali*, 2 v., ed. M. S. Nagaraja Rao(Delhi: Agam Kala Prakashan, 1987), 1：53—59。参见我的文章 "The Fengxiansi Shrine and Longmen in the 670s," *Bulletin of the Museum of Far Eastern Antiquities*, *Stockholm* 68 (1996)：325—392。

②④ 宫大中：《龙门石窟艺术》，141 页。

③ 同上书，138 页。

⑤ 同上书，142 页，引自《资治通鉴》卷二百四《唐纪二十》，6466 页。

李玉昆断定卢舍那像龛就是由武则天出于政治目的发起开凿的，而张乃翥认为武则天有意识地利用佛教、佛教机构以及佛教工程来神话自己，并且自她在655年被封为皇后起，就开始了这一事业。①6世纪70年代在龙门将卢舍那作为自我表征是武则天早期政治和宗教手段的第一步，此后，她于693年宣称自己为转轮王，694年又自号"慈氏"，即弥勒，至此，她利用佛教舆论的手段达到了顶峰。京都大学人文研究所的冈田健写到，武则天利用皇帝的名义颁发诏令开凿卢舍那像龛，她对该项工程中的经济支持是她篡夺政治权力计划的一部分。②

　　温玉成对这种说法持质疑态度，他认为卢舍那像龛就像铭文所说的那样，是由高宗皇帝发起的。③他进一步驳斥了卢舍那佛是武则天肖像以及武则天是像龛开凿的"实际后台"的说法。他首先指出，造像铭文明确说卢舍那像龛是高宗皇帝所造，而武后仅仅资助了钱财。其次，此龛完工于武则天封为皇后不久，她不可能超越唐高宗去突出自己，把佛像搞成自己的形象，从而考验丈夫对她的信任。她为什么，又怎么可能将皇帝为了身后功德所做的造像变成自己的"模拟像"呢？最后，温玉成认为发生臆断的原因是"方额广颐"是差不多所有佛像的共同特征，因为佛像的"八十种好"之中就有"额广平正"，这与太平公主没有关系。④由此，他

---

① 李玉昆：《从龙门造像铭记看唐代佛教》，《世界宗教研究》1985年第3期，34—39页；张乃翥：《从龙门造像史迹看武则天与唐代佛教之关系》。

② 冈田健：《龙门石窟初唐造像论之三》，107—108页。

③ 参见温玉成：《唐高宗立大卢舍那像龛》，《中国史研究》1985年第2期，157—158页；温玉成：《略谈龙门奉先寺的几个问题》，55页。

④ 温玉成：《略谈龙门奉先寺的几个问题》，55页，引自《法苑珠林》卷九《占相部》（译者注：《现象部第四》）。

质疑宫大中将描述太平公主及她母亲外貌的语句与卢舍那佛脸庞进行对比的论证方法。

这样并不是说武后为了达到个人目的而在采取措施的时候会有任何保留。[①]毋庸置疑,唐高宗于683年去世之后,武后不让她的儿子们掌权,通过布置眼线、告密举报、冤案谋杀等手段控制上层官僚。690年她登上皇位,改国号为周(690—705),此后她的自我扩张意识变得愈加堂皇,直至宣称自己为转轮王和弥勒。虽然在她向权力顶峰攀爬的过程中,表现出中古时期为夺取皇权所必需的、不合乎道德要求的野心(例如唐太宗在这种野心的支配下亲手杀害了自己的哥哥),但是她获取皇权的道路有着明显不同的阶段。最初她是唐太宗的才人,在成为唐高宗的嫔妃之后,开始踏上夺取皇权的征途。然后她陷害、取代并谋杀了王皇后,并让自己的儿子成为太子。655年她被立为皇后,而那些反对立她为皇后的官员,诸如褚遂良、长孙无忌则被贬官,并死于流途。

在这场政治角逐中,武后扮演着辅佐高宗的角色,但实际上是和他平起平坐的,从655年至683年,她的目标是通过消灭政敌使自己和高宗并驾齐驱。从664年开始,宫廷诸事实际是由坐在皇帝背后垂帘听政的武后定夺,"自是上每视事,则后垂帘于后,政无大小,皆与闻之。天下大权,悉归中宫,黜陟、杀生,决于其口,天子拱手而已,中外谓之二圣"。[②]666年正月初一,高宗同男性官员登泰山,举行封禅典礼,向天地宣布他治下的成就,在此场合,皇后带领一组女官升坛行亚献。当670年干旱和其他灾难

---

① 下面关于武后生平的概括依据 *Cambridge History of China*,v.3,pp.244—273。
②《资治通鉴》卷二百一《唐纪十七》,6343页。

肆虐时,武后请求避位,以代替皇帝赎罪。674年,她上表十二条,提出在全国实行革新。除了反对大肆扩建宫室和加重徭役,又倡导广泛研习道家经典《道德经》。①最后一条明显意在表达对皇帝个人信仰的支持,以及拥护李氏皇室与道教的联系。就像巴瑞特(T. H. Barrett)曾经说的:"她在婚姻的过程中已经学会协调家庭、国家和宗教的利益。"②

对于皇后而言,用私人钱财"助"捐皇帝的工程是合宜的,但不能动用国库资源发起工程。例如北魏时期的胡太后,因为她使用国库钱财来支持她的佛教工程而备受臣子诟病。相反,隋代萧皇后的做法就可以接受。当隋炀帝视察房山石经的时候,皇后的弟弟萧瑀相伴。返回宫廷之时,他"以其事白后,后施绢千匹,余钱物,以助成之。瑀亦施绢五百匹。朝野闻之,争共舍施。故菀得遂其功"。③

武则天的母亲杨氏是隋代皇室的旁支宗亲,尽管她和自己的女儿同萧后没有直接的联系,但是萧皇后的做法对她们来说依然是母族应当效法的榜样。确实,从655年至683年,武后一直持守这种定位,坚持"助"成皇帝的工程。例如659年,"唐高宗敕中使王长信与内道场僧智宗等请迎法门寺佛骨舍利。第二年,迎舍利入东都大内,皇后武则天造金棺银椁九重供养。高宗赐巨资庄严真身宝塔及寺宇"。④将佛舍利迎入洛阳究竟是皇帝还是皇后的

---

① *Cambridge History of China*, v.3, p.268.

② T. H. Barrett, *Taoism under the T'ang* (London:Wellsweep Press, 1996), p.39.

③《房山云居寺石经》,1页,引自唐临:《冥报记》,《大正新修大藏经》卷五十一,2082号,789页。

④ 李发良:《法门寺志》,西安:陕西人民出版社,2000,331页。

主意,我们无从探知,但是我们可以确信,皇后采取的公共姿态是支持她丈夫主导的工程,并且用私人财产资助她自己的工程。例如在 670 年,当武则天为纪念自己的亡母而修建寺院时,她动用的就是自己的资产。[①]

卢舍那佛像是武则天的肖像吗？佛像理想、庄严且圆润的脸庞呈现出"女性"的特征,甚至那神秘莫测的表情,能够使人想到这位冷酷无情的篡位者。这个观点具有吸引力,可能是因为当我们看见这张 7 世纪的面容时,由其面部特征就能想到那个以自己的名义统治中国的唯一女性。然而,巨幅肖像出现的时间似乎和她晚年所获得的权力声誉是匹配的,但是她在向权力顶峰攀爬的时间,也是像龛建造的时间,与她所追求的角色是不相符的。当皇帝在世时,武则天的每一个公众行为所表示的姿态都是为了辅佐好皇帝。672 年,并没有任何证据可以表明皇后有篡夺皇位的意图,也没有证据表明她为了巩固自己的地位需要神化自己(就像她在 694 年才会做的那样),因此,认为卢舍那像是根据武则天的特征而塑造的说法是不可信的。

选择卢舍那

据题记记载,武则天为卢舍那像龛的竣工捐助了一部分钱财,这点毋庸置疑,并且有许多证据表明选择卢舍那作为像主也

---

① Antonino Forte, "Il 'Monastero dei Grandi Chou' a Loyang,"*Annali dell'Istituto Orientale de Napoli*, n.s.23(1973):419, 425.

符合她的个人需求。康法藏（643—712），使华严宗教义系统完备的重要人物，写有很多和《华严经》相关的注解和评述，对武则天的佛教信仰有着独特的影响力。[1]法藏的曾祖父和祖父都是粟特的丞相，后来他的祖父到中土为官。[2]康法藏的父亲为唐太宗服务，而他的弟弟康宝藏也是位有着忠孝名声的官员。法藏十七岁开始学习佛教教义，他在长安西南终南山中太白山寺庙学习了几年。接下来，他在长安随智俨法师（602—668）学习《华严经》。智俨去世后，虽然法藏认为自己深得真传，足以为师传灯，但他仍然是俗教徒。直到 670 年武则天的生母去世，她为了母亲往生的福祉，施杨氏生前的宅邸为太原寺，并属意邀贤德者在此受戒修行。皇帝接受了对法藏的推荐，并任命法藏为洛阳太原寺住持。[3]法藏的受戒突如其来，以至于法藏到任时还没有僧衣，因此皇后亲自为其提供了五套衣具，连同一封私人书信。

　　在卢舍那像龛建造的年份里，法藏同武则天的关系一直很密切。674 年，武则天在长安请十位高僧主持典礼授法藏满分

---

① 法藏的生平参见 Cleary，*Entry into the Inconceivable*，pp.13—14。

② 参见阎朝隐：《大唐大荐福寺故大德康法藏师之碑》，崔致远：《唐大荐福寺故寺主翻经大德法藏和尚传》，载《大正新修大藏经》卷五十，2054 号，280—286 页。关于这两个文本的批注版本参见法藏著，方立天校释：《华严金师子章校释》，北京：中华书局，1983，172—190 页。

③ 一些资料声称法藏曾在长安的西太原寺供职，但是我赞成颜娟英的观点，认为法藏应该是在洛阳的东太原寺。参见颜娟英，"The Sculpture from the Tower of Seven Jewels: The Style, Patronage and Iconography of the Monument"（Ph. D. dissertation, Harvard University, 1986），pp.21—22。王溥说洛阳的太原寺（也叫福先寺和魏国寺）建在杨氏故居之上，这一点同法藏传记所记载的武后捐出她母亲的宅邸建立太原寺的说法相吻合，参见王溥：《唐会要》卷四十八《寺》，848 页。

戒，并赐荣号"贤首国师"。①武后令法藏在洛阳皇家佛授记寺（前敬爱寺）讲授《华严经》，武则天改周后，同样在那里，法藏和实叉难陀（Śikṣānanda，652—710）重新翻译了《华严经》，武则天还为之作了序言。②法藏还被武后召来讲解《金师子章》，这是他关于华严思想最著名的论述。这样看来，法藏被咨询像主的事情是有可能的，他很可能提议用这个龛的像主代表卢舍那。③

　　法藏对因陀罗珠网的释读，为武则天提供了佛教关于统治的意识形态，这也就解释了为什么卢舍那的形象会如此吸引她。法藏认为珠网是宇宙统治者转轮王的象征。在一篇题目为《修华严奥旨妄尽还源观》的著述中，法藏说："谓一乘教中白净宝网。万

---

① Weinstein, *Buddhism under the T'ang*, p.46。"贤首"是《华严经》第十二章的标题，见 Thomas Cleary, trans., *The Flower Ornament Scripture*（Boston and London: Shambhala, 1993），p.330。译者注：关于"贤首"的称号，读者或者会读到不同的说法。关于法藏何时被称为贤首，以及该名字是否为武则天授予，历史文献有诸多矛盾之处。宋编祖琇所撰《隆兴编年通论》称"万岁通天元年（696）……有旨命京城十大德为藏授满分戒，赐号贤首"。这也是最早提出 696 年"赐号贤首"的文献。然而法藏著作的《华严经传记》称"永昌元年（689）二月四日，于阗国三藏法师因陀罗波若若在神都魏国东寺，亲向沙门贤首说之云"，这说明至少在 689 年，法藏已经自称"贤首"。清朝续法所写的《法界宗五祖略记》又称"上元元年（674），有旨命京城十大德为师授满分戒，赐号贤首"。这应该是本文所依据的材料。陈金华于 2007 年发表的专著 *Philosopher, practitioner, politition: The Mary lives of Fazang*（643—712）认为"贤首"并不是皇家所赐的称号，多半是法藏自己或父母所选的字。

② 法藏：《华严经传记》，载《大正新修大藏经》卷五十一，2073 号，155a 页。武则天所写序言见《全唐文》卷九七，1001—1002 页。

③ 但是，法藏本人早些时候在龙门发愿窟龛分别供养了阿弥陀佛和优填王像。在魏字洞西壁，以阿弥陀佛为中心的一组五身像（高 42 厘米）有题记："法藏为父母兄弟姊妹，又为胜蛮，敬造弥陀像一龛。乾封二年四月十五日。"（《题记》，1521）温玉成认为胜蛮是法藏的妻子。参见温玉成：《中国石窟与文化艺术》，上海：上海人民美术出版社，1993，313 页。法藏在伊阙佛龛碑上方也供养了三尊优填王像（176 窟；《题记》，245、255、256），另外还参与群体造像，位置在老龙洞（676、677 窟；《题记》，1120、1121）。

字轮王之宝珠。谓此宝珠体性明彻,十方齐照。无思成事,念者皆从。虽现奇功,心无念虑。"①

武则天不仅很乐意将自己看成是拥有宝珠和珠网的转轮王,而且文中描述的通过"无思""心无念虑"而造就奇功的理念同道教的"无为"思想很相似,因此,这种政府统治的最高思想境界对中国的统治者来讲具有很强的吸引力。武则天也很可能被法藏在文章最后关于"以自为主"的描述所吸引。他写道:"六者,主伴互现帝网观。谓以自为主,望他为伴。或以一法为主,一切法为伴。或以一身为主,一切身为伴。"②

脂粉钱

如果选择卢舍那真的是武则天的决定,那么她同法藏以及他所发展的华严思想的关系也许可以解释这一选择,但是却无法解释她为什么会参与这项工程且助它完工。我猜测指定偶像的尊格是次要的;武则天的主要目的是通过资助数目可观的造像费用来展现她的权力和影响力。就像李泰在造像记中所夸口的"罄心而宏喜舍,开藏而散龟贝",宋景妃坦陈"自割钗带之半"一样。因此在卢舍那造像记中唯一陈述和武则天相关的事实就是她出"脂粉钱两万贯"。抓住皇家开窟造像的机会,以支持丈夫的名义,向民众展示她为这处皇家像龛所花费的巨额钱财,这同数年前她为法门寺佛指骨捐资制造金银舍利函的做法极其相似。

---

① Cleary, *Entry into the Inconceivable*, p.163.译者注:中文原文参见法藏:《修华严奥旨妄尽还源观》,《大正新修大藏经》卷四十六,1876 号,637b 页。

② 同上书,p.168。译者注:中文原文见法藏同文,637b—c 页。

建龛背景

　　我提出这样一种背景：卢舍那像龛由皇帝在 660 年左右下令开建，于 667 年至 676 年由皇后完成。[①]660 年，高宗同武后一同前

① 建造卢舍那像龛所需要的时间长度已经成为一个值得考虑的问题。目前有各种时间框架，最短的时间是三年九个月，从武则天 672 年"助脂粉钱"开始到 676 年 1 月 20 日完工，最早表达这种观点的是佛教历史学者志磐于 1269 年的记载，他坚定地声称，672 年下令在龙门开凿石窟，含有一座八十五尺高的卢舍那佛像（《佛祖统纪》卷三十九）。金维诺、温庭宽及京洛，作为 20 世纪第一批研究龙门的中国学者，也赞成这样的观点，不过金教授对这么大的工程只用三年九个月的时间即完工表示非常惊讶。参见金维诺：《龙门石窟导言》，龙门保管所编，1961；温庭宽：《我国北部的几处石窟艺术》，《文物参考资料》1955 年第 1 期，69—94 页；京洛：《文博简讯：河南省》，74—75 页。

　　水野清一和长广敏雄也持有这种观点，其他日本学者也紧随其后，直到 20 世纪 80 年代仍然坚持这种观点（《龙门石窟研究》卷一，141 页；曾布川宽：《唐代龙门石窟造像的研究》，210 页；田边三郎助：《龙门石窟奉先寺洞本尊卢舍那佛像》，43 页）。

　　水野和长广认为卢舍那像龛是在废弃的宾阳洞原址基础上建造的。当原址被废弃的时候，必定会留下一个大的开采现场，但是在龙门并不存在这样一个大型半成品开采现场，因此，这个区域一定是经过更深入的开采才雕刻成卢舍那像龛。冈田健不同意水野和长广的说法（《龙门石窟初唐造像论之三》，105 页）。他认为卢舍那像龛所在地不可能是那个因为太高而被放弃的宾阳洞原址，因为同样建成于北魏的皇甫公窟就处在同样的高度。抱着这样的观点，他攀爬上今天宾阳洞上方的峭壁，并发现了他认为是原始选址的一些线索。接着他认为，尽管卢舍那像龛完全是在唐代建造完工的，但是，他认为三年九个月的时间来建造这样的窟龛仍然是不充裕的，考虑到某些年份里出现的有铭文的像龛数量，以及相对应时间里发生在洛阳的事件，特别是皇室自长安定期到访洛阳的事实，他推测这项工程一定是在 671 年左右就开始了。首先，他指出在 7 世纪 70 年代早期，龙门的造像记数量很少。没有纪年为 670 年的造像记，不过冈田健认为这种情况是由席卷全国范围的旱灾造成的。由于关中地区大旱，671 年皇室没有离开长安前往洛阳，而冈田健认为这个时间恰恰是卢舍那像龛开工的时间。从 671 年到 675 年的五年间，出现了十数个带铭文的小龛，同 668 年和 669 年出现的二十多个小龛相比，在数量上少了许多。冈田健认为 7 世纪 70 年代初期缺少带造像记的窟龛恰恰是这项帝国工程开始动用了全部可以动用的石匠的明证。假如这项工程是在 671 年左右开始的，那么完工大约花费了五年左右的时间。另一个理论是由大桥一章提出的（《奉先寺诸像的建造与白凤、天平雕刻》，（转下页）

往并州(今山西省太原市)。并州南部的文水县是皇后武则天的家乡，660 年二月，高宗夫妇到达并州，皇后设宴款待了那里所有的亲戚。[①]据道世 668 年在《法苑珠林》的记载，此行皇帝和皇后一同去了并州城西的一座名为童子寺的山寺。在寺内他们看到了一尊巨型坐佛，据说高过一百七十尺(约 50 米)。[②]他们又去了北边山谷的开化寺，寺内有一尊高二百尺(约 59 米)的大佛，在那里，据道世说，高宗和武后"礼敬瞻睹，嗟叹希奇，大舍珍宝财物衣服。并诸妃嫔内宫之人，并各捐舍。并敕州官长吏窦轨等，令速庄严，备饰圣容"。[③]在我设想的场景中，当皇帝夫妇于两个月后返回洛阳时，皇帝有感于在并州见到佛像时的激动经历，于是发布诏令，要在龙门开凿一尊大佛，作为对并州之行的回应。我猜测皇帝的目的是想从佛那里得

(接上页)238 页)。大桥仔细研读了《像龛记》中记载的事件顺序，认为皇后 672 年捐助脂粉钱的时间并不是像龛开建的时间，而是武后在这个时间对由高宗发愿业已进行的造像工程捐助了脂粉钱。因此，本石窟营造的开始时间无疑会追溯至咸亨三年以前，也就是 672 年之前的五六年，因此这项工程所花费的时间可能在八到十年。对这种看法没有相关的证据支持，但是从他的结论来推断的话，像龛开建的时间大约在 665 年或 666 年，确实，在 665 年，皇室有大部分时间是在洛阳度过的。在这个时间段，和皇室有关的个人在龙门的捐资造像出现了，如王玄策——出使印度的官员，另一位是内给事冯士良(《题记》，0145、0141)。概观温庭宽和其他学者认为开建时间是 672 年的论点，宫大中持 655 年的说法，李玉昆认为早于 662 年，河南省博物院工作人员张锴生根据韦机参与该工程的时间认为开凿时间是 666 年，参见其文章《洛阳龙门奉先寺大像龛开凿年代浅说》，载龙门石窟研究所编：《龙门石窟一千五百周年国际学术讨论会论文集》，151—156 页。宫大中甚至提出了更长时间之说，他认为如果北魏宾阳三洞耗时十八年后只有宾阳中洞完工，那么体量更大的卢舍那像龛的工程量要远超其上，故要花费同等甚至更长的时间，因此它开工的时间应该是武则天被立为皇后(655 年)不久(宫大中：《龙门石窟艺术》，134—135 页)。温玉成也赞同这个观点(《唐高宗立大卢舍那像龛》，《中国史研究》1985 年第 2 期，156 页)。

① 《资治通鉴》卷二百《唐纪十六》，6319 页。

② 这个转换使用的是唐代的标准，一尺等于 29.5 厘米。参见万国鼎：《唐尺考》，载河南省计量局主编：《中国古代度量衡论文集》，119 页。

③ 道世：《法苑珠林》卷十四《敬佛篇六》，117 页。

到医治的效果。高宗至少从657年起就遭受头痛的折磨,660年,他经历了第一次风眩,现代学者认为自此之后他便被风眩缠身。①在此之前,高宗皇帝为了病愈也赞助了许多功德工程。656年,他为了替四岁的太子祈福以求康复,下诏在长安建佛教的西明寺和东明观。②他甚至寻找印度医师来医治自己。大约在664年,一位来朝的婆罗门带领着大唐使团被派回印度去求取"长生不老药"。③一段时间后,唐高宗非常急切地想要得到这种药,于是他又派遣僧人玄照前往印度求药,玄照曾在印度寺庙中学习过数年,精通梵语。在工程启动时,要选择的主像很有可能并非卢舍那,也可能拟定为释迦牟尼、阿弥陀佛甚至是药师佛,他们中的任何一位都有可能被皇帝的僧侣顾问们——善导和惠简推荐给皇帝。

在龙门也有证据表明卢舍那像龛或许是在660年开建的。659年10月,皇室来到东都洛阳,直到662年才离开,在这段时间,龙门出现了一些皇室相关人员的造像记。④铭文纪年于659年插入的小龛都是由当地人所造,但是到660年,校尉直内谒者在龙门造了一

① *Cambridge History of China*,v.3,p.255.

② 常青:《彬县大佛寺造像艺术》,北京:现代出版社,1998,247页,西明寺的资料引自慧立、彦悰《大慈恩寺三藏法师传》卷十,北京:中华书局,2000,214页。关于东明观的资料,参见王溥《唐会要》卷五十《观》,869页。亦见 Barrett, *Taoism under the T'ang*,pp.30—31。西明寺遗址近年有考古挖掘。参见安家瑶:《唐长安西明寺遗址发掘简报》,《考古》1990年第1期,45—55页。

③ 参见《题记》,56—57页,引自《册府元龟》卷四十六,北京:中华书局,1960,第1册,525页。义净著作的玄照传记见《大唐西游求法高僧传》,《大正新修大藏经》卷五十一,2086号,1—2页。最后,由于无人知道长生不老药是怎么制成的,唐高宗并没有服用。薛爱华(Edward Schafer)记载了一则名叫那罗迩娑婆寐(Nārāyanasvāmin)的炼丹术士的逸事,648年王玄策把那罗迩娑婆寐从摩揭陀国引荐给皇帝。参见 *The Golden Peaches of Samarkand: A Study of T'ang Exotics*(Berkeley and Los Angeles:University of California Press,1963),p.50。这个印度人自称能够炼出长生不老药,但是事实证明那些丹药是无效的。

④《资治通鉴》卷二百《唐纪十六》,6318、6329页。

座龛,661年,承议郎行皇子侍医吴吉甫、司农寺钩盾署官员在龙门各有一龛造像。[1]662年,周王(李显,时年六岁,未来的中宗皇帝)府的三位官员一起为"皇帝陛下,一切含生"造阿弥陀像龛。[2]662年初皇室离开洛阳之后,在龙门出资造像的人又都是当地人了。

660年前后开建卢舍那像龛也符合这个时期席卷龙门重造印度佛像的风尚。655年,这里的供养人开始仿刻鹿野苑风格的优填王造像;660年,魏氏出资造出首尊改造过的犍陀罗风格的阿弥陀佛和五十菩萨像。很有可能龙门卢舍那像龛内所有造像设计都来源于大内收藏的印度佛像的摹本和画样,特别是卢舍那大佛像似乎更有可能,因为佛像的数个特征都明显来源于犍陀罗风格的坐佛,尤其是覆满袈裟的身体、卷曲的头发、方阔的脸型。将卢舍那大佛和罗理恩坦加寺(Loriyān-Tangai)遗址出土的犍陀罗时期的释迦牟尼坐佛(现藏于加尔各答博物馆[Calcutta Museum])相比较(图6.8),我们可以发现雕刻衣褶的方式是相同的:单件外衣覆盖着身体,从右肩搭到左肩上。卢舍那的头部比例偏宽,波浪卷发,脸颊方阔,长眼弓唇,与这尊佛像也非常相似。假如一个普通阶层的供养人都已经开始仿刻印度佛像,那么这些皇室的供养人为什么不会做得更多呢?

仅仅几年之后,皇帝可能就停止了这项工程,于是卢舍那像龛的各项工程也可能停止了。大约在这个时候,皇帝还放弃了其他一些计划。656年至663年,在高宗的指示下,一些关于治国、历史、文学等方面的文书汇编面世,并且高宗继续支持着由玄奘主导的佛典翻译项目。然而在664年玄奘去世之后,高宗不再资

①《题记》,1433、0951、1038。

②《题记》,0092。

图 6.8 加尔各答博物馆藏出自罗理恩坦加寺的犍陀罗佛像(Isao Kurita《犍陀罗佛教艺术》卷 1)

助玄奘继任者的翻译工作,同时他对世俗的学术研究工作也不再支持。[1]或许唐高宗在对先前曾经支持的活动失去兴趣的同时,也不再关心龙门的大像龛。据载,此后,在 672 年的四月,高宗到"洛水之阴(南)"行猎,武后同唐高宗一起来到龙门。[2]当武则天看到这个废弃的地方,决定捐助巨资——二十万贯脂粉钱来完成这项工程。四年之后,676 年正月,这项工程终于完工。像龛落成仪式的盛况想必无与伦比。

① *Cambridge History of China*, v.3, pp.262—263.

②《新唐书》卷三《高宗本纪》,70 页。"校旗"意为"校猎"。

第七章　卫星窟

主伴互现帝网观。

——法藏①

在卢舍那大像龛雕凿的过程中,龙门又开凿了几个体量可观且雕刻奢华的石窟。它们位于这个皇家像龛北 150 米处。这些石窟不是隐蔽在峭壁之上,而是位于崖面底部,向世人展示其精美的雕刻和考究的工程(图 7.1)。其中,双窑包含两个洞窟,其中一个洞窟造三世佛,另一个洞窟造弥勒佛与现在贤劫千佛;清明寺洞窟造坐姿阿弥陀佛与两尊站姿胁侍菩萨;惠简洞刻坐姿弥勒佛,旁侧有弟子和菩萨以及天王;万佛洞包含了两个看起来似乎不相关的工程:一万五千佛以及阿弥陀佛同五十二菩萨。尽管每个洞窟都各具特色,但是这些供养人同皇帝夫妇在某种程度上有一定的关系,并且他们出资建造石窟的时间佐证了前一章所述大卢舍那像龛建造的过程(由皇帝在 660 年左右发起该项工程,672

① 法藏:《修华严奥旨妄尽还源观》。

图 7.1　龙门西山:11 双窑(北),12 双窑(南),13 蔡大娘窑,14 万佛洞,
15 清明寺,16 惠简洞,17 沂州洞,18 慈香窑,19 老龙洞,20 莲花洞
(龙门文物保管所、北京大学考古系编《龙门石窟》一)

年皇后又资助了该项工程),也佐证了皇帝于 679 年主持大奉先
寺的开建和 680 年宣布该寺落成的时间表。

双窑

　　如今被称作双窑的一对窟龛为卢舍那像龛开凿于 660 年的
论点提供了有力支持。这一对窟龛共享一个 6 米多宽的前庭,两
边胁侍的力士现在已经消失或毁坏(图 7.2)。由于双窑仅仅高出
伊河正常水位 2 米左右,因此数个世纪以来,洪水多次灌入洞窟,
导致壁面上的一些细节都被磨平了。这两个洞窟都是又窄又深,
进深约有 7 米。北窑后壁是盘腿坐姿佛像,由弟子阿难和迦叶胁
侍。南北壁分别依次刻有菩萨、佛和天王(图 7.3)。[1]这个工程表

① 只有南壁的天王存留,北壁的天王已经在 1933 年之前被盗。参见温玉成:《洛阳龙
门双窑》,《考古学报》1988 年第 1 期,106 页,注释 4。

图 7.2　大卢舍那像龛附近的卫星窟:521 双窟(北),522 双窟(南),
543 万佛洞,557 清明寺,565 惠简洞(龙门石窟研究所、中央
美术学院美术史系编《龙门石窟窟龛编号图册》)

现的应该是三世佛题材,后壁的释迦牟尼是现在佛,两壁的佛像
代表的是过去佛和未来佛。南窟的平面图呈前方后圆形,连接一
个窄长的走廊,廊壁刻了将近八百个浅浮雕小坐佛,代表了贤劫
中的千佛。每个壁面中央的佛呈善跏趺坐,代表着未来贤劫中的
第五佛弥勒。紧连其后的是大约 2.5 米宽的圆矩形后室,后壁刻
有一个 2 米高的弥勒佛像,坐在一个方形佛座上,最初还刻有弟
子和菩萨(图7.4)。[①]

　　双窟造像的意义至今还是只能猜测的议题。温玉成认为它
同天台宗有一定关系,他指出三世佛、千佛和弥勒的图像都出自
《妙法莲花经》,该经在隋唐时期是天台宗大力倡导的一部佛经。[②]
他注意到后被称为天台宗七祖的可贞(642—725)曾居于洛阳白
马寺。他的这种说法带来一些问题:一是缺乏可贞同龙门之间的

① 南壁菩萨在 1935 年被盗(上文,106 页,注释 4)。
② 引自上文,129 页;亦见温玉成、杨顺兴:《读〈风穴七祖千峰白云禅院记〉碑后》,《中
　原文物》1984 年第 1 期,35—38、41 页。

图 7.3 双窑北洞（作者摄于 1996 年）

联系，二是对于《妙法莲花经》的兴趣不是局限在某一特定人群。与温玉成持不同意见的是张乃翥，他认为双窑是由皇后武则天所造，这两个洞窟的图像主题放在一起，想要表达的主旨是弥勒和释迦牟尼具有同等重要的地位。[①]他认为释迦牟尼是为高宗皇帝所造，弥勒是为皇后武则天所造。这一设计与皇后想要和丈夫平起平坐而策划的其他活动相一致，666 年在泰山举行的那场前所未有的祭祀活动就是一例。这种解读带来的问题是忽略了石窟造像对于信众而言所具有的精神功能，即产生因果公德。唐代民众认为偶像不仅仅是单纯的公众纪念之像，且中世纪的供养人没有一个会仅仅为了自己的荣耀来发愿开窟造像。通过造像行为

---

① 张乃翥：《从龙门造像史迹看武则天与唐代佛教之关系》，51 页。

图 7.4 双窟南洞
（作者摄于 1994 年）

获得社会认可是为自己博得好的名声，供养人通常是通过花费数量可观的钱财来为亡故父母、皇帝或者其他值得尊重的、有类似父母地位的人做功德，从而获得孝子的名声。这点是显而易见的，不仅体现在造像记的声明中，如李泰在造像记中宣称自己造龛是为了报答母亲的慈爱，以此来表明他的"纯孝"；而且在为父母所造的皇家寺院的命名上也表现得很明显，例如敬爱寺、慈恩寺、奉先寺，这些名字宣扬着作为子女的供养人的孝道。

双窟造像的规模、衣纹的类型、珠宝的细节以及手势等方面的相似之处，表明双窟是在同一时期开凿的。但是，造像记已经不存在，双窟的造像时间表只能根据风格分析和窟龛打破关系来确定了。最早的纪年龛是造于 673 年半米高的阿弥陀三尊像，它们位于两个入口之间的壁面上，颇为醒目，这个纪年可以表明双窑完工的时间下限大约就在此时，但是根据温玉成详细的考古报告，双窑完工的时间要更早一些。①他认为最早出现的小龛在北窑，尽管没有纪年，但它们与宾阳南洞和莲花洞内 666 年出现的小龛以及其他莲花洞内纪年为 669 年的小龛有很多相似之处，这说明双窑内最早增添的小龛开凿于 666 年至 670 年之间。由于开凿这样大的石窟需要数年时间，温玉成认为双窑开工时间大致在 661 年至 664 年，完工时间在 666 年至 668 年。

关于双窑的供养人，温玉成写道："它比纪王李慎生母太妃韦氏所开的敬善寺石窟规模还大，比魏王李泰为亡母长孙皇后所开的宾阳南洞正壁一铺主像的工程量还大，这就说明双窑的功德主绝非是一般士庶。"②通过和李慎、李泰的对比，温玉成似乎在暗示供养人是一个皇室亲王。这一对石窟很自然地让人想起这个地方的另一对石窟：宾阳洞——由青少年时期的宣武帝为自己亡故父母所建。而且，宾阳中洞内所造的也是三世佛题材。考虑到有这样的先例，双窑中包含有三世佛造像，这便很有可能是皇子为其父母所做的功德，由此我猜测双窑的功德主可能是周王李显，而受益人多半是他的父母高宗皇帝和武后。

662 年宾阳南洞北壁出现的造像龛也暗示李显在 660 年为一项工程的开工出现在龙门。这个阿弥陀像龛的造像记如下："龙朔二年正月廿日周王府户曹刘元礼、功曹王及福、兵曹郑

---

① 温玉成：《洛阳龙门双窑》，125—127 页。
② 温玉成：《洛阳龙门双窑》，129 页。

行俨等敬造阿弥陀像一龛。愿为皇帝陛下一切含生俱登斯福。"①662年,这些周王府的官员很可能是作为李显的随从去龙门的,故此他们有机会出资在龙门雕凿属于自己的小龛。

另外一方表明周王参与的题记是673年惠简洞的献文,这方造像记提到了周王的名字。曾布川宽曾经指出,通常造像铭文程式化的语言是"为皇帝、皇后、太子、诸王",而惠简只列举了两个王子:太子和周王。②673年在位的太子是李弘,即高宗和武后的长子(皇帝第五子),周王是李显,皇帝第七子,武后的第二或第三个儿子。③我个人认为,惠简在造像记特别提到周王,是因为这个孩子是双窑的功德主,而双窑离惠简洞只有数米之遥。

李显很可能曾是龙门的供养人。他的官职是洛州牧,因此,他和洛阳及周边地区有着特殊的联系。④应武后的要求,李显八岁之前一直尊玄奘为佛学导师,他的父母还曾立下誓言,让李显落发出家。⑤终其一生,他都为佛教助资。705年,在李显四十九岁再次登上皇位之时,他延续了母亲的做法,支持华严宗法藏和实叉难陀。此外,他还进行了一系列虔诚的宗教活动,包括受菩萨

① 《题记》,0092。114 龛,位于这个洞窟的底部。有52厘米高,56厘米宽,10厘米进深,龛内刻有一结跏趺坐佛,两个菩萨侍立,东侧是造像记。参见刘景龙、杨超杰主编:《龙门石窟总录》第1卷,67页,图版589。

② 曾布川宽:《唐代龙门石窟造像的研究》,218页。

③ 关于皇帝的第六子李贤是否也是武后的次子有两种不同的观点。崔瑞德、韦克斯勒认为李贤(章怀太子)是武后的第二个孩子(*Cambridge History of China*,v.3,pp.270—271),但是曾布川宽认为惠简只为李弘和周王李显祈福以期获得某种利益,这种观点的基础在于他认为只有李弘和周王是她的孩子。桂时雨(Richard Guisso)也认为章怀太子不是武后的儿子。参见 R. W. L. Guisso, *Wu Tse-t'ien and the Politics of Legitimation in T'ang China* (Bellingham, Wash.: Western Washington University Press, 1978), p.23。

④ 参见《旧唐书》卷七《中宗本纪》,135—151页。

⑤ Weinstein, *Buddhism under the T'ang*, p.48.

戒，以及在登位同年临幸龙门香山寺。①作为一个供养人，他似乎特别青睐他导师所倡导的特殊神祇，因为他在665年或曾出资为敬爱寺建弥勒像。假如这对石窟是由他来供养的，那么这个石窟的图像学意义就可以如此释读：长期以来，三世佛造像便多与皇家供养人相关。在唐代，它们可能依然象征着皇位继承思想。弥勒是现在劫之后出现的佛，因此双窟总体上来讲是祈愿李唐天下永续长存。

惠简洞

另一个洞窟很可能是由一位参与营建卢舍那像龛的僧侣在同时期发起开凿的。由于惠简洞的地面高出崖底人行地面约2米，且洞前没有前庭或步道，因而参观者向南前行时会对突然出现的像龛感到惊讶，该像龛在稍高于视线的位置，龛内方形佛座上造善跏趺坐弥勒（图7.5），其面部圆润，眼睛呈反弧形，雕刻得干净利落，向下凝视，入三昧定，鼻子高高隆起，弓形唇部丰润饱满。这尊佛像的面容同卢舍那像龛有着显而易见的相似之处。

在3米高的弥勒两旁有弟子胁侍，站在矮坛上（其中一个弟子已经不见），角落处有两个胁侍菩萨。他们的流苏项链雕刻得非常精致，且有精心编织的珠串，帔巾在玉盘周围打了个复杂的结。②两

---

① 《旧唐书》卷七《中宗本纪》，141页；Weinstein, *Buddhism under the T'ang*, pp.48—49；史晓云：《唐中宗唐睿宗》，长春：吉林文史出版社，1995，130—135页。

② 右边的应该是迦叶，但那里只有同时期的若干小龛，这表明计划开凿的时候出现了失误，致使左边没有足够的空间。或许一个独立的造像曾放在那里。参见龙门石窟研究所：《龙门565号窟（惠简洞）调查简报》，《中原文物》2001年第5期，12页。

图 7.5 673 年惠简洞弥勒造像（龙门文物
保管所、北京大学考古系编《龙门石窟》二）

侧壁面上曾经刻有天王、力士,但是数个世纪以来也已经随风吹雨淋而湮灭,壁面上只保存了他们的头光。这项工程起初是要像卢舍那像龛一样包含九尊像组合的。

佛座后面顶部是拱形,由数个扇形组成,扇形之间以莲花花瓣间隔。佛座两边都有一个跪着的像柱举着一个球形物,球形物上有一个怪兽,用左后腿站立其上。上部角落处是摩羯鱼的头部,卷曲的鼻子向上仰起,嘴张得很大。中国的雕刻者不明白摩羯鱼来源于印度尖鼻子鳄鱼,因而将其刻成象鼻,又增添了象牙。在佛座最上层板块和佛座之上,头光两侧有两组圆盘,代表太阳和月亮。这种佛座装饰的源头曾在鹿野苑坐佛发现过,例如现存于鹿野苑考古博物馆 5 世纪末的鹿野苑说法像。在这尊坐佛的边上刻有摩羯鱼(图 7.6)。[1]鹿野苑佛座首先被用于鹿野苑优填王造像中,但是,在龙华寺石窟和擂鼓台中洞所造的大型弥勒佛也有这种佛座。[2]只有这两种类型的善跏趺坐佛有鹿野苑佛座。它对唐代出资造像之人有什么特殊意义还不是很清楚。或许这种佛座最吸引供养人的就是其极易识别的印度风格。

在这个洞窟的南壁有一造像记,铭文如下:

> 大唐咸亨四年十一月七日,西京海寺法僧惠简奉为皇帝、皇后、太子、周王敬造弥勒像一龛、二菩萨、神王等,并德成就。伏愿皇业圣花无穷,殿下诸王福延万伐(代)。[3]

---

[1] 参见 Lee, *A History of Far Eastern Art*, pl.148。
[2] 关于鹿野苑佛座装饰传播的讨论参见稻本泰生:《优填王像东传考——以中国初唐期为中心》,357—457 页;李巳生:《一佛五十菩萨和菩萨装佛》,52—53 页。
[3]《题记》,0779。本文将"海寺法"理解为"法海寺"。

图 7.6　惠简洞后座倚背

　　惠简营造这个洞窟时是法海寺的住持。法海寺位于长安县布政坊,在朱雀门街西。①尽管惠简不是皇家寺院的僧人,但由于卢舍那像龛造像记中记载法海被任命为检校僧,那么他即便不一定服务于皇后,也一定是皇帝的佛教顾问。有些学者认为惠简在他的像龛中选择弥勒作为主像是为了讨好武则天。②我认为这种

① 它的名字来源于隋代,清海公贺拔业为沙门法海舍宅为寺。参见龙门石窟研究所:
　《龙门565号窟(惠简洞)调查简报》,12页,引自宋代《长安志》以及赞宁《宋高僧传》
　卷十八《道英传》,北京:中华书局,1987, 464—465页。

② 龙门石窟研究所:《龙门565窟(惠简洞)调查简报》,13页。有人认为摩崖三佛是为
　武则天而建。温玉成和李文生认为中间弥勒就是喻指武后,由薛怀义开建,又因他
　而废弃,这个健壮的药材贩子被武则天任命为宫廷僧团的僧人,后又在690至695
　年间担任白马寺住持。参见中国美术全集编辑委员会编:《中国美术全集雕塑编
　11　龙门石窟雕刻》,41页,图版123注释。

说法有时间上的错误,尽管武则天在 694 年末至 695 年初的那段时间加号为"慈氏",即"弥勒",但是并没有什么可以表明皇后在 7 世纪 70 年代也自称弥勒。此外,我赞成福安敦的观点,他认为武则天不曾表现出对弥勒有任何特殊的喜好,采用这一尊号可能是听从了内道场僧人的建议,希望利用当时流行的弥勒与救世主的联系强化她自己同弥勒的关联。①然而当她意识到这一举措带来的唯一明显的结果就是明堂被焚毁后,她很快就取消了这个称号,只保留了"金轮"的称号,这才是《大云经疏》中关于统治合法性的意识形态之核心,经中说一位女性转轮王要下生为王,统治一个理想的佛国世界。②此外,龙门造弥勒佛的传统在时间上要远早于皇后出资助建的时间。637 年刘氏造弥勒佛像龛和 648 年思顺坊造弥勒佛像龛都要早于武则天当政时期。在武则天立为皇后之后,龙门建有梁文雄洞,一个中型像龛,时间大约为 7 世纪 60 年代早期,但是梁文雄的母亲与唐太宗的嫔妃韦妃——也就是建有敬善寺窟的韦妃——有亲属关系。③简言之,在龙门没有哪个弥勒像龛可被证明和武后或者和她后来自封慈氏的行为有任何关系。不过这不是说惠简不喜欢同皇室扯上关系。惠简模仿卢舍那像龛内九尊像组合,更是将卢舍那大佛的面部特征复制到他所造的弥勒像上,这些举措很可能有意将自己所造洞窟和皇家洞窟

龙门石窟供养人

---

① Antonino Forte, *Political Propaganda and Ideology in China at the End of the Seventh Century* (Naples: Istituto universitario orientale, 1976), pp. 136, 142, and 158.

② 690 年 8 月 16 日,洛阳十个僧人进献给武则天《大云经》抄本和《大云经疏》。在《大云经》中,突出强调一位女主将会成为转轮王和菩萨的预言,她将统治南部阎浮提的美好佛国,武则天被认作这位女主。参见 Forte, *Political Propaganda*, pp. 52 and 183.

③ 水野清一、长广敏雄:《龙门石窟研究》卷一,30 页。

联系在一起。如果这种模仿可能冒犯他的功德主,像惠简这样的京城住持多半是不可能允准这一设计的。

清明寺

　　清明寺洞窟位于惠简洞和双窟之间,在崖底处。没有铭文存留,但有证据表明这个洞窟的供养人是来自长安的虔诚信奉净土宗的重要人物。这个洞窟进深 2.8 米,宽 2.3 米,高 2.45 米。进入洞窟要通过一个狭窄的前庭和短短的廊道。窟内的造像工程很简单,后壁刻一尊结跏趺坐佛,两侧有立姿菩萨胁侍,其中一位菩萨手握净瓶和柳枝,传统上认为这是救苦救难观音菩萨(图 7.7)。①尽管菩萨造像的头部已经丢失,但是精美的雕刻依然有迹可循,尤其是以写实手法表现的衣褶。这个洞的偶像身份的识别是很确定的。没有弟子胁侍,也没有七佛头光,主佛一定是阿弥陀佛,菩萨一定是观世音和大势至,根据净土经文,这两位菩萨是阿弥陀佛的胁侍菩萨。

　　不仅这个洞窟的主要工程是由净土宗造像构成的,而且洞窟内大多数附加的小龛也是如此。②除了 675 年佛弟子王仁恪像龛和其他九个阿弥陀像龛,前庭南壁刻有一个浮雕塔和阿弥陀像组合,阿弥陀像刻在底层,由佛弟子李保妻杨氏造。③其他所有 7 世纪 70 年代有纪年的造像龛都有观音造像,还有七尊更

---

① 参见 Chün-fang Yü(于君方):*Kuan-yin:The Chinese Transformation of Avalokiteśvara*(New York:Columbia University Press, 2001), p.537, n.15.

② 曾布川宽:《唐代龙门石窟造像的研究》,220 页。

③ 《题记》,0759。

图 7.7 清明寺北壁救苦观音（温玉成主编《中国石窟雕塑全集 4 龙门》）

晚，或是无纪年题记的救苦观音造像。①它们有的和阿弥陀像造在一起，也有的和药师佛及地藏菩萨造在一起。地藏菩萨因接引众生、祛除病苦的功德而被膜拜。②供奉观音、药师和地藏的人们相信他们可以在人间帮助众生，也可以拯救堕入恶道的生灵。③上述造像有一半都是女性供养的，由于她们和任何一个男性出资人在造像记里都没有被提到官职，这些附加像龛的出资

① 《题记》，0703、0708、0720、0724、0748、0749、0750、0760、0761、0763。
② 例如《题记》，0718，位于初唐洞窟第 557 号；《题记》，0674，位于初唐洞窟 555 号；《题记》，2563，位于初唐洞窟 1508 号；《题记》，0659。
③ 例如《题记》，2743。

人看上去都是平民，这一情况恰符合"净土法门，普度众生"的教义。①

其他一些早期像龛是由来自长安的供养人所造。在洞窟外壁左立面的上方有一个碑形造像记，上面列举了来自长安的二十九位供养人的名字，似乎是左侧这个像龛的造像记，完工于675年。②考虑到这个像龛体量和位置的重要性，这群从长安来的供养人可能就和清明寺洞窟最原始的发起者有关系。洞窟内还有678年至690年所造的七个像龛，供养人都表明自己是长安人。

另外一个早期像龛是由来自长安的比丘尼所造。比丘尼八正在洞窟过道处造了一对立像，造像记只是简单刻了纪年678年和她的名字："清明寺比丘尼八正。"③这位比丘尼在龙门总共造有三个像龛，另外两个分别在附近的万佛洞和火烧洞。④清明寺在长安和洛阳的历史文献中没有记载，但是另外一位来自清明寺的比丘尼惠境，于681年也在万佛洞造阿弥陀像一躯。⑤来自同一寺院的两位比丘尼在此地有多铺造像，这或许可以表明清明寺就在洛阳；但是西安出土的正面印有佛像、背面印有铭文的陶块表

---

① Julian Pas, *Visions of Sukhāvatī*：*Shan-Tao's Commentary on the Kuan Wu-Liang-Shou-Fo Ching*（Albany：State University of New York Press, 1995），p.63.

②《题记》，0747。

③《题记》，0724，参见龙门文物保管所、北京大学考古系编：《龙门石窟》二，图版85。左侧的造像是一个救苦观世音菩萨，右边的造像双手握住自己的帔巾，大多数学者认为这是另一尊观音，但是这对造像和清明寺西壁武周（690—705）时期的一对造像非常相似，武周时期的这对造像题记（0710）称之为药师和观音，因此右边的这尊造像更可能是药师。参见温玉成主编：《中国石窟雕塑全集4　龙门》，图版132。

④《题记》，0589、2617。亦见《题记》，61—62页。

⑤《题记》，0634。

明或许还有其他说法。①造像记全文是："大唐善业，清明寺主，比丘尼八正，一切众生。"这些印有佛像和铭文的黏土砖块被称为"善业泥"，它们是由比丘或比丘尼火化后的骨灰混合泥土模塑成型的。②西安出土的这一善业佛造像多半掺入了八正的骨灰，这也就表明八正过世的时候可能在长安。或许八正是清明寺的寺主。假如八正生活在长安，并且是寺院的重要人物，那么清明寺洞窟的供养人应该也是这样一个人。

　　尽管这个洞窟以八正所在的清明寺命名，但八正并不是清明寺洞窟最初的供养人。我推测该供养人很可能是另一位参与卢舍那像龛营建的佛教顾问——生活在长安实际寺的善导。③善导不仅积极倡导阿弥陀佛信仰，而且据说他手抄《阿弥陀经》10万次，画净土变相200余壁。这些活动同他的老师昙鸾的格言是一致的。昙鸾认为修建寺庙和其他宗教器物是正确的现世修行，据说善导看见破坏的寺塔必定修缮。④清明寺洞窟把阿弥陀佛作为主像，这是非同寻常的。并且窟内有诸多后期加造的净土造像龛，有几个还是由来自长安的信徒所刻，这个洞窟和惠简洞毗邻，规格品质相同，开凿时间也大致相同，因此，清明寺洞窟很可能由善导所造。

---

① 陈直：《西安出土隋唐泥佛像通考》，《现代佛学》1963年第3期。
② 关于这个术语的定义，可参见《中文大辞典》，3975.245。其他一些砖收录在松原三郎的《中国佛教雕刻史论》，图版610c—d。1985年西安大慈恩寺的发掘情况收录在《唐朝女皇武则天和她的时代展：宫廷荣华》，东京：NHK出版，1998，107号。
③ 温玉成、顾彦芳和李文生认为这个洞窟的开凿时间在670年至674年（《龙门石窟主要唐窟总叙》，261—262页）。曾布川宽和冈田健认为开凿时间为675年左右，见曾布川宽：《唐代龙门石窟造像的研究》，222页；冈田健：《龙门石窟初唐造像论之三》，102页。
④ Pas, *Visions of Sukhāvatī*, p.94.

响应武后

龙门也有证据表明,武则天只有在 672 年助捐了"脂粉钱"时,才和卢舍那像龛的项目有了联系。她的名字首次出现在 673 年的造像铭文中,即牛懿德造阿弥陀像龛。[①]666 年,东台主书牛懿德为皇帝及东宫诸王造阿弥陀像,673 年,当牛懿德升为将作监丞之后,他的造像记这样写道:"奉为皇帝、皇后□□□王诸王国戚。"[②]将作监丞很可能在营建卢舍那像龛的过程中是一个非常重要的角色。武则天 672 年去龙门时,牛懿德很可能伴其左右,也许就在那时,牛懿德在龙门凿建了这个小像龛。

第二个在 673 年为皇帝和皇后建造像龛的是名臣薛仁贵。670 年,吐蕃军队攻陷塔里木盆地北沿的焉耆和龟兹,唐王朝被迫放弃对丝绸之路以及中亚吐鲁番以西疆域的控制权。为了解除这一新的威胁,薛仁贵被委以重任,带领唐军攻打吐蕃,但是唐军溃败,薛仁贵侥幸脱身,后被解送京师,不过得免死罪。[③]薛仁贵在龙门的造像记内容为:"薛仁贵奉为皇帝、皇后敬造阿弥陀像一躯,并二菩萨。普共法界苍生,同得此福。咸亨四年五月造。"[④]薛仁贵在造像记中提到了皇后,表达他颂扬武则天助捐卢舍那佛大

① 张乃翥:《从龙门造像史迹看武则天与唐代佛教之关系》,42—44 页。

② 《题记》,0032,宾阳南洞。666 年的造像记,参看《题记》,0095,同样在宾阳南洞。

③ *Cambridge History of China*,v.3,pp.285—286;《资治通鉴》卷二百一《唐纪十七》,6364—6365 页。

④ 水野清一、长广敏雄:《龙门石窟研究》,拓本 877。这方造像记据说在龙华洞,现已不见。参见温玉成:《龙门所见两〈唐书〉中人物造像概说》,载龙门石窟研究所编:《龙门石窟一千五百周年国际学术讨论会论文集》,134 页;北京图书馆金石组编:《北京图书馆藏中国历代石刻拓本汇编》第 15 册,194 页收录有拓片。

像龛功绩的心声,他很可能也是 672 年赴龙门的皇帝随从成员,
这可能促使薛仁贵为皇帝夫妇发愿造龛。也就是从此时起,龙门
精英的造像记中把皇后列为第二个受惠者就成了标准范本。683
年高宗皇帝死后,皇太后经常列在她的儿子——名义上的统治
者——的名字前面,成为第一受惠人。690 年,武则天承继大统,
为她所作的造像记中会首先列出"圣神皇帝"。①

周远志洞很可能是为了回应武则天来过龙门而造的。这个
洞窟位于卢舍那像龛南 30 米处,高度和大像龛基本齐平。周远
志洞 1.5 米见方,正壁起坛,曾造主佛一尊,胁侍像两尊,现三身像
已无存。②坛正中立面刻摩尼宝珠,由塔式高座承托,两侧为两身
供养人像及六身童子,童子或坐或立于莲花之上,很可能代表的
是往生西方极乐世界中的化生。该洞的南壁刻有"阿弥陀像文",
是这个洞窟主像的造像铭文,铭文内容相对于这么小规模的石窟
来讲显得非常长。铭文开篇赞美了阿弥陀信仰,然后写到出资开
凿石窟的人和造窟的目的:

> 弟子宣义郎周远志等,并翘想驰于法浦,乃结愿于西方,
> 金凭六八之言,遂要盟于彼会。然即幽涂皎镜,承慧日于尧
> 天;觉路重开,荡六尘于舜海。既而沐兹鸿造,想荷恒深。罄
> 臣礼而写真容,申孝仁而图净域。奉为天皇天后、太子诸王、
> 远劫师僧、七代父母,敬造阿弥陀石像一龛。……用斯功德,
> 保祚皇基,兼被幽明,同归福海。……大唐上元二年十二月

---

① 参见张乃翥:《从龙门造像史迹看武则天与唐代佛教之关系》,48—50 页。
② 1497 窟,参见温玉成:《龙门唐窟排年》,载龙门文物保管所、北京大学考古系编:《龙
门石窟》二,192 页。

八日功[毕]。①

周远志造像记明确表述了通过佛教工程为皇室做功德是儒家官员的职责，这一点是很独特的。在对儒家格言"君子礼以行之"的新颖解读中，周远志认为儒家的礼、孝、仁能够通过为皇帝夫妇（高宗和武后在 674 年八月被称为天皇、天后）做功德而得到践行。②除了为皇室祈福，周远志洞窟又恰在卢舍那大像龛毕功前二十二天敬献，这些有力地表明这个洞窟是为了回应皇家工程而雕凿的。

万佛洞

最后一个开凿于 7 世纪 70 年代中期的洞窟是万佛洞，该洞位于双窑和惠简洞之间，大约离地有 8 到 10 米的距离。侧壁有对角沟槽和大的梁洞，这表明前庭曾有木托瓦屋顶，现在的台阶是由混凝土制成的，但它很可能是原始木质台阶的复制品。外立面有精心雕刻的大像，大像周围有很多小龛，有的甚至是洞窟开凿前所刻。南北两壁曾经各有一个浮雕的狮子，大约有 2 米高，过道两侧是体格高大、肌肉发达的力士形象，身上只穿了一件裹裙，脖子戴有项链，双串珠宝从肩膀垂下。③

前庭和外侧的壁面有很多比丘尼的雕塑和由比丘尼出资刻的像龛。尽管 20 世纪二三十年代很多造像被窃，但是前庭北壁

①《题记》，2537。
②《资治通鉴》卷二百二《唐纪十八》，6372 页。
③ 南壁的狮子现藏于波士顿艺术博物馆，北侧的狮子保存于纳尔逊艺术博物馆，守门天的头像则存于上海博物馆。

图 7.8　万佛洞前庭北壁
（1910 年玻璃板底片）

图 7.9　万佛洞前庭南壁,徐州尼真智造救苦观世音像
在右侧中部(1910 年玻璃板底片)

至少还有十多个像龛保留着比丘尼的形象(图7.8)。有的只有一尊像,有的则有一对,通常前面一尊比较大,后面一尊比较小。同一龛内的两尊造像因为各自相对的尺寸曾被识别为比丘和比丘尼,我很想知道她们为什么不是两个比丘尼,例如一个年长一个年幼。[1]铭文中这些造像的称号诸如"上座"(sthaviras)、"主"是中性词,尽管我们可能因为自己所处的社会环境而倾向将铭文"永耀寺主善相"理解为比丘善相,永耀僧寺寺主,但是善相也完全有可能是永耀尼寺的女性住持。[2]

洞窟也有比丘尼所造的像龛,数量要远远多于其他任何一个洞窟。[3]在所有小龛中,最大且最漂亮的一座造有一尊戴有精巧珠宝的救苦观音菩萨,菩萨呈优雅的三屈式身姿,左手提净瓶,右手握柳枝,由来自附近许州的比丘尼在681年5月所造(图7.9)。[4]一些比丘尼造像龛的凿刻时间大约和万佛洞落成的时间一致,为680年后期,而另外一些则是在第二年发愿供养,接近四月初八的佛诞日,也就是公元681年5月1日。[5]这就表明在这个特

[1] 李玉珍:《唐代的比丘尼》,台北:台湾学生书局,1989,227页,注释99。我猜想在唐代观者的眼中,将比丘和比丘尼造像放在一起是不合宜的。

[2] 善相是永耀寺主(《题记》,0615),这里的永耀寺很可能与内道场尼惠灯所建的永耀寺是同一座(《题记》,1650)。

[3] 与同时期的双窑相比,万佛洞内比丘尼所造的像龛比例非常之高,双窑内54个小龛中,仅有1个像龛的供养人明确由比丘尼所造(少于2%),而在万佛洞内的89个小龛中,至少有14个是由比丘尼供养,即将近16%的像龛由比丘尼所造。

[4]《题记》,0635。

[5] 前者参见《题记》,0581、0582,后者参见水野清一、长广敏雄《龙门石窟研究》,拓本882、883。这两方不见《题记》,可能它们与壁面所刻比丘尼形象相连,在1936年之后随造像被盗。不过我们知道拓本883提到比丘尼真晤曾造过万佛洞,万佛洞内另外一块造像记提到了她的名字(《题记》,0648)。亦见《题记》,0631、0635、0632、0634;李玉昆《龙门杂考》,《文物》1980年第1期,29页;拓片引自北京图书馆金石组编:《北京图书馆藏中国历代石刻拓本汇编》第16册,152页。

殊又神圣的日子,龙门是个朝圣地,来自河南其他地方(如许州、唐州)和清明寺(也许在长安)的比丘尼认为这里是做功德的理想场所。①

作为供养人的内道场比丘尼

万佛洞内比丘尼造像的盛行或许可以根据刻在北侧门框顶部的汉字来解释:"沙门智运奉为天皇天后、太子诸王敬造一万五千尊像一龛。"②这里智运简单地自称为"沙门",但是根据另一比丘尼惠灯(650—731)的瘗窟铭文,我们知道智运实际上是长安内道场的比丘尼,惠灯是武则天的宗亲,铭文中揭示了少年惠灯曾被武后召入宫中侍奉禅师尼智运。③因此,智运至少在665年是内道场的内供奉禅师尼。武则天也非常喜欢智运,所以才让智运作惠灯的老师。考虑到智运在宫廷侍奉,当朝廷在洛阳的时候,她可能已经启动自己的工程。鉴于智运把高宗和武则天称为"天皇"和"天后",她的工程可能开始于674年末到676年初,这段时间朝廷就在洛阳。由于缺少纪年,我把智运的造像记看成是石窟开工的声明,它或许刻于676年正月,当朝廷

①《题记》,0635、0637、0634。

②《题记》,0620。

③ 惠灯的瘗窟(1336窟)位于卢舍那像龛的南边。石窟铭文(《题记》,1650)不见长广敏雄和水野清一记载,但在温玉成《龙门所见两〈唐书〉中人物造像概说》中有讨论(载龙门石窟研究所编:《龙门石窟一千五百周年国际学术讨论会论文集》,131页)。参见曾布川宽《唐代龙门石窟造像的研究》,299页。龙门的"瘗窟"存放火化后的存留物,而不是遗体,因此应该称之为骨灰存放处。参见张乃翥:《龙门石窟唐代瘗窟的新发现及其文化意义的探讨》,《考古》1991年第2期,160—169页;李文生:《龙门石窟佛教瘗葬形制的新发现——析龙门石窟之瘗穴》,《艺术学》1995年第9期,7—18页。

去龙门为卢舍那像龛献词的时候,内道场比丘尼随皇后一起参与了此事。

一万五千佛

　　万佛洞与智运铭文的描述相符合,是一个大型单体窟,长、宽、高均接近 6 米,两侧壁从底部到顶部刻满了成排的佛像(图 7.10)。根据龙门石窟研究院的统计,北壁有 7 361 尊像,南壁有 7 929 尊像。[①]总共造像的数量是 15 290 个,尽管这个洞窟现在被称为"万佛",这个世俗的称谓意味着不计其数的佛,实际上这个工程代表的是一万五千尊佛。

　　就像曾布川宽曾经指出的那样,十年后在龙门东山所开凿的一处石窟明确识别了这一类图像,尽管东山这个洞窟的原始工程因现今的名称"擂鼓台中洞"而变得晦涩不清。[②]在擂鼓台中洞的入口处刻有大字"大万五佛像龛"。同万佛洞一样,它的工程复杂,正壁是一尊巨大的弥勒造像,正壁同侧壁壁基刻有二十五尊印度祖师群像,周壁刻有浮雕莲花小坐佛,因刻有铭文,故可知为六方诸佛。窟顶藻井刻"上方壹切诸佛",侧壁顶部刻有"南方壹切诸佛""东南方壹切佛",等等,代表十方诸佛,十方诸佛就是万五千佛。

　　曾布川宽在十二章版本的《佛说佛名经》中发现这种图像学所依据的经典,该经由北魏晚期的菩提流支(卒于 535 年)在洛阳

龙门石窟供养人

---

① 刘景龙、杨超杰主编:《龙门石窟总录》第 3 卷,72、74 页。我认为这个数字应该包括前内壁护法周围的 30 排佛像。

② 曾布川宽:《唐代龙门石窟造像的研究》,334 页。

图 7.10　万佛洞南壁千佛和优填王造像

翻译成书。①经文开头释迦牟尼说:"过去、未来、现在诸佛名字,若善男子善女人,受持读诵诸佛名者,是人现世安隐远离诸难。"尽管经文中只包含了 11 093 个佛和菩萨的名字,以东方阿閦佛为初,斯坦因搜集的敦煌遗书中残存版本被命名为《万五千佛名经》。由信行(540—594)所著《七阶佛名经》也记载了这组名称,诸如"东方阿閦佛,万五千佛"。②通过和经文以及擂鼓台中洞藻井上的铭文对比,曾布川宽认为万佛洞出现的万五千佛旨在代表十方佛和过去、现在、未来佛。

两侧壁中央上方各有一个造像龛,内有优填王所造释迦牟尼像。这种在小浮雕佛像中央造一尊大型坐佛的工程类型,也见于古阳洞的早期唐龛,龛内优填王像周围有千佛。在洛阳东 50 公里处的巩县石窟,有一个僧人思察在乾封年间(666—668)的造像龛,优填王像也在成排浮雕的千佛造像中间。③思察的造像铭文引

---

① 同上书,303 页。陆聆恩(Ling-en Lu)在一篇没有发表的研讨课论文中注意到,最早识别一万五千佛和菩提流支翻译的是小林太市郎(Kobayashi Taichiro)的著作《大和绘史论》(大阪:全国书房,1946)卷五,341 页(Lu, "The 15 000 Buddhas at Wanfo Grotto and Leigutai Central Cave," University of Kansas, 1997)。

② 宾阳南洞南壁上刻有一个小龛,龛内有五尊佛像,龛下有三方铭文,内容包括:"王信行为□□□并□□□离解脱敬造像一躯。"(此龛,S45,在刘景龙、李超杰主编的《龙门石窟总录》中被错误地称作 S46[第 1 卷,424 页])。王信行题记号为 0198,杨福阴题记号为 0190,杨僧威题记号为 0158)一些因素表明这个出资人或许就是三阶教的创始人信行。信行俗姓王,在晚年,他舍了具足戒,但是还继续僧人的生活方式。信行大部分时间是在邺城(今河南安阳附近)生活,即东魏和北齐的都城,位于洛阳北约 200 公里。534 年,洛阳居民匆忙迁移至邺,因此邺城人很可能非常了解龙门石窟的情况。信行死于隋代初期,唯宾阳南洞和中洞有隋代造像铭文的洞窟。但是与这一推论相悖的是,这些造像中的三尊是由一个叫杨僧威的居士于 644 年供养的,假如王信行的造像铭文是 644 年左右所刻,那么他就不可能是三阶教的创始人。

③ 关于古阳洞造像龛,参见久野(Kuno Takeshi)、杉山二郎(Sugiyama Jirō)编:《龙门·巩县石窟》,东京:六兴出版,1982,图版 118。

思察造像龛在第 5 窟的立面,参见河南省文物研究所编:《中国石窟 巩县石窟寺》,北京:文物出版社,1989, 287 页,文 114,图版 251。

自《佛说佛名经》，经文中释迦牟尼宣扬通过念诵所有佛名可以得到救赎。[1]由于优填王造佛像的双手施说法印，那么这个工程应该代表的是释迦牟尼正在宣讲《佛说佛名经》的情景，无数小浮雕佛像代表经文中提到的众佛，佛名经有礼忏之功用，通过逐一唱诵佛名就可实现。曾布川宽认为刻万五千佛就像吟诵佛名一样，可以产生同样的功德。[2]作为献给皇室的礼物，通过这永不朽坏、长久存留的吟诵佛名方式所产生的功德是巨大的。

阿弥陀和五十二菩萨

万佛洞正壁工程浩大且精雕细刻，必定需要几年的工时，且费用也相当可观，人们不禁会问智运在出家前是何人，竟能负担起这样大的支出。西壁（后壁）高浮雕主像有5.65米高，坐在八边形莲花基座上（图7.11）。阿难和迦叶合掌站在佛的两侧，有3.4米高。弟子旁侧角落处分别造菩萨像，有3.6米高。左侧是救苦观音菩萨，观音左手低垂，手拎净瓶，右手握柳枝于右肩之上。大势至菩萨站在相对的角落处，左手在胸前握一莲蓬，右手下垂握一把大扇子，现已破损。项链上有成排装饰的吊坠，双股珠宝从肩膀垂下，在腹部打结，帔巾从肩膀垂至大腿和膝盖处，这些细节同卢舍那像龛菩萨的服饰非常相似。

后壁造像组合是非常特殊的，除了典型的弟子和菩萨造像外，还有两组不同的礼拜者。一组是在主佛背光下面的小型跪姿造像，佛像左侧的礼拜者身穿袈裟，双手合十，另外一个和其相对

① 肥田路美：《关于初唐时代的优填王像》，91页。
② 曾布川宽：《唐代龙门石窟造像的研究》，338页。

图 7.11 万佛洞西壁阿弥陀造像组合

的造像作菩萨装扮,胸前有项链,腹部裹帔巾,手握香炉或是供奉品。弟子两侧是另外一组礼拜者,约有 2 米高,面部略侧朝向主佛。两身造像都身穿拖地长袍,脚蹬唐朝宫廷妇女常穿的云头履。这组造像的头部现在都已经碎裂,但是从 20 世纪 20 年代拍摄的万佛洞老照片来看,那个时候的造像是完整的,她们面部圆满,表情平和优雅,发型精致,俨然是宫廷女性的装扮(图 7.12)。

主佛的上方壁面刻满了各种各样坐姿的菩萨,菩萨坐在莲花上,莲花的根部由莲茎相连(图 7.13)。北壁有 28 尊菩萨,南壁有 24 尊菩萨,总共 52 尊,这就表明该工程实际要表现的是印度阿弥陀和五十二菩萨像。头光尖端两侧有两个小像,半身坐在半球形上,或许代表了从莲蕾化生的情形,那么这就进一步表明这个阿弥陀造像可能代表了阿弥陀西方极乐世界。[1]

举头观望窟顶,可以看到窟顶中央有常见的莲花,通常别的洞窟莲花周围有浮雕飞天,但是这里莲花周围是扁平带状石刻,上面刻有非常大的汉字,观者站在入口处、面朝正壁主佛就可以读到。铭文从七点钟位置开始,逆时针到两点钟位置,此处有破口(岩石自然裂隙),然后继续朝十点钟方向看,内容如下:"大监姚神表,内道场运禅师,一万五千尊像龛,大唐永隆元年十一月卅日成。"[2]

智运前面的合作赞助人姚神表的身份让人费解。"大监"主管工程营建,662 年置,这也就意味着姚氏是一名宫廷男性官

---

① 顾彦芳、李文生:《龙门石窟主要唐窟总叙》,260 页。

②《题记》,0602,拓片参见北京图书馆金石组编:《北京图书馆藏中国历代石刻拓本汇编》第 16 册,137 页。

图 7.12　万佛洞弟子和菩萨之间的
宫廷女性供养人（张亚光摄）

图 7.13 万佛洞西壁上层的阿弥陀和五十二菩萨

员。①宫大中却认为"大监"是宫中女官，我赞同他的说法。②而且，就像曾布川宽指出的那样，所有在 662 年变更的头衔在 670 年又都改回来了。因此，在 680 年，宫中男性官员是没有这个头衔的。更重要的是，智运是位比丘尼，适合与她合作的人只能是另外一位女性。③智运作为内道场禅师，必定非常熟悉这位女官。

一个洞窟两项工程

这则造像记的另一个费解之处是它只提到了一万五千尊像，却没有提到正壁的阿弥陀和五十二尊菩萨。很明显这些供养人是为两组不同的受益人所做的两种不同的功德工程，一种命名，另一种却没有命名。一种工程是一万五千佛，这个和其他以皇帝夫妇名义所建的石窟相符，后者的造像常常代表了所有空间和时间内的佛像，例如卢舍那和三世佛。这些造像以经文为基础，铭文明确表示是专为皇室所建，且供养人会罗列出他们的姓名与职位。相反，"印度"的阿弥陀造像以及乐园化生造像，表达了往生西方极乐世界的流行信仰，这信仰不仅基于《净土经文》的特殊规定，而且也依赖于对印度原始造像有效性的领悟。第二种工程依赖于视觉表象来说明问题，运用图像语言，表现了供养人为不同的受惠人发愿造窟的场景。

在我看来，阿弥陀场景的受惠人由两个宫廷妇女敬拜者的形

---

① 李玉昆：《龙门续考》，《文物》1983 年第 6 期，32 页。

② 这种认识是根据《魏书》。"大监"在《魏书》中指代的是宫中女官，唐仍沿用此制。参见宫大中：《龙门石窟艺术》，152 页。关于唐朝宫廷妇女的组织结构，参见高世瑜：《唐代妇女》，西安：三秦出版社，1988，12—30 页。

③ 曾布川宽：《唐代龙门石窟造像的研究》，299—300 页，注释 225。

象代表。女性在佛教层级中是一个特殊的阶层，受过教育的女性不但明白佛教教义在思想和学识方面能够允许她们的自由，而且也了解在开悟和轮回方面，女性被安排的低下地位。就像宋景妃自己写的："自惟先因果薄，福缘浅漏，生于阎浮，受女人形。"[1]因此，一些女性决定造石窟并把功德转给所有女性。比丘尼慈香写道："掘石成真，刊功八万。延及三从，敢同斯福。"[2]基于同样的理由，姚神表和智运似乎是将这一净土场景献给所有的女性，而对于她们来说，唯一适合代表所有女性的就是宫廷妇女。智运和姚神表不仅把受惠人刻画出来，而且也将作为供养人的自己刻画出来。我推断，主佛背光底部两个屈膝敬拜者就代表她们两人：沙门装扮的是智运，菩萨装扮的就是代表宫廷女性的姚神表。

大奉先寺

679 年，卢舍那像龛完工后三年，皇帝下令建造大奉先寺，我认为一些像龛因此得到资助。这个寺院的地址正好在西山的南侧，其遗址近年来由中意考古学家发现并联合发掘。[3]卢舍那像龛造像记的第二部分和原址有关，重点关注生活在奉先寺的僧人，

---

① 《题记》，1137。

② 刘景龙编著：《龙门二十品：碑刻与造像艺术》，二十《比丘尼慈香政造窟》。

③ 这个很可能是奉先寺的第二个遗址。722 年，伊河发洪水冲毁了原始的奉先寺（参见第八章）。龙华寺与奉先寺合并，也就是说龙华寺成为奉先寺。我真诚地感谢考古队成员 Aurora Testa，她给了我一份详细的报告，"Sculptures Unearthed at the Fengxiansi Monastery, Longmen," *Annali dell' Istituto Orientale de Napoli 62* (2002)：125—166。中国方面的报告和研究包括奉先寺遗址发掘工作队的刘景龙、李永强：《洛阳龙门奉先寺遗址发掘简报》，《中原文物》2001 年第 2 期，10—20 页；福安敦：《龙门大奉先寺的起源及地位》，《中原文物》1997 年第 2 期，83—92 页；温玉成：《龙门奉先寺遗迹调查记》，《考古与文物》1986 年第 2 期，27—29 页。

表明造像记是由他们当中的一个所写：

> 调露元年己卯八月十五日，奉敕于大像南置大奉先寺。简召高僧行解兼备者二七人，阙即续填创基。住持范法英律，而为上首。至二年正月十五日，大帝书额。前后别度僧一十六人，并戒行精勤，住持为务。恐年代绵邈，芳纪莫传，勒之颂铭，庶贻永劫云尔。

尽管铭文从没有提及为何建造寺院，但是寺院的名字揭示了建造的目的。福安敦曾经指出"奉先"不是佛教用语，而是出自《尚书》"奉先思孝"，这四个字可以被翻译为"供奉祖先首先应该想到的是如何尽孝"。[①]在佛学语境中，"奉先"意味着造佛龛是为供养人已故父母做功德。在福安敦看来，"龙门的奉先寺在开始建造的时候很可能就被赋予和武氏家族佛先寺同样的功能"。[②]但是证据却不支持这种观点，因为不仅武则天同铭文中提到的寺院没有联系，而且在武家分封之后，她为亡母所造的寺庙称为太原寺。在寺院的名字里没有任何地理上的联系和其他特别的标识，这也就意味着"奉先"可能仅指皇族。

温玉成认为皇帝建造奉先寺是为亡故的父亲唐太宗做功德，因为 679 年是唐太宗离世三十周年，我赞同他的这种说法。[③]唐高

---

① Forte, *Political Propaganda and Ideology in China*, p.97, n.116. From *Shujing*, *Shangshu*, *Taijia* 2, in James Legge, trans., *The Chinese Classics*, 5 v. (Rpt. Hong Kong: Hong Kong University Press, 1960), v.3, p.208.

② Forte, *Political Propaganda and Ideology in China*, p.97, n.116.

③ 中国美术全集编辑委员会编：《中国美术全集雕塑编11 龙门石窟雕刻》，21页；温玉成：《唐高宗立大卢舍那像龛》，156页；温玉成：《略谈龙门奉先寺的几个问题》，54页。

宗之前已经通过做功德工程来展示孝道:648年,他在长安为亡母长孙皇后建大慈恩寺,长孙皇后死于636年;656年,他又建道观(昊天观)来纪念亡父。①然而,文字没有记录为太宗皇帝所建的佛教寺院。因此,或许奉先寺是唐高宗为唐太宗所建,是和长安大慈恩寺对等的寺院。②

玄照——出使印度的僧人

万佛洞窟门处的立面上有一个小龛就是因为皇家寺院而开凿的,该龛在奉先寺完工不久由皇帝的僧侣使节所开:"大唐调露二年,岁次庚辰,七月十五日,玄照敬造观世音菩萨一区。愿救法界苍生,无始罪郭,今生疾厄,皆得消灭。"③玄照在唐太宗时期就在大慈恩寺学习梵语,647年左右,他被派往吐蕃护送文成公主与松赞干布成婚,此后又继续前往北印度。④玄照在王舍城(Rājagrha)以北的那烂陀寺生活学习了几年,也在菩提迦耶南约6英里的摩诃普提寺度过了几个夏天,总共在印度生活了十四年。皇家使节王玄策报告了玄照的事迹后,唐高宗命令王玄策再次前往印度请玄照归国,665年正月到达洛阳。后唐高宗命令他重返印度,邀请婆罗门卢迦溢多(Brahmin),卢迦溢多曾对唐高宗说自

---

① 关于大慈恩寺,参见 Weinstein, *Buddhism under the T'ang*, pp.26—27。关于昊天观,参见王溥:《唐会要》卷五十《观》,869页。巴瑞特认为唐太宗命名昊天观是有意将道教团体、国家信仰和家族传承合为一体的行为(*Taoism under the T'ang*, p.30)。
② 王溥《唐会要》卷四十八《寺》列举了一系列唐代皇家寺院,没有一个是为唐太宗而建的。
③《题记》,0603。
④ 玄照的简历来自义净:《大唐西游求法高僧传》,《大正新修大藏经》卷五十一,2066号,1—2页。

已可以制成"长生不老药"。玄照最终死于印度,但根据他在龙门的造像铭文,可知在 680 年左右他一定来过洛阳。

盂兰盆节

玄照造像龛的日期是七月十五,也就是盂兰盆节,这一天,众僧结束了夏休,社会各阶层民众带着一碗碗食物和其他供品来到寺院。这些给僧伽的供奉是为了给七世父母做功德,希望他们脱离饿、鬼、苦三种恶道。给寺院送盂兰盆是一项节日活动,民众带着贡品,与唱经班、鼓乐手以及举着旗子和鲜花的信徒组成的队伍一起前往寺院。

盂兰盆节对在龙门造功德龛的人来讲是一个良辰吉日,仅次于四月初八的佛诞节。隋代末期 616 年的盂兰盆节,河南郡兴泰县人在宾阳南洞北壁为他的两位亡子造了两个小龛。[1]这表明那时在龙门就有盂兰盆节日仪式,或许是在北魏时建的香山寺举行。[2]一些造像日期为 666 年七月十五日的铭文充分表明唐时盂兰盆节曾在龙门举办,或许就是在敬善寺。[3]

在京城,官府会定期在主要寺院举行盂兰盆节,为国家祈福,官员和乐师也会把为皇室准备的盂兰盆送到僧众手里。[4]整个节

---

[1]《题记》,0075。

[2] 根据宋代陈振孙的记载,香山寺建于北魏 516 年(转引自温玉成:《唐代龙门十寺考察》,载龙门文物保管所、北京大学考古系编:《龙门石窟》二,218 页)。

[3] 例如,莲花洞有一个官员所造的阿弥陀像龛(《题记》,1179),以及 679 窟内有来自长安的官员集体造的三铺阿弥陀像(《题记》,1123)。参见关百益编:《伊阙石刻图表》,拓本 70。

[4] Stephen F. Teiser(太史文),*The Ghost Festival in Medieval China*(Princeton: Princeton University Press, 1988),p.66, p.68.

日还包括一次团体宴会、祈祷、在佛像面前上供。例如 692 年，皇后武则天将盂兰盆从洛阳的宫中送至城中的皇家寺院。这件事之所以被记载下来是因为杨炯写的《盂兰盆赋》，从赋中可以看出这明显是每年都要有的盛事。①唐代宗（762—779 年在位）在 768 年的盂兰盆节中特设祖宗的神座②，还造极其奢华的盂兰盆供奉在大内，高祖以下七圣神座，备幡节、龙伞、衣裳之制，各书尊号于幡上以识之，昇出内庭，陈于寺观。接下来依仗大队出城门到章敬寺，该寺院是为代宗亡母章敬皇后资冥福所建。这部分礼节是特意为代宗母亲所设，因为作为女人，她不能在祭祖仪式中出现。关于这件事情是这样记载的："（七月）内出盂兰盆赐章敬寺。设七庙神座，书尊号于幡上，百官迎谒于光顺门。自是岁以为常。"③

　　玄照是以僧侣使节的身份为皇室服务的，因此，680 年盂兰盆节这一天，玄照很可能在龙门陪同护送盂兰盆的官员队伍，从洛阳皇宫前往新落成的大奉先寺。从佛教的视角来看，唐太宗的灵魂更需要宗教方面的救赎。他亲手杀害了他的兄弟，更不用说那些为了建立唐朝而牺牲的将士们——唐太宗也应为他们的死亡负有责任，应承担业力因果报应。④相对来说，他虔敬的儿子手上就不曾沾有这么多的鲜血，他一定深信自己的父亲需要僧伽的祈祷才能使其免受地狱之灾。这也许就是建奉先寺的原因，也是皇

---

① 同上书，71—72 页。

② 同上书，79—82 页。

③ 同上书，81 页。译者注：引自《资治通鉴》卷二百二十四《唐纪四十》，7202 页。

④ 唐太宗自己也感受到道德的谴责。630 年，在取得重要胜利的地方，他下令建起了七座寺院，以纪念阵亡的战士。诏书说："思所以树立福田，济其营魄。可于建义以来交兵之处，为义士凶徒陨身戎阵者，各建寺刹，招延胜侣。"参见志磐《佛祖统纪》；翻译参见冉云华，*A Chronicle of Buddhism in China*, *581—960 A.D.*(Calcutta: Visva-Bharati Santiniketan, 1966)，pp.25—26。

家盂兰盆仪仗要在玄照的护送下从洛阳城送往奉先寺的原因。

工匠的石窟

　　最后，皇家寺院的存在不仅为节日赞助提供了机会，而且也为建造石窟的手工艺人提供了成为供养人的机会。李君瓒是被提到建大卢舍那像龛的工匠之一，奉先寺完工后的五个月，他在周远志石窟北边 10 米处建了一个小型洞窟。①他的造像记内容如下："李君瓒修紫桂宫□，□平安至家敬造观音菩萨，[调露二]年六月卅日。"②紫桂宫建成于 679 年夏季，奉先寺紧随其后，于公元 679 年 9 月 25 日开建，因此，我猜测李君瓒是在紫桂宫完工后返回龙门修建奉先寺。③他在秋天到达那里。也可能是在 680 年 2 月的某一天，皇帝为寺院大门题写匾额之后，这位工匠为自己的家人开凿了一个小型洞窟，并于 680 年 7 月完工供奉。

龙门石窟供养人

---

① 关于李君瓒，参见李玉昆：《龙门石窟零拾》，《中原文物》1986 年第 1 期，118 页。

② 《题记》，2536，洞窟 1490。

③ 紫桂宫位于渑池西，渑池在洛阳西 75 公里处，参见《资治通鉴》卷二百二《唐纪十八》，6390 页。

第八章 为了个人的救赎

文学作品因为文本和读者的聚合点而存在,这种聚合点从来不能被精确地指出来,但一定总是实际存在的,就像它本身既不等同于文本的存在,也不等同于读者个人的倾向。

——伊瑟尔(Wolfgang Iser)①

武则天和唐中宗死后(武则天卒于 705 年,唐中宗卒于 710 年),信仰大乘佛教的皇室信徒和皇室出资营建的佛教工程出现了停滞。唐睿宗(684—690, 710—712 年在位)和他的儿子唐玄宗(712—756 年在位)信奉道教,李唐王朝初建之时就青睐于此。②唐玄宗唯一感兴趣的佛教是密宗,很可能是因为密宗强调通过手印、念咒、冥想来召唤和向神灵祈祷,这一点在某种程度上和道教实践相似。一些著名的密宗大师,如中国天文学家和数学家义净(672—717)、印度术士金刚智(Vajrabodhi, 670—

---

① Wolfgang Iser, *The Implied Reader* (Baltimoreand London: The Johns Hopkins University Press, 1974), p.274.
② *Cambridge History of China*, v.3, p.361.

741)、印度翻译家善无畏(Śubhākarasimha，637—735)和不空
(Amoghavajra，705—774)，就深受皇帝赏识。①尽管唐玄宗资助
个别僧人的宗教活动，但是他渴望抑制佛教机构的势力。714 年，
唐玄宗下诏"自今所在毋得创建佛寺；旧寺颓坏应葺者，诣有司陈
牒检视，然后听之"。②720 年到 730 年，政府开始登记寺院土地，
为所有僧尼的名字造册，确定他们的身份，禁止购买僧籍。736
年，这些职责归于鸿胪寺——负责接待外国高僧的政府机构，这
一举措将佛教降为一种外来信仰。③

内侍省的功德活动

　　出人意料的是，我们在大卢舍那像龛北壁较低处一块大型浮
雕碑上发现了由唐玄宗御书的献词铭文(图 8.1)。尽管这个碑面
已经破损，但是大部分铭文内容还可以被识读。④标题由大字楷体
书写："大唐内侍省功德之碑。"作者的名字已经被磨平，但是"御
书"两字意味着这是皇帝书写。⑤玄宗像他的父亲、祖父、曾祖父一
样，都是造诣颇深的书法家，铭文正文是流畅的行书。铭文开篇存
留的部分似乎是对佛的赞扬，接下来列举了供养人的名字，有 13

① 同上书，412 页，引自周一良，"Tantrism in China," *Harvard Journal of Asiatic Studies* 8 (1945)：241—332。
②《资治通鉴》卷二百一十一《唐纪二十七》，6696 页。
③ *Cambridge History of China*，v.3，p.411。
④《题记》，1632，拓本卷下，376—377 页，但是书中所附拓本太小了，无法识读。
⑤ 关于这一点，我赞同水野和长广的观点，《龙门石窟研究》卷一，76 页。沙畹认为铭文内容和书书都是皇帝所为，但事实上"撰"和"御书"之间有很长的空格，表明这里应该有一个人名，但是已经佚失，这个人就是撰者，参见 Chavannes，*Mission Archéologique*，v.1，pt.2，p.458。

图 8.1　大卢舍那像龛前方北壁：A 大唐内侍省功德碑，
B 牛氏造像碑，C 内侍省供养的阿弥陀佛，1255 杨思勖窟
（龙门石窟研究所、中央美术学院美术史系编《龙门石窟窟龛编号图册》）

列，据我统计，共有 111 个人名。①所有人员都是内侍省官品较高的人员。居于首位的是"右监门卫将军知内侍省事上柱国渤海郡开国公内供奉高力士"。高力士（691—762）是唐代第一位获得实权的宦官，也首次打破了唐太宗所立的宦官官阶不得超过四品的规定。②

————

① 《题记》中给出的参与者数目是 160 人，水野和长广（《龙门石窟研究》卷一，76 页）、阎文儒（《龙门奉先寺三造像碑铭考释》，载龙门石窟研究所编：《龙门石窟研究论文选》，21 页）、温玉成（温玉成主编：《中国石窟雕塑全集 4　龙门》，38 页）都认为是 106 人，这一点同我的估算比较接近，我估算最多有 111 人。

② 关于唐太宗的禁令，参见《资治通鉴》卷二百一十《唐纪二十六》，6686 页；《旧唐书》卷一百八十四《高力士传》，4757—4759 页。高力士的生卒年一般认为是 684 到 762 年，但其墓志铭记载他死于 762 年，七十三岁，而不是传记中所记载的七十九岁。可对比《新唐书》卷二百七《高力士传》，5860 页；赵君平：《唐〈高力士墓志〉抉微》，《书法丛刊》2002 年第 2 期，18 页。

高力士的官衔不可能更高了：右监门将军，从三品，表明他负责宫廷诸门的守卫，但对他的官职叙述中又说他是"知内侍省事"，这意味着他位于三千多宦官之首。①他的勋官头衔"上柱国"是正二品，爵位"渤海郡开国公"也是正二品，这是皇室子孙之外的人所能被授予的最高官称。"内供奉"则是对所有正式任命的宦官的简称。接下来那个供养人的名字已经湮没，他的头衔很可能是左监门卫将军，要么是梁义深，要么是李善才，他们两人在724年左右被封为左监门卫将军。②第三位供养人的名字和头衔还保留着："光禄大夫行内侍省内侍上柱国弘农郡开国公内供奉杨思勖。"杨思勖（654—740）在中宗朝曾负责内侍省，但即使他已经不在那个位子上了，他的官阶依然很高。光禄大夫是从二品散官位阶，并且他和高力士一样有着正二品勋官和爵位。这三位之后是其他职位较高的宦官，按照级别由高到低排列，他们有着五品散官头衔，担任如内侍省内常侍内供、内给事或内侍监这类职位。在他们之后列举的是一些没有散官位阶的人名，他们的官职是以下六种部门的内谒者或内供奉：内府局、奚官局、宫闱局、内仆局、掖庭局、内坊局。③他们分别负责内库、宫奴和工役、内宫门户、皇后车乘、宫中女工以及太子府邸。④

---

① 《资治通鉴》卷二百一十《唐纪二十六》，6686页。

② 根据724年重修七宝台铭文中所列举的宦官供养人可知，这两人曾有这样的头衔。参见颜娟英：《武则天与唐长安七宝台石雕佛像》，《艺术学》1987年第1期，61页。译者注：在颜娟英的《镜花水月：中国古代美术考古与佛教艺术的探讨》（台北：石头出版股份有限公司，2016）三《唐长安七宝台石刻的再省思》和附录二中也可找到相关内容，126页，12"新庄像铭之四"（编号28，第二章图15）。

③ 铭文毁坏得太严重了，以至于只有内府局、奚官局、宫闱局可以确定，但是似乎这六种官署的宦官都参与了这项工程。

④ 参见 Charles O. Hucker（贺凯），*A Dictionary of Official Titles in Imperial China*（Stanford：Stanford University Press，1985），nos.4173，3012，3495，2253，4227，and 4175。

在这一群人名之后写道："奉为大唐开元神武皇帝□□建。"
这个受惠人不是别人，正是玄宗。[1]献词的主体只有部分可以识
读，但是足以告诉我们宦官给玄宗皇帝献了什么词：

大唐内侍省功德之碑

……弟子右监门卫将军，知□□省事、上柱国、渤海郡开
国公、内供奉高力士

……光禄大夫、行内侍省内侍、上柱国、弘农郡开国公、
内供奉杨思勖

……奉为大唐开元神武皇帝□□建。□□子等伏以
□□□□，同兹末法[2]，普贤神力，尚遇令经。思崇圣主之恩，
翼阐仁王之化。[3]香岩寂想，唯闻瞻卜之薰[4]；雪岫驰诚，但为
醍醐之味。[5]以为□□□掩法寿赖，而犹传四塔。虽幽净根
睹，而非远斯固。克雕成相，皆人□□；彩画图形，尽归中道。
况崇山□□，贞石方留，经火劫而□□，历风灾而不至。则无
尽之福，岂有动哉！窃敢共运深心，同开净[土]，□□来之
□□。□众□之善根，敬造西方无量寿佛一铺一十九事。

---

① 713 年 11 月 27 日，群臣上尊号开元神武皇帝（《新唐书》卷五《玄宗本纪》，122 页）。

② "末法"这个术语在龙门铭文中是非常罕见的。

③《无量寿经》中阿弥陀佛在第二十二愿提出"无量众生，使立无上正真之道，超出常
伦诸地之行。现前修习普贤之德"。参见 Gómez, The Land of Bliss, p.168。

④ 香山（香岩），在无热池之北，阎浮提洲之最高中心，汉所谓昆仑山也。参见丁福保
编：《佛学大辞典》卷二，1611b 页。瞻卜，植物，香树名，《维摩诘经·众生品》曰："如
人入瞻卜林，唯嗅瞻卜，不嗅余香。如是若入此室，但闻佛功德之香，不乐闻声闻、
辟支佛功德香也。"参见丁福保编：《佛学大辞典》卷二，2815b 页。

⑤ 这里指的是香山和雪岫（喜马拉雅山）。将印度圣地转移到龙门，东山被称为香山，
西山在 641 年岑文本铭文中被比作雪岫。

这篇铭文开篇阐述的观点在唐早期的造像记中非常常见:尽管现在已经是末法时代,但是佛法依然有拯救世人的能力;尽管印度和释迦牟尼在空间和时间上是如此之远,但是中国的信徒仍然可以获得教义真理。这些供养人坚信造像可以传扬佛教信仰,龙门山的石质也能够经受住末世的破坏。在献词快结束的地方,供养人描述他们出资建造的一组无量寿佛像,但是他们用的量词很奇特——"无量寿佛一铺一十九事"。"事"(通常是指事情、事件)这种用法在龙门石窟铭文中非常罕见,说明造像背景必然不同一般。无论这些宦官所造佛像的组合是什么,它都不是典型的阿弥陀佛与二菩萨胁侍的组合。

四十八阿弥陀

在大卢舍那像的周围是一些比真人稍高一点的立佛像(1.9米到2米),这些立佛像都在浅龛里,有的龛里有一尊像,有的三尊、五尊不等(图8.2,另参见图6.5)。统计这些造像的数目比想象中要困难得多,根据我的统计,南壁有三个像龛六尊像,西壁有六个像龛十四尊像,北壁有十一个像龛二十八尊像,总共是二十个像龛四十八尊像。①看来铭文中"十九事"很可能是对二十个像

---

① 曾布川宽认为是四十九尊像。他说:"有人认为是四十八尊像,然而,根据老照片(作者按:见 Chavannes, *Mission Archéologique*,图版225),南壁力士像东侧,有一个三尊佛像的龛,在这个龛上又造有一尊像的像龛,这个像龛被遗漏了。"参见《唐代龙门石窟造像的研究》,355页。温玉成认为卢舍那像南边有三尊像,北边有十一尊像,南壁有七尊像,北壁有二十七尊像。参见《龙门所见两〈唐书〉中人物造像概说》,载龙门石窟研究所编:《龙门石窟一千五百周年国际学术讨论会论文集》,136页。

图 8.2　大卢舍那像龛北壁阿弥陀佛像(作者摄于 1999 年)

龛的大概描述。至于四十八尊独立的造像,学者认为是根据《无量寿经》中阿弥陀四十八大愿所造,学者们通常认可这些造像就是宦官所造的无量寿佛工程。①这四十八尊阿弥陀像被认为是阿弥陀四十八大誓的实质表现。

铭文中的最后四列几乎全部被毁,尽管有两处提到了时间,但是要破译具体日期还有一定的困难。在第一处,铭文说:"以今敦牂之次月……功就毕。"阎文儒是这样解释这个古词的:"敦牂","在午曰敦牂"。在开元年间(713—742)有两个午年:718年(戊午年)、730年(庚午年)。阎文儒认为次月是二月,因此整个句子应释读为"午年第二个月"。在第二处提到日期的地方残留的铭文为"开元……七日壬戌建"。结合这两处不完整的信息,年份可以确定。730年第二个月第一日是丙辰,第七日就是壬戌,这就可以证实730年是正确的年份。②按照公历,对应的日期是730年2月28日。

铭文最后一行揭示了这一工程是由宦官和皇家寺院的僧人共同完成的:"专……都检校官正议大夫行内侍省内侍上柱国……校僧大奉先寺沙门道杰沙门文济。"由于这项工程是由宫中职位很高的宦官和皇家寺院的两位僧人共同负责的,因此大卢舍那像龛在730年或许仍然在大奉先寺的管辖之下,并且宦官即

---

① 曾布川宽:《唐代龙门石窟造像的研究》,355—360页;温玉成:《龙门所见两〈唐书〉中人物造像概说》,载龙门石窟研究所编:《龙门石窟一千五百周年国际学术讨论会论文集》,135—136页。

② 阎文儒:《龙门奉先寺三造像碑铭考释》,载龙门石窟研究所编:《龙门石窟研究论文选》,22—23页。《题记》,1632错误地把"七日"当作"七天",温玉成(《中国石窟雕塑全集4 龙门》,38页)和沙畹(Mission Archéologique, v.1, pt.2, p.458)也认为是730年。

便不需经过僧人许可,也必须有僧人的配合才能把自己的造像置于皇家造像组合当中。因为卢舍那像龛是皇家像龛,或许宦官们还要得到皇帝的许可。从皇帝为他们撰写铭文这事来看,他们似乎是得到了允准。

宦官怎样得到许可:第二品铭文

　　我们不禁会猜想是什么事给宦官们提供了这样一个造像的机会。在唐廷一定发生了什么事情,宦官获准作出响应,"报答"是宦官供养人对皇室最恰当的姿态,就像"助"对于皇后武则天来讲是最合适的行为。而且,因为皇帝下诏禁止建造任何新的佛教工程,宦官们的工程只可能是整修大像龛。这个问题的答案似乎在刻于佛座的第二块碑铭上。如上所述,第一块碑铭陈述了唐高宗建卢舍那像龛,在武则天672年资助两万贯脂粉钱的情况下,该像龛完工于676年。第二块碑铭刻在佛座的北面,从左到右书写,违反了正常的书写习惯,这也表明其内容不同寻常。实际上,这块碑铭包含三部分独立的叙述,每一部分叙述是由不同的作者写于不同的时间,但是所有内容又是由同一个人在同一时间段转录、刻写的。[1]第一部分是抄写的原始铭文,第二部分是对卢舍那像的赞美诗,这一段文字告诉读者卢舍那像龛是奉皇命整修。[2]尽管没有署名,但它很可能是由奉先寺的僧人所写:

---

① 这块碑铭目前被水泥覆盖,但是拓片在《龙门造像题记》,49号。
② 温玉成认为是唐玄宗下令整修卢舍那像龛(《河洛商都》,99—100页)。

佛非有上,法界为身。垂形化物,俯迹同人。

有感即现,无罪乃亲。①愚迷永隔,唯凭信因。

寔赖我皇,图兹丽质。相好希有②,鸿颜无匹。

大慈大悲,如月如日。瞻容垢尽,祈诚愿毕。

正教东流,七百余载。大龛功德,唯此为最。

纵横分十有二丈矣,上下分百卌尺耳。③

第三部分是河南县尉员在 723 年写给奉先寺的书信,内容如下:

<blockquote>

牒　敕旨龙花寺宜合作奉先寺

开元十年十二月五日

河南县　牒奉先寺:

牒被符奉　敕旨如右。请录白入司施行。牒举者牒寺准状者。今以状牒牒至准状故牒。

开元十年十二月十二日史樊宗牒尉员狎。④

</blockquote>

这份文件通知僧人,皇帝下旨将他们移入龙华寺屋舍,因为

龙门石窟供养人

① 关于佛教信仰中刺激与反应的讨论参见 Robert H. Sharf, *Coming to Terms with Chinese Buddhism*,特别是 pp.120—122。

② 佛有三十二相好,八十随行好。

③ 唐代标准一尺等于 29.5 厘米(十尺等于一丈),宽十二丈等于 35.4 米,高一百四十尺等于 41.3 米。参见万国鼎:《唐尺考》,载河南省计量局主编:《中国古代度量衡论文集》,119 页。现代人测量这座龛的尺寸有很多不同结果,张乃翥给出的宽是 33.5 米,从崖底到龛顶高度是 49.38 米(《龙门石窟大卢舍那像龛考察报告》,《敦煌研究》1999 年第 2 期,122 页)。刘景龙、杨超杰给出像龛的尺寸是高 19.68 米,宽 38 米,深 36 米,参见刘景龙、杨超杰主编:《龙门石窟总录》第 8 卷,25 页。

④ 我翻译依据的是 Chavannes, *Mission Archéologique*, v.1, pt.2, p.456。

皇家奉先寺的品阶高于非皇家的龙华寺,因而龙华寺的建制取消,寺产上交。①

　　这份将龙华寺并入奉先寺的诏令是在 722 年 5 月发洪水的后一年下达的。②伊、汝水溢,漂溺数千家。③那时,唐玄宗恰在洛阳,龙门的这场水灾无疑会上报给皇帝。很明显,皇家寺院的毁坏引起了对皇家像龛的关注,那时卢舍那像龛距建成已经五十年了,原初的彩绘和镀金很可能都已经消失了,所有的造像都需要整修。曾布川宽认为宦官造四十八阿弥陀像和卢舍那像龛的翻新有关。④在我看来,奉先寺的毁坏,使宦官得以整修大卢舍那像龛,这样就为他们雕凿自己的工程创造了便利条件。时间上的顺序也佐证了这样的关系。722 年,伊河水毁奉先寺。723 年,朝廷下诏让奉先寺僧人入主龙华寺。730 年,宦官在大卢舍那像龛内加造的四十八阿弥陀像完工。在 723 年至 730 年中的某个时间,有人整修了大卢舍那像龛,创作了颂词,原有的题记、颂词和诏令被同时刻在佛座北侧。

高力士

　　尽管皇家寺院的僧人声称是皇帝下令整修大卢舍那像龛,但这看起来非常有可能是高力士的功劳。根据正史高力士传记载:

293

---

① 温玉成《唐代龙门十寺考察》,载龙门文物保管所、北京大学考古系编:《龙门石窟》二,221 页)认为,龙门只有一个铭文中提到了龙华寺,即万佛洞 533 年造像记,但是这里可能指的是北魏后期在洛阳建的两座龙华寺之一(《题记》,38—39 页)。

② 据《旧唐书》卷三十七《五行志》记载:"十年二月四日,伊水泛涨,毁都城南龙门天竺、奉先寺,坏罗郭东南角,平地水深六尺已上,人漕河,水次屋舍树木荡尽。"(1357 页)

③《新唐书》卷五《玄宗本纪》,129 页;《资治通鉴》卷二百一十二《唐纪二十八》,6749 页。

④ 曾布川宽:《唐代龙门石窟造像的研究》,358 页。

"每四方进奏文表,必先呈力士,然后进御,小事便决之。"①此外,宦官还负责为皇帝主持修建佛教功德工程。②当然,唐玄宗没有忽视这个工程,因为他为宦官的造像碑题写了献词。但是,誊写献词不是皇帝信仰佛教的证据,而是统治者通过挥毫泼墨表演书法作品来承担文化典范的角色,同时也可以表明皇帝和供养人之间非同寻常的友人关系。

唐玄宗同几个宦官的交情都颇深,但是他同高力士的关系格外近密。③高力士在玄宗年轻时对他格外关切,玄宗对高力士也与旁人不同,高力士性谨密,"玄宗在藩,力士倾心奉之,接以恩顾。及唐隆平内难,升储位,奏力士属内坊,日侍左右,擢授朝散大夫、内给事。先天中,预诛萧、岑等功,超拜银青光禄大夫,行内侍同正员"。正如赵君平注意到的,唐史过度强调高力士对皇帝的忠诚和对自己母亲的孝道,而忽略了高力士的其他品质。④史书中没有记载他的经历和教育背景,而这些恰恰说明为什么高力士可以成为唐玄宗的朋友和参谋并受到重用,而不仅仅是一个空有权力的皇帝的忠心奴仆。根据最近出土的墓志,高力士祖上三代在唐廷南疆为官,他的曾祖父冯昂是高州总管。⑤他的祖父以及祖父的

① 《旧唐书》卷一百八十四《高力士传》,4757 页;《新唐书》卷二百七《高力士传》,5858 页。

② 他们还特别负责购买鸟兽来放生。参见《旧唐书》卷一百八十四《高力士传》,4757页;《新唐书》卷二百七《高力士传》,5858 页。

③ 参见《旧唐书》卷一百八十四《高力士传》,4757—4759 页,特别是 4757 页。

④ 赵君平:《唐〈高力士墓志〉抉微》,17 页。

⑤ 显然,陕西高力士墓是被非法挖掘的,后来"归还"给蒲城文化古迹管理办公室。参见赵君平:《唐〈高力士墓志〉抉微》,16 页。也可参见高力士父亲的墓志,由著名官员张说所撰写,很可能是在高力士母亲麦氏(642—729)死后,受高力士所托而写,载周绍良、赵超编:《唐代墓志汇编续集》,开元○九二,上海:上海古籍出版社,2001,516 页。

两个兄弟曾任潘州、恩州、高州刺史，即今天广州南部与海南岛之间的沿海一带，父没子继，南州故事，他的父亲继任潘州刺史。然而，大约在697年，灾难降临到这个家族，司刑评事万国俊诬陷高力士的父亲冯均衡和流人串通谋反，冯均衡被处决，家属没官为奴，其妻和三名儿子失散。岭南招讨使李千里把冯均衡最小的儿子阉割后作为土贡进献给朝廷。这个男孩入宫后被太监高延福（660—724）收养，改姓高。①高力士在宫内受到了文化教育和武艺训练，尤其精通弓弩。简言之，他是一个充满智慧、具有良好教养且活力四射的年轻人，和年轻皇帝年龄相仿，性情相投。唐玄宗年长高力士六岁，也曾经身处逆境，幼时即丧母，其母窦皇后在693年被武则天处死，窦皇后的孩子也被囚禁。②

　　高力士的官方传记也没有充分描述他同皇后武则天的关系。根据高力士的墓志铭，高力士初到皇宫时颇受武则天的喜爱。武则天令一宫女抚育他，又使其受教于翰林院。武则天把他的名字元一改为力士。③力士这个名字，意味着"武士"，好比佛龛入口两侧站立的形象，这个名字表明这个男孩此时被皇后的信仰所影响，并且毫无疑问明白自己的使命从此便是用个人的身躯保护他的"佛"——皇帝，为之抵挡一切危难。高力士的墓志中对皇后的认可，同他对生命中扮演母亲角色的女性所表达的强烈的孝道情感是一致的。他待收养自己的宦官之妻如同生母，多年后，他的生母也在潘州被找到，后来到长安，高力士尽心侍奉她们二人，非常孝顺。无疑，这

---

① 关于高延福，参见杜文玉：《高力士家族及其源流》，《唐研究》第四卷，1997，175—197页，特别是186—187页。

② *Cambridge History of China*, v.3, p.334.

③ 赵君平：《唐〈高力士墓志〉抉微》，16页。

种孝道会延展到他对武则天的怀念和武则天的功德项目上来。可以想象,通过花费巨资为武则天的卢舍那像龛添金施彩,并且在龛内修建四十八阿弥陀像,高力士的内心必定得到了一些安慰。

就像武则天所希望的那样,高力士对唐玄宗的服务可谓尽心竭力。712年,新皇即位,高力士负责整个内侍省。在接下来的五十年,高力士在各种场合给了皇帝无数建议,并且不止一次冒着生命危险来护卫皇帝。713年太平公主发动叛乱时,高力士杀死了宰相岑羲和高官萧至忠;752年,高力士率飞龙禁军击败王鉷一党;安史之乱爆发后,在唐玄宗逃亡四川之路上,高力士平息了军队的骚乱。[1]在处理朝廷诸事时,高力士曾说服唐玄宗不去责罚政治家张说(667—730),在皇位继承人方面也给了玄宗建议。[2]唐玄宗常说:"力士当上,我寝则稳。"[3]高力士对玄宗的重要性不仅众所周知,而且也被认可,因为高力士墓被安放在唐玄宗陵寝泰陵周边。[4]鉴于这层关系,高力士主建的这项工程中唯一的受惠人是唐玄宗也就理所当然了。

杨思勖造像龛

宦官供养阿弥陀四十八愿的人身形象在龙门是很独特的。在讨论其功用之前,我想阐述一下它是怎样区别于两种相关类型的工程——由高力士和杨思勖个人资助所造的石窟造像和其他

① 同上文,17页。
② *Cambridge History of China*, v.3, pp.389, 413.
③ 《旧唐书》卷一百八十四《高力士传》,4757页;《新唐书》卷二百七《高力士传》,5858页。
④ 泰陵高力士神道碑的内容参见杜文玉:《高力士家族及其源流》,175—176页。

含有阿弥陀造像的工程。①卢舍那像龛低处平台的北壁,最东侧阿弥陀像龛和内侍省碑之间有一个中型窟龛,目前被定为1255窟(参见图8.1)。②在毁坏的壁面上刻有肌肉发达、半裸形象的武士,他们站立在岩石上,侍立在门洞两侧。龛内是空的,但是佛坛的每侧都有一个方形的低洼,曾放置造像记中描述的造像。窟门上方中心位置刻有直集贤院的官员所写题记,尽管书丹者的名字没有说明,但是根据残存的手迹,可能是著名官员和书法家徐浩(703—782)。③该题记虽说毁坏得很严重,但是从残存的情况还是可以断定这是虢国公杨思勖所造的,作者颂扬了佛法的解脱之门、杨思勖的军事才能和忠孝之心,然后强调石质造像的耐久性,并且将造像献给杨思勖已亡故的父母。④造像年代已毁,只留下开元年号,推测可能建于735年。⑤根据这个估计,该洞窟应该建于

① 宦官所造单体阿弥陀造像不常见。龙门初唐有纪年造像龛中50%造有阿弥陀像,在十尊可以通过图像学或者题记来识别的宦官造像中,有五尊是阿弥陀像。其中有665年内给事冯士良在宾阳南洞的一个大造像龛;355洞窟内三个小造像龛,是由级别较低的宦官在660年左右所造(《题记》,0402、0406、0403,最后一个对比刘景龙、杨超杰主编:《龙门石窟总录》第2卷,70页);684年由行内侍省宫闱局令骑都尉莫古引为皇家造的一个小洞窟,在古阳洞北边。题记中将该洞窟定为1430窟,《龙门石窟总录》将该窟定为1437窟(第8卷,114页,图版568)。
② 刘景龙、杨超杰主编:《龙门石窟总录》第8卷,19页,图版121—124。
③ 根据阎文儒的观点(《龙门奉先寺三造像碑铭考释》,载龙门石窟研究所编:《龙门石窟研究论文选》,21页),这里的张很可能是张九龄(673—740)或者张说(667—730),但是温玉成认为这里张的勋位是五品,品阶太低,不可能是这两位(《龙门所见两〈唐书〉中人物造像概说》,载龙门石窟研究所编:《龙门石窟一千五百周年国际学术讨论会论文集》,136页)。关于这个书法家,参见上书136页,注释29,274—275页,引自朱剑心:《金石学》,上海:商务印书馆,1940,274—275页。这方题记高50厘米,宽130厘米,收录于王昶《金石萃编》卷七十七。
④ 《题记》,1633,颜娟英指出《全唐文》(卷九五九,20页)中录文徐的名字是错误的(《武则天与唐长安七宝台石雕佛像》,《艺术学》1987年第1期,53页,注释73)。
⑤ 直集贤院在725年才出现,杨思勖死于740年,温玉成根据从窟内延至窟外的佛坛认为这个洞窟完工于735年(《唐代龙门十寺考察》,载龙门文物保管所、北京大学考古系编:《龙门石窟》二,203页)。

卢舍那像龛重修不久、730 年四十八阿弥陀像完工之后。

　　根据造像记我们可以得知,这个洞窟内的原始造像为地藏菩萨和十一面观音各一躯,尽管这种造像组合在龙门不常见,但是在初唐,地藏和观音的组合却已出现很多次。①发愿者把这些造像联系在一起,往往是考虑到这些菩萨可以救治供养人并且能够帮助供养人已经亡故的亲人往生极乐世界。②杨思勖的造像意图很明显是为亡故父母获得解脱之道,就像铭文结尾偈子所说:"于惟最胜二菩萨,大庇众生臻解□。"因此杨思勖"纯孝深兮□竭力"。③根据他的墓志铭,杨思勖的纯孝行为的确首屈一指。④杨思勖五代祖苏密守于河内,自此以后,安家于罗州之石城,即今广东廉江。祖上四代皆在罗州任大首领,包括杨思勖的父亲苏历。杨思勖是苏历的季子,家族蒙难时年纪尚小,因此年幼时就被阉入宫,在宫内被杨姓宦官收养。当杨思勖因军功日渐显赫后,他的父亲被追封为虔州刺史,亡故的母亲被封为徐国夫人,他将自己父母的坟墓迁至长安城春明门外,邻近他翊善里的居所,可常朝夕拜扫。

龙门石窟供养人

---

① 这样的造像在其他地方根据题记识别的还有一例:《题记》,1383,石牛溪(883 窟)。这个地方是天然裂隙,刻了北魏和唐龛。于君方曾写道:"因为地藏菩萨和观音菩萨都有拯救的能力,因此在晚唐的宗教仪礼和艺术中,两者常常被联系在一起。"但是杨思勖造像窟表明,在 8 世纪初期,二者就已经被组合在一起了。参见于君方:《观音》,323 页。龙门至少有十一例由造像记明确表明的观音和地藏菩萨的组合,多数没有铭文。参见常青:《龙门石窟地藏菩萨及其有关问题》,《中原文物》1993 年第 4 期,32 页。

② 例如《题记》,0718,初唐 557 窟;《题记》,0674,初唐 555 窟。

③ 第一个受惠人信息保留下来的只有一个汉字"烈",我认为所缺的字为"考",接下来写道"先妣……夫人……"(《题记》,1633)。

④ 他的墓志收于周绍良主编:《唐代墓志汇编》,上海:上海古籍出版社,1992,1509—1510 页。

杨思勖和七宝台

我们可以思考为什么杨思勖会在此时刻造并不常见的十一面观音像。①724年，即在造这个洞窟之前，杨思勖参与了长安七宝台的饰新工作。根据颜娟英对这个遗迹重构的研究来看，703年一群内道场僧人、高官以及京城士大夫捐助了浅浮雕石龛，作为七宝台中心柱的壁面，七宝台为武则天下令在光宅寺内所建。光宅坊位于京城北部的太极宫以东，在677年出土舍利万枚，唐高宗于此地敕建光宅寺。②两个附属建筑物是为《华严经》中主要的菩萨文殊和普贤而造，因此颜娟英认为主殿大佛一定是卢舍那佛。③同时，颜娟英认为七宝台是座高耸入云的八角塔，东西南北皆有窗户，矗立在光宅寺的中央。塔内的壁画由当时著名的画家尉迟乙僧(约650—710)和吴道子(约673—760)绘制。塔中央是四方空心柱，每一面嵌有上下三层石板，上刻佛像组合和菩萨造像。每一面的中央刻坐佛，每个角由两块相互间呈90度、刻有十一面观音立像的石板构成。图像的功能或许暗示了和697年发生的事件有关。696年唐朝军队在契丹人的攻击下溃不成军，武

---

① 在惠简洞上方的571窟南壁也有一尊十一面千手观音。正壁和北壁的站姿观音造像为单面双臂观音。参见常青：《试论龙门初唐密教雕刻》，《考古学报》2001年第3期，343页。擂鼓台北洞东壁十一面观音的头部保存在大原美术馆(图片见美秀美术馆出版《龙门石窟》，p.65)，这是刻于692年左右密宗工程的一部分(李文生：《龙门唐代密宗造像》，《文物》1991年第1期，64页)。

② 参见陈金华，"Śarira and Scepter: Empress Wu's Political Use of Buddhist Relics," *Journal of the International Association of Buddhist Studies* 25(2002)，nos.1—2：80—103。

③ 颜娟英：《武则天与唐长安七宝台石雕佛像》，46页。

则天要求法藏设立十一面观音坛,吟诵陀罗尼咒,以此阻止契丹的入侵。法藏吟诵的陀罗尼咒很可能来自《佛说十一面观世音神咒经》,该经在 6 世纪下半叶被翻译成中文。[①]持此经中咒语可得十种果报,其一是"能破一切怨敌"。不久,契丹被突厥人击败,武则天大喜,遂改年号为神功。[②]这次十一面观音祭坛成功保卫政权的例子在时间上与七宝台的构建相去不远,由此,颜娟英认为七宝台上十一面观音形象是作为守护者发挥守卫功能而出现的。实际上,其中一个是由负责七宝台工程的德感(约 650—710)所刻,他是内道场大德,铭文内容为:"奉为国敬造十一面观音像一区,伏愿皇基永固,圣寿遐长。"[③]

724 年,杨思勖和二十多位宦官负责对七宝台饰修,为玄宗皇帝做功德。由于他们的名字刻在铭文中,因此我们知道他们当中的一些人也参与了 730 年四十八阿弥陀工程。[④]实际上这两处工程有着惊人的相似之处:都是宦官群体整修了和武则天相关的华严遗迹,且把功德都献给了玄宗。[⑤]很可能杨思勖看过这些十一面观音像之后受到启发,在龙门自己的洞窟内造了一尊类似的造像。[⑥]

---

① 同上文,54 页。
② 同上文,45 页;崔致远:《唐大荐福寺故寺主翻经大德法藏和尚传》,《大正新修大藏经》,2054 号,283c 页;法藏:《华严经金师子章校释》,182 页。
③ 颜娟英:《武则天与唐长安七宝台石雕佛像》,57—58 页。
④ 不仅有杨思勖,还有莫顺之、林招隐、李善才。
⑤ 不仅七宝台可能是密宗为保护国家而造,钱德拉甚至认为大卢舍那像龛也是因此而造,参见"The Role of *Tantras* in the Defence Strategy of T'ang China"。
⑥ 杨思勖的墓葬发掘于 1958 年,从发掘的情况来看,杨思勖对雕塑有特别的爱好:墓里有一对大理石质地的武士或者说宦官卫士造像,大理石这种材料很少用于墓地人物造像,且该造像雕刻非常精美。其中一个高 40 厘米,它的彩色图片可见于 *The Glory of the Silk Road*:*Art from Ancient China*,cat.no.94。两尊造像的图片均可见于 *China*:*Dawn of a Golden Age*(New York:Metropolitan Museum of Art,2004),cat.no.203,以及中国社会科学院考古研究所编著:《考古精华:中国社会科学院考古研究所建所四十年纪念》,北京:科学出版社,1993,图版 252。

尽管在京城时，十一面观音像用于为保护政权而做的密教仪式，但为亡故父母做功德，救其脱离恶道也是适宜的。在《佛说十一面观世音神咒经》中提及的果报就包括了"永不堕地狱"和"命终之后生无量寿国"。[①]对杨思勖来讲，十一面观音同政权安危联系起来也同样是合宜的。宦官从幼年起就被禁止和亲生父母生活在一起，他们缺乏父母的照顾和保护。他们的父母是皇权，具体体现在统治者身上。杨思勖第一次被皇帝赏识是在707年讨伐李多祚时，当时中宗让他执掌内侍省。[②]杨思勖在刺杀和对外军事行动中勇力过人，留名史书。710年助玄宗诛韦氏，被擢为左监门卫将军。[③]此后，在玄宗统治前期，杨思勖多次被派往南部地区开展军事行动，该地现为广西、广东南部和越南北部。这里正是杨思勖的出生之地，这一定不是巧合。在为天子征战的过程中，杨思勖对待一系列南方"叛乱"军队所表现出来的残忍也同样施用于自己的士兵。显而易见，他选择把国家和皇帝看作自己的父母。

作为供养人的高力士

724年，高力士没有参与七宝台的饰新工作，但他很可能经常关注工程的进行过程。原始发起人之一的高延贵来自渤海国（约在今吉林省），据说高延贵可能是高延福的一个亲戚，而高延福是

---

① 于君方：《观音》，54页。
② 《旧唐书》卷一百八十四《杨思勖传》，4755页。据贺凯（*A Dictionary of Official Titles*，no.4141），"内常侍"是内侍省实际的长官。在《新唐书》《旧唐书》的宦官列传中，杨思勖的传记都排在首位。
③ 《新唐书》卷二百七《杨思勖传》，5857页。

收养高力士的宦官。①高力士697年进宫，七宝台在703年完工的时候，他十二岁。成年之后，高力士对佛教艺术表现出个人的兴趣爱好，并且作为佛教工程的发起人也是臭名昭著。②他的墓志这样描述道："其宽厚之量，艺业之尤，宣抚之才，施舍之迹，存于长者之论，良有古人之风。"③"迹"在龙门很多造像记中指佛的身体，或者是肉体的，或者是石头的，因此这里可能暗指龙门四十八阿弥陀。不过高力士也兴建过其他一些奢华的工程，例如他在皇宫寝殿旁侧修有一院，穷极精妙，这是他"修功德处"，并且在长安"来廷坊建佛祠，兴宁坊立道士祠"，"珍楼宝屋，国资所不逮。钟成，力士宴公卿，一扣钟，纳礼钱十万，有佞悦者至二十扣，其少亦不减十"。④

　　因为四十八阿弥陀像不是为高力士个人而造，因此我们应该找到他为自己而建的石窟。在内侍碑西侧有一个中型石窟，现被定为1250窟，立面高度与位置都和内侍碑相匹。⑤这个洞窟宽2.55米，进深2.25米，穹窿顶，最高处为2.74米，比杨思勖造像窟略大。⑥后壁起矮坛，坛上三尊像已毁（图8.3）。只有外衣还保留着一些细节，但是衣垂褶同四十八阿弥陀中的一种类型非常相似，这个很有特色的设计就是外衣的底边在膝盖下方悬垂成尖角

① 颜娟英：《武则天与唐长安七宝台石雕佛像》，52页，注释62。引自杉山二郎：《宝庆寺石佛研究序说》，《东京国立博物馆纪要》第13期，1978，241—291页。
② 根据9世纪的一则资料，在玄宗统治期间，益州长史魏奉古将一卷画样进奉皇帝，皇帝又赏赐给高力士。参见罗世平：《四川唐代佛教造像与长安样式》，55页，注释38，引自段成式：《寺塔记》卷二"翊善坊"条。
③ 赵君平：《唐〈高力士墓志〉抉微》，39—40页。
④ 《新唐书》卷二百七《高力士传》，5859页。
⑤ 温玉成：《龙门石窟造像的新发现》，《文物》1988年第4期，24页。
⑥ 刘景龙、杨超杰主编：《龙门石窟总录》第8卷，17页，图版114。

图 8.3　1250 窟洞内立佛(作者摄于 1999 年)

状。此外,该洞窟的造像大约 1.8 米高,接近四十八阿弥陀像的高
度——1.9 米或 2 米,所有这些表明他们是在同一时期造的。我
认为这个洞窟是高力士为自己所造的工程。

三尊阿弥陀立像

这三尊阿弥陀立像的意义可以从一个较早的造像中挖掘,那
就是 694 年洛阳北市丝行造像龛所造净土堂前厅北壁上一个刻
有三尊阿弥陀的造像龛(图 8.4)。这一铺三尊像同样是立像,没
有胁侍造像,头光上刻有七佛,手持无畏印和与愿印。他们同样
身披外衣,在身体前方折成 V 形。整个净土堂工程代表了往生西
方净土的过程,龛内三尊站立的阿弥陀佛像代表的是信徒在死亡

图 8.4　北市丝行净土堂前厅北壁 694 年三尊阿弥陀造像
（作者摄于 1999 年）

时遇见阿弥陀佛的三种可能形象，即往生过程的开始。在《佛说无量寿经》中，释迦牟尼描述了三种信仰阿弥陀佛的信徒："其上辈者"为沙门僧侣；"其中辈者"一心供奉阿弥陀佛，受持八关斋戒，修塔造像，在盂兰盆节向僧侣施舍饭食，在佛像前悬挂缯旗、燃灯、散花、烧香，所修功德都以往生净土为目的；"其下辈者"虽然在有生之年不曾修任何功德，但曾在脑海里想过阿弥陀佛，哪怕只是一瞬间的念想。根据他们信心的程度，阿弥陀佛在其临终之时将会以三种形式中的一种出现在他们面前，带领他们往生西方净土：对于"上辈者"，阿弥陀佛将亲自出现；对"中辈者"，阿弥陀佛将"化现其身"；对"下辈者"，则将"梦见彼佛"。①我认为这个像龛中的三尊阿弥陀佛代表的是阿弥陀佛的三种显现形式。

---

① Gómez，*The Land of Bliss*，pp.187—188.

十二光佛

这一组四十八阿弥陀佛的本质不仅与宦官个人的石窟造像不同,而且与一组十二个阿弥陀佛也是不同的,例如刻在净土堂壁面的那些造像。在入口上方刻有一组十二尊坐佛,是作为原始工程的一部分出现的,另一组由一位比丘供养人刻在前庭两侧壁上,是后来增刻的。他们代表的是十二光佛,指的是《佛说无量寿经》记载的阿弥陀佛的十二个光明佛号,他们代表的是阿弥陀在完成所发四十八愿、净化了自己的西方"安乐世界"之后,"威神光明,最尊第一,十方诸佛,所不能及"。阿弥陀四十八愿和十二光佛出现在同一部经典里,前者寓意着阿弥陀佛的启示以及他创造的净土世界,后者代表的是阿弥陀佛净土世界的成就。然而从宦官供养人的观点来看,阿弥陀佛的四十八愿有着不同的目的和功能。

四十八愿

不像《妙法莲花经》中观音的发愿,阿弥陀四十八愿不是为了拯救还活在世上的人,而是为了更好的往生,特别是极乐世界的往生。第一愿"设我得佛,国有地狱、饿鬼、畜生者,不取正觉"。第二愿"设我得佛,国中天人寿终之后,复更三恶道者,不取正觉"。第三十五愿"设我得佛,十方无量不可思议诸佛世界,其有女人,闻我名字,欢喜信乐,发菩提心,厌恶女身。寿终之后,复为女像者,不取正觉"。这些"大愿"承诺将信众从恶道轮回中解脱出来，而其他强调的是往生净土的便宜。第十八大愿，路易斯·戈麦斯将其称为核心大愿："十方众生，至心信乐，欲生我国，乃至十念，若不生者，不取正觉。"①从以往来看，第十九愿也是非常重要的，因为它承诺信徒，阿弥陀会在其临终时出现在面前。第二十愿也说"设我得佛，十方众生，闻我名号，系念我国，植诸德本，至心回向，欲生我国，不果遂者，不取正觉"。其他几个大愿描述了阿弥陀佛所在国土的无限美好纯净，以及国中天人的神力和美德，包括他们将在那里得道成佛的承诺。②所有这些阿弥陀佛大愿都是针对信徒的，但是非信徒也有机会听到阿弥陀名号并且受到感召，诵念其名号。例如第十七愿，阿弥陀佛承诺："设我得佛，十方世界无量诸佛，不悉咨嗟称我名者，不取正觉。"

解读四十八阿弥陀佛

高力士雕凿四十八阿弥陀佛很可能是为了他那不信佛的朋友兼主人——唐玄宗所造。尽管我认为这是这项工程的目的，但是我想知道在信众的认知里，这些非同寻常的造像是如何发挥功能的，或者说我们是否真的可以知道。伊瑟尔在《解读的过程：一种现象学的方法》（*The Reading Process：A Phenomenological Approach*）一文中描述了一种关于读者与文学之间相互作用的理论，它也适用于我们理解在中国佛教环境下，艺术品的内涵和意义是如何被创造出来的。他写道："（创造出意义的）不仅仅是文

① 同上书，139 页。译者注：中文引自康僧铠（Samghavarman，活跃于 3 世纪）所译《佛说无量寿经卷》。
② 同上书，167 页。

本,因为只有当产生意义的过程得以实现,文本才有了生命。"他想说的是小说的意义是在阅读过程中产生的。[1]然而与现代小说有别的是,佛教造像不仅能够作为文本被解读,而且还能够作为物体来观察;除此之外,还可以作为法身的载体以及产生功德的方式来供养。正如伊瑟尔在文中说的:"阅读促使文学作品来展现其内在的千变万化的特征。"[2]据此我们也可以说,对于佛教雕塑而言,解读、观赏、敬拜等行为可以促使一件造像来展现其内在千变万化的特征。

为了探索宦官造像工程的精神功能,让我们从读者、观者及敬拜者的角度来审视一下这项工程。把这项工程作为文本来解读,我们可以先计算他们的数量,得到的数字就会把我们引向佛教经典《佛说无量寿经》。了解经文之后,读者理解这些造像有体现阿弥陀佛四十八愿的功能。这项工程的其他文本就是造像铭文,铭文告知读者关注该项工程的供养人、受益人、图像、日期以及灵性目标。铭文中清晰表达了此项工程的灵性功能,写到供养人"开净土",净土是阿弥陀履行誓愿、广施祝福的地方,在这个环境里,这些造像很可能被信奉为所有四十八大愿的体现,使得阿弥陀佛许诺的福祉能够实现,并且永远造福于皇帝。这四十八身造像不仅代表了可生于西方净土以及阿弥陀佛在信徒临终前会现身的誓愿,而且也包括非信徒能够听到阿弥陀的名号并由此渴望生于西方净土的誓愿。总的来说,他们是为皇帝祈福,祈祷他能够得到解脱。

如果把这些造像作为视觉图像,观者就会用不同的眼光理解

---

① Iser, *The Implied Reader*, p.274.
② 同上书,275 页。

附刻了阿弥陀之后的卢舍那像龛了。由唐高宗为了他的皇族先祖发起雕凿的卢舍那是皇帝的象征。此外，这个龛造像完备，不再需要更多的工程。在设计方面，增加的阿弥陀造像不仅多余，而且突兀，特别是破坏原始雕塑的那些像龛。然而，一些证据表明，这些阿弥陀像龛的开凿意在同主佛建立有意义的视觉关系。卢舍那大佛体量庞大且突出夺目。从中国传统视角来看，卢舍那只能代表皇帝。阿弥陀数量多、体量小，他们都静止站立，既不张扬也不显眼，有些手放在腰部或者身体侧方。或许他们意在代表宫廷宦官与皇帝的关系，对于体量巨大且独一无二的皇帝造像来讲，他们数量多，不足道。其中一个细节强化了这种解读，那就是阿弥陀的手势。对于标准的佛造像来说，手的姿势应该是手印，意味着佛的一些行为或是要传达的信息，但是这些阿弥陀当中有许多手势都是不标准的。一些造像手势是容易识别的无畏印和与愿印，而有的造像仅仅是一只手臂弯曲，另一只手置于胯处（参见图 8.2）。我怀疑这些根本就不是手印，而更像是某人在待命时的姿势，例如宦官侍奉其主子的情景。

任何在这些佛像前礼佛的人都会产生功德。礼佛人会受用一些功德，还有一部分会回向受益人，即铭文中提到的皇帝。由于皇帝不是信徒，功德只能用于他的解脱，而在这种情况下，实现他的解脱只要简单地称诵阿弥陀的名号就可以了。只要这些造像依然伫立，礼佛者继续做功德，那么回向皇帝的功德就会越多。因此造像在那里越久，皇帝得到解脱的几率就越大。

尽管读者、观者以及礼佛者的角色有助于想象这项工程的意义和功能，但是读者回应理论没有考虑读者、作者及作品之外其他参与者的存在。对于佛教雕塑来说，这个参与者（不是一个人而是法则)就是因果轮回的机制。假如"读者"的角色已经由因果轮回的机制所扮演,那么我们就要问:"佛教雕塑需要一个普通的读者吗?"现在让我们重新审视这项工程的内部证据,从而思考宦官供养人是不是认为这项工程的成功不需要任何凡人读者。此外,从工程的其他方面来看,观者和礼佛者也不是必需的。

四十八尊造像遍布整个卢舍那像龛,这种分布方式使人很难把他们作为一个群体来识别,不像棋盘式分布的小佛很容易让人迅速联想到"千佛"。此外奇怪的是,铭文中从来没有宣称要造四十八尊像,也没有提到是阿弥陀大愿。无论是设计还是铭文都没有告知读者这项工程的实质是什么。谁是这篇铭文的指定读者呢?皇帝已经读过这篇铭文,那里没有迹象表明在碑铭揭幕的时候他到过现场。此外,宦官们想要告诉何人他们把像龛转化成了净土?我们应该考虑这种可能性,它们唯一的受众只有因果轮回的机制,这种机制是功德转递和归功的渠道。从这项工程的精神效力来讲,或许,只有因果轮回的机制需要知道这个龛现在表现的是极乐世界,现在这个受益者是皇帝。

从观者的角度来看,卢舍那像龛内附刻的这些阿弥陀造像既没有任何吸引力,也没有美化该龛。实际上,这些阿弥陀像龛毁坏了一些原有的雕刻,而且由于绝大多数造像在北壁,它们也破坏了原有设计的对称性。其他一些几乎都被隐藏起来了,要么在佛座后面,要么在西壁高处,几乎无法看清。这些阿弥陀造像从手势和姿态上与原有造像也没有任何关联,例如凝视或者转向主佛之类的动作。他们也没有强调主佛作为主要供养对象的地位。例如在原始造像龛中,弟子在主佛的两侧胁侍,弟子体量较小且处于附属位置,这样的视觉效果就较好表示了他们同主佛之间的关系,就像我们从佛经中了解到的一样。相反,阿弥陀的身量和位置不能传递出他们和主佛之间关系的有意义的信息,并且卢舍那佛也没有出现在《无量寿经》中。或许唯一的设计准则就是将阿弥陀像穿插进可利用的空间,设计者没有要把阿弥陀造像和卢舍那像龛融为一体的意向,仅仅是在华严模式上叠加极乐世界。

或许宦官并没有要把他们的造像作为卢舍那佛胁侍像的想法,相反,宦官的造像或许只需要存在就可以了——它们被置于这个像龛中是因为宦官得到许可整修这里——无论是作为单独的造像还是作为大卢舍那龛造像组合的一部分,都不是为了被看见。中古时期的佛教徒认为造像能产生大量的功德,因此,或许宦官也没有期待任何人在他们的造像前礼拜,很有可能他们只是考虑造像行为本身所产生的功德,因为这就足以达成他们的目的。

我们甚至可以问这些阿弥陀造像是否作为佛像被礼拜。尽管在铭文中被识别为阿弥陀,四十八尊造像意味着他们代表的是四十八愿,而不是西方极乐世界的教主阿弥陀佛。一名信徒如何礼拜分布在三个壁面上的四十八尊造像,这一点并不清楚。尽管这些造像与佛像很相似,但是他们不具备佛像的功能。或许他们仅仅是四十八愿的本质体现。

以这些雕像是阿弥陀誓愿的本质这一观念为前提,我们可以重新诠释阿弥陀佛这些非同寻常的手势,将它们看作阿弥陀佛等待皇帝呼求其名号的象征。在《无量寿经》中,阿弥陀佛对生命即将终结的信徒说:"是故我今来迎接汝。与千化佛,一时授手。"①在 1250 窟,有三尊站成一排的阿弥陀立像,很可能代表的是信徒

---

① 《佛说观无量寿佛经》,《大正新修大藏经》卷十二,365 号,345a 页。

图 8.5 宁夏须弥山
第 105 窟约 700 年
阿弥陀造像（韩伟主
编《中国石窟雕塑全
集 5 陕西·宁夏》）

临终之时，阿弥陀佛出现的三种可能情况。我认为四十八阿弥陀
当中的一些造像所做出的明显的等待手势意在表明一种最初见
面的姿势——伸出的双手是阿弥陀佛问候临终信徒的欢迎姿势。
这种手势不见于龙门，但是在宁夏固原须弥山石窟可以看到，那
里有一座大约开凿于 700 年的洞窟，窟中刻了一尊 3 米高的阿弥
陀造像（图 8.5）。①这尊佛像没有胁侍像，像龙门四十八阿弥陀造

---

① 我的学生 Lisanne Pluth 认为 105 窟的开凿时间大约是 700 年（"The Xumishan
Grottoes and the Iconography of Tang Dynasty Dizang," Ph. D. dissertation, Uni-
versity of Kansas，2004）。

像一样,圆形头部上刻着卷曲的头发,同样独特的外衣在脚踝处形成 V 形图案。然而,须弥山造像向外张开双臂,他的双手向前伸,呈接引势。在唐代,固原是个交通往来频繁的地方,因此这种接引手势也被中原地区的人们所熟知。因此我认为对于 8 世纪初期的信徒而言,四十八阿弥陀造像当中许多奇特的手势可能表现的是这种伸开双臂的欢迎姿势。然而主仆之间毕竟有着现实的社会和政治关系,因此宦官可能不敢把阿弥陀造像表现成迎接临终的皇帝到西方净土的样子。张开双臂这样一个公开传教的行为可能不太容易被受惠人所接受。相反,如果佛像的手势呈一种待命的姿势就不同了。四十八愿造像的本质无异于宦官祈愿不信佛的皇帝能够呼求阿弥陀佛并且往生西方净土。如果这个祈愿需要花费一生的时间来回应,他们也作好了充足的准备,因为这些造像矗立的时间越久,阿弥陀亲自接引皇帝的机会就越大。

结语　龙门后话

龙门供养人大约在一千年前就停止了造像,但是这个场所一直留存至今,千百年来被不同类型的参访者感知和研究。结语试图从三个角度来广泛地展现龙门石窟后期的情况,并结合特定的图像,对每一个角度作简要的说明。从宗教的角度来讲,直到大约 13 世纪为止,龙门地区的寺院都是活跃的宗教场所,寺僧的热情周到把香山变成了一个游人如织的风景名胜。从中国文人的角度来讲,龙门被视为一个历史资料的宝库。清代(1644—1911),龙门作为一个"考古遗址"被学者重新发现,龙门石窟内的碑刻题记被收集、墨拓,用于对其历史价值和书法艺术的研究。今天龙门的造像题记继续被作为历史、语言、艺术的史料来解读。第三种角度则是由西方学者开启的。20 世纪初,龙门吸引了日本和西方的参访者,他们对龙门石窟的造像进行拍照,并在西方出版印刷。这是龙门石窟造像第一次作为艺术品被世界所认知。从 20 世纪 30 年代起,当地的石匠出于对金钱的渴望,勾结中国的文物商人和西方的文物收藏者,开始对龙门的造像进行掠夺和盗卖。1949 年中华人民共和国成立后,政府对石窟重点保护,并且把龙门提升改造成旅游景区。

龙门地区寺院的后期活动

755 年冬天,安禄山发动叛乱,叛军很快从北方南下,占领东都。叛军把洛阳变成了废墟,之后继续向西占领了长安,玄宗被迫逃亡。从那时起,龙门地区的开窟造像活动实际上就已经停止。此后,只有一些零星的小龛出现,不再开凿大型石窟,上层社会的供养人也不再捐造任何大型工程。龙门地区开龛造像累积功德的功能走向终结,但是直到 13 世纪蒙古人征服中原之前,龙门地区的寺院活动一直持续。

诗人杜甫(712—770)年轻时曾到过龙门,在西山南侧的皇家寺庙奉先寺留宿一晚。《游龙门奉先寺》写于 736 年。在他对于龙门地区神圣特质的描写中,有直接关于伊河两岸的石灰岩山崖的记述。这里的"窥",即指阙楼,也是伊阙名称最初的由来。诗人在静夜之中久坐沉思的场景,似乎是对二十年后的事件令人动容的预兆,安史之乱的灾难使得杜甫深入叩问自己的内心,在他后期的诗作中,更加体现出了他在这里的沉郁和哀愁。

> 已从招提游,更宿招提境。
>
> 阴壑生虚籁,月林散清影。
>
> 天窥象纬逼,云卧衣裳冷。
>
> 欲觉闻晨钟,令人发深省。[1]

龙门石窟供养人

829 年,诗人白居易(772—846)到东都洛阳任职居住。第二年,他升任河南尹。白居易在洛阳度过余生,经常到龙门东山的香山寺逗留。作为一个虔诚的佛教徒,他对这座百年古刹的破败凋零深感痛心。根据《修香山寺记》的记载,白居易为已故好友宰相元稹撰写墓志铭,得到过一笔厚赠,这使得他有能力来重新修葺香山寺。根据文中记载,白居易非常喜欢这个地方,因此,846年白居易死于洛阳后,就葬在了香山寺僧人如满(b.752)的墓地旁。

修香山寺记

洛都四郊,山水之胜,龙门首焉。龙门十寺,观游之胜,香山首焉。

香山之坏久矣。楼亭骞崩,佛僧暴露。士君子惜之,予亦惜之;佛弟子耻之,予亦耻之。顷予为庶子、宾客,分司东都时,性好闲游,灵迹胜概,靡不周览。每至兹寺,慨然有葺完之愿焉。迨今七八年,幸为山水主,是偿初心,复始愿之秋也。似有缘会,果成就之。

噫!予早与故元相国微之定交于生死之间,冥心于因果之际。去年秋,微之将薨,以墓志文见托。既而元氏之老,状其臧获、舆马、绫帛,洎银鞍、玉带之物,价当六七十万,为谢文之赞,来致于予。予念平生分,文不当辞,赞不当纳。自秦抵洛,往返再三,讫不得已,回施兹寺。因请悲智僧清闲主张之,命谨干将士复掌治之。始自寺前亭一所、登寺桥一所、连桥廊七间,次至石楼一所、连[楼一所、]廊六间,次东佛龛大屋十一间,次南宾院堂一所,大小屋共七间。凡支坏补缺,垒陨覆漏，圬墁之功必精，赭垩之饰必良。虽一日必葺，越三月而就。譬如长者坏宅，郁为导师化城。①

于是龛像无燥湿陊沤之危，寺僧有经行宴坐之安，游者得息肩，观者得寓目。关塞之气色、龙潭之景象、香山之泉石、石楼之风月，与往来者耳目，一时而新。士君子、佛弟子，豁然如释憾刷耻之为[者]。

清闲上人与予及微之，皆凤旧也，交情愿力，尽得知之，感往念来，欢且赞曰："凡此利益，皆名功德，而是功德，应归微之，必有以灭宿殃，荐冥福也。"予应曰："呜呼！乘此功德，安知他劫不与微之结后缘于兹土乎？因此行愿，安知他生不与微之复同游于兹寺乎？"言及于斯，涟而涕下。唐太和六年八月一日，河南尹太原白居易记。②

唐代，在清明早春时节前往龙门聚会、东山野餐、听歌赋诗、游玩寺院等已成为洛阳贵游子弟的惯例。一首明快的诗描述了这个场景，题为《龙门赋》，由唐代河南县尉卢竧所写。③摘录如下：

国门门南二十里，双阙峨峨夹伊水。

不论形胜接皇居，远泽灵仙亦飞拟。

---

① 这里指的是《法华经》中化城的故事，参见《法华经》，英文参见 Burton Watson（New York：Columbia University Press，1993），pp.135—136。

②《白居易集》卷六十八《修香山寺记》，北京：中华书局，1979，1441—1443 页。

③ 1900 年发现于敦煌藏经洞，部分《龙门赋》的内容转录在温玉成主编：《中国石窟雕塑全集 4 龙门》，38—39 页。另一首关于这个主题的诗乃唐代著名诗人李峤（约645—约714）所写，载李献奇选注：《洛阳龙门诗选》，1—2 页。

洛阳士女重清明,闻向龙门更着情。

铁关金锁在关钥,宝马香车透出城。

……

谷谷山山遍胜游,红红绿绿采芳舟。

……

南瞻草树塞野春,北望楼台半天起。

……

妙管繁弦听旧曲,花笺彩笔赋新诗。

……

王子晋,浮丘伯,昔日伊川迎羽客,曷若今晨宴芳陌?①
李元礼,郭林宗,昔时洛水泛仙艟,何如今日会禅宫!②
石为龛,金为像,半隐半现遥相望。
下有水,上有山,一登一弄不能还!

……

855年,日本僧人圆珍(814—891)到龙门朝圣。他是日本天台宗的重要人物之一,继园仁大师(794—864)后成为京都附近比睿山延历寺的住持。圆珍到龙门的主要目的是参拜739年建于西山北侧的印度高僧善无畏的舍利塔。758年,应唐朝大将郭子仪(697—781)的要求,皇室在善无畏塔附近修建了一座寺院,名为广化寺,至10世纪,这里也成为其他一些密宗僧侣的身后之

---

① 王子晋,好吹笙作凤凰鸣。在他游于伊水和洛水时,遇到道士封丘公。参见《中文大辞典》,21295.33。
② 李膺(元礼)和郭泰(林宗)是好朋友,东汉人。一天他们在河中泛舟,一位客人称赞他们像一对仙人。参见《中文大辞典》,14819.1765、40338.27。

地。根据圆珍 853 年至 858 年之间在中国的行记:"踏雪没膝至东都龙门伊水之西广化寺,礼拜无畏三藏舍利之塔,沙门道圆撰《三藏和尚碑》流传海东(日本)。"①

善无畏舍利塔在 11 世纪的时候仍然是一个朝圣之地。1011 年春,天气大旱,宋真宗(997—1022 年在位)前往龙门,在善无畏塔前焚香祈祷,祈愿能够借助这位密教大师的神秘能力带来降雨。②宋真宗写下了《龙门铭》,刻在东山万佛沟的崖壁上。③《龙门铭》开篇以简短的文字赞美了龙门的景色和它近毗帝都的地理形胜,文中提到的"大雄之尊像"指的可能就是大卢舍那像龛,在伊河东岸正好可以看到。显然,宋真宗到龙门之后,看到现状比较破败,于是下令在 1015 年整修佛像。根据 13 世纪《佛祖统纪》:"西京龙门山石龛佛岁久废坏,上命沙门栖演给工修饰,凡一万七千三百三十九尊。"④

此次工程可能是龙门地区最后一次由皇室下令进行的佛像整修。甚至在 1127 年北宋灭亡之前,洛阳地区就已经处于金朝(1115—1234)统治之下。几位金代诗人,如元好问(1190—1257)所写的诗中就显示出宝应寺和潜溪寺仍然有活跃的宗教活动,但是有些文字表明这些造像却早已无人看顾,一任风霜侵蚀:

龙门石窟供养人

---

① 参见 *Ennin's Diary*: *The Record of a Pilgrimage to China in Search of the Law*, trans. Edwin O. Reischauer(New York:Ronald Press,1955), p.3. 温玉成:《唐代龙门十寺考察》,载龙门文物保管所、北京大学考古系编:《龙门石窟》二,229 页。

② 参见宋庠(996—1066)《谒龙门无畏师塔祈雨作》,载李献奇注:《洛阳龙门诗选》,57—58 页。根据善无畏的传记,应皇帝的使者高力士的请求,善无畏曾经有过祈雨应验的经历。参见赞宁:《宋高僧传》卷二,21 页。

③ 2211 洞窟;《题记》,2842。参见李献奇注:《洛阳龙门诗选》,55—56 页。

④ 参见温玉成:《略谈龙门奉先寺的几个问题》,57 页,引自志磐:《佛祖统纪》卷四十四,《大正新修大正藏》卷四十九,2035 号,405c 页。

土肉养石自古秀，山腰流水无时干。

佛髻滴滴染湿翠，松风飕飕鸣惊湍。①

14 世纪，元代（1279—1368）官员、回族诗人萨都剌（约
1300—1380）来龙门旅游。或许是穆斯林对偶像崇拜的厌恶
导致他夸大了这个地方的破败，但是他还是描述了一些真实
的情景：

> 洛阳南去二十五里许，有两山对峙，崖石壁立，曰龙门。
> 伊水中出，北入洛河，又曰伊阙。……两岸间，昔人凿为大
> 洞，为小龛，不啻千数。琢石像诸佛相、菩萨相、大士相、阿罗
> 汉相、金刚相、天王护法神相。有全身者、有就崖石露半身
> 者，极巨者丈六，极细者寸余。趺坐者、立者、侍卫者，又不啻
> 万数。然诸石像旧有裂衅，及为人所击，或碎首，或损躯，其
> 鼻耳，其手足，或缺焉，或半缺、全缺。金碧装饰悉剥落，鲜有
> 完者。
>
> 旧有八寺，无一存。但东崖巅有垒石址两区，余不可辨。
> 有数石碑，多仆，其立者仅一二。所刻皆佛语，字剥落不可
> 读，未暇详其所始。今观其创作，似非出于一时，其工力财
> 费，不知其几千万计，盖其大者必作自国君，次者必王公贵
> 戚，又其次必富人，而后能有成者。
>
> 然予虽不知佛书，抑闻释迦乃西方圣人，生于王宫，为国
> 元子，弃尊荣而就卑辱，舍壮观而安僻陋，斥华丽而服朴素，

---

① 魏搏霄：《龙门》，载李献奇选注：《洛阳龙门诗选》，106 页。

厌浓鲜而甘淡薄,苦身修行,以证佛果。其言曰无人我相,曰
色即是空,曰寂灭为乐。其心若浑然无欲,又奚欲费人之财,
殚人之力,镌凿山骨,斫丧元气,而假于顽然之石,饰金施采,
以惊世骇俗为哉![1]

20 世纪初期,这里的境况更加萧条,不仅佛像仍然处于破败
失修的状态,而且留下的僧人或是道士的道德水准丧失殆尽。根
据沙畹的记载,这些僧人竟把洞窟变成鸦片烟馆,他的学生斯普
伊特(Spuyt)也记录道,他们不得不跨过这些吸食者的身体来调
查洞窟的状况。[2]

金石学与龙门碑铭

龙门被北宋(960—1127)学者重新发现和推崇,不是因其佛
教造像,而是因其碑刻题记。11 世纪,因为青铜器上刻有铭文,这
才激起文人对青铜器研究的兴趣。同样,龙门也因其大量的碑刻
题记而被文人士大夫所关注。政治家和文学家欧阳修(1007—
1072)是有记录的第一个收集龙门碑刻拓片的人。[3]1031 年至
1034 年,青年欧阳修到洛阳为官。时任洛阳长官钱惟演对政务兴

---

[1] Richard E. Strassberg, *Inscribed Landscapes: Travel Writing from Imperial China*(Berkeley and Los Angeles: University of California, 1994), pp.266—267.翻译略有不同。译者注:本文选自陈梦雷等原辑,蒋廷锡等重辑:《古今图书集成》第 52 册《山川典》,北京,中华书局/成都,巴蜀书社,1985。

[2] 参见 Antonino Forte, "Marginalia on the First International Symposium on Longmen Studies," p.73。

[3] 参见《龙门造像题记》所列书目,119—121 页。

致寥寥,却非常热衷于和洛阳的青年才俊举行诗会,游览当地山水。作为钱惟演的属官,欧阳修也得以借此机会遍历洛阳。[①]在他的诗作中,他喜欢追忆和朋友们一起待在香山寺和广化寺的情景。[②]尽管欧阳修对寺院非常熟悉,甚至对一些学问僧也很尊敬,但他本人是排斥佛教的。[③]因此,论到欧阳修的金石学研究,他所收集的一千方拓片里只有一方出自龙门——641年宾阳南洞的伊阙佛龛之碑(图 9.1)。面对这一方拓片,欧阳修对佛教的反感可能被碑文的作者和书家的重要身份克服了。这方碑铭是由杰出的文学家、宰相岑文本撰文,以刚直著称的书法家、宰相褚遂良书丹的作品。褚遂良也是初唐最负盛名的四大书家之一。关于这方拓片,欧阳修写道:

> 右《三龛记》,唐兼中书侍郎岑文本撰,起居郎褚遂良书,字画尤奇伟。在河南龙门山,山夹伊水,东西可爱,俗谓其东曰香山,其西曰龙门。龙门山壁间凿石为佛像,大小数百,多后魏及唐时所造。惟此三龛像最大,乃魏王泰为长孙皇后造也。[④]

欧阳修的评论透露出一些误解。他张冠李戴地认为宾阳三洞都是李泰发愿所建。很可能是因为李泰的碑文刻在宾阳南洞

----

① Ronald C. Egan(艾朗诺), *The Literary Works of Ou-yang Hsiu*(1007—1072) (Cambridge: Cambridge University Press, 1984), p.3.

② 参见李献奇选注:《洛阳龙门诗选》,79—82 页。

③ James T. C. Liu(刘子健), *Ou-yang Hsiu: An Eleventh-Century Neo-Confucianist* (Stanford: Stanford University Press, 1967), pp.165—166.

④ 欧阳修:《集古录跋尾》卷五,湘阴:三长物斋丛书,1844,11b—12a 页。

图 9.1　褚遂良《伊阙佛龛碑》(641 年)

和宾阳北洞之间的魏碑之上。九百年之后,汉学家沙畹也犯了这个错误。①同时,他把宾阳三洞的造像描述为龙门最大的造像,这就很让人怀疑他是怎样考察石窟的!除此之外,他对唐代书法作品的赞扬表明了宋代士人以唐代经典为正统的偏好。而当金石学在清代复兴的时候,后期的金石学家和书法爱好者则更喜欢北朝时期非正统的书法作品。

顾炎武(1613—1682)在《金石文字记》中提到龙门碑刻题记,他是第一个明确提到龙门碑铭的清代金石学家。他简单提及的一则造像记是楷体书写,刻在方格内,时间为北齐武平六年(575),这个信息足以识别这块碑铭,因为唯一一方刻在方格里的575年铭文是由道兴为首的平民团体所刻,该铭文刻在药房洞的北门框上。②很显然,顾炎武认为北魏灵太后是龙门石窟的开创者,这一观点也为后来无数的无知者开了先河。他对佛教、女性供养人和统治者的蔑视是毫不掩饰的:

> 洛阳西南二十五里伊阙山亦谓龙门,《左传》谓之阙塞,两山相对,伊水出其中,泉出石窦下注于伊固,昔日神都名胜之地,后魏胡太后宠信浮屠,凿崖为窟,中刻佛像,大者丈余,凡十余处,后人踵而为之,尺寸可磨,悉镌佛像至于今未已,蚩蚩之氓谓镌佛之功可得福报,而其出于女子者尤多。余尝过而览之,既不可偏惟此。

---

① 参见 Audrey Spiro, "Forty Years On: Art History, Methodology, and How a Great Scholar Came to Make a Small Error," *Oriental Art* 36(1990), no.3:130—137; and Chavannes, "Le défilé de Long-men," p.146。

②《题记》,1741。

武平六年者书法差可画,方格如棋局,而其半亦已磨灭,唐人则多总章以后及武后年号。乃知魏、齐、唐三代无非女主为之宠饰耳。①

　　黄易(1744—1802)是清代兴起的"考据派"学者之一,考古学和金石学是"考据派"最主要的手段。②1786 年,黄易在山东为官时,督导了汉代武梁祠的发掘。祠内遍刻画像,有儒家推崇的人物,也有神仙和传统的丧葬场景。1797 年秋,黄易前往河南调查古石碑和铭文。他收集了超过四百方碑铭的拓片,并把自己的游历过程编写成书——《嵩洛访碑日记》。在日记中,黄易描写了他在龙门的一些活动。③尽管内容有些和事实出入的地方,但是他对龙门景观和拓片制作方法的描述也展示了 18 世纪人是如何对待这一重要遗址的:

　　二十一日秋胜及虚谷乔梓出南郭渡洛河……游龙门宾阳诸洞,观诸佛像庄严博大。旁多刻字,齐洛州老人佛碑,唐岑文本三龛记,俱刻洞外石壁。僧言三龛记旧有褚遂良款,石片碎落,昔藏寺中,旋失去。老衲谢草犹见之。饭临河小阁,望香山如图画,饭毕循山而南,石壁凿洞不能数计。登老君洞观魏齐诸刻。洞上老翁王樵夫居之,自言年九十有三,

① 顾炎武:《金石文字记》卷二,载《石刻史料新编》第一辑,台北:新文丰出版公司,1977,第 12 册,9219 页。
② 白谦慎,*Fu Shan's World:The Transformation of Chinese Calligraphy in the Seventeenth Century*(Cambridge, Mass.:Harvard University Asia Center, 2003),p.164.
③ 黄易:《嵩洛访碑日记》,载《石刻史料新编》第三辑,第 29 册,601—602 页。

或以为仙,蒋学士独敬礼之。夕阳已西,不及至香山而返。

二十三日,秋胜虚谷先返偃,余宿龙门镇。视工人广拓诸刻,佛洞多在山半,虚谷欲登最高之九间殿看张九龄书牛氏像龛刻,力惫未果。余竟登之,大卢舍那佛像高八丈五尺,石磴宏敞,唐奉先寺基也。大历十年造。卢舍那大像碑、内侍省功德碑、牛氏像龛记、虢国公残碑、宋丁裕题字俱刻石壁。①

二十四日渡伊河游香山寺②,及巅眺龙门山石壁,危峭凿佛如林,卢舍那大像坐半山中,别有景象。寺无古刻……

二十五日,视工人拓龙门诸刻。山僧古涵精摹拓亦来助力。僧知伊阙洞顶小龛有开元刻字,猱升而上,得一纸,乃邱悦赞利涉书,向所未见,非此僧莫能致也。③

二十六日,欲行,雨阻,工人冒雨拓碑,持来纸湿,余为熨干,得香山诸刻及唐人党晔辛祕④等题名,惟少大足一刻,龙门石洞内见顶刻大唐永隆等字圆转巨书。老君洞顶之刻几遍架木,高危不能拓取,叹息而已。住龙门六日,拓碑三百余种。

随着龙门碑铭的重新问世,北魏造像记作为书法作品的美学价值开始受到推崇。"考据派"学者对于作为原始历史资料的碑刻的欣赏似乎也撬动了以王羲之(307—365)为代表的南朝书法

---

① 题记分别对应的是 1632、1634、1633、1639。
② 这个可能是现在的香山寺,汤右曾于 1708 重建,位于西山石窟对面,不是以白居易闻名的唐代建筑,真正的香山寺遗址位于东山南侧。
③《题记》,1112,670 窟,老龙洞上方,715 年刻。
④ 党晔洞是东山 2125 窟,《题记》,2800,772 年;辛祕,《题记》,2823,818 年,2158 窟。

风格的禁锢,帖书已经经历了过去一千年的书法实践,从这时开始,汉朝、北朝留存下来的碑书开始被清代书法家所重视,他们认为北朝碑有其自身独特的魅力,更是中国书法史的有机组成部分,也成为创造性地重新诠释中国书法的重要来源。乾嘉年间(1736—1820),古阳洞内容最长的四品北魏造像铭文的拓片被收藏并流传,现藏于北京中国国家图书馆。①他们是孙秋生造像记、始平公造像记、杨大眼造像记和魏灵藏造像记(图9.2)。最早涉及龙门四品书法价值鉴赏的是由金石学家包世臣(1775—1855)所著的《艺舟双楫》。1819年,包世臣到山东调查北朝碑铭,他写到关于北魏的碑刻,其中有三方来自龙门:"《张公清颂》《贾使君》《魏灵藏》《杨大眼》《始平公》各造象为一种,皆出《孔羡》,具龙威虎震之规。"②

龙门石窟供养人

燕山德林为官河南时,拓印了一些古阳洞和慈香窑的造像记,从中选出十种美学价值最高、最上乘的造像记,称之为龙门十品。1870年他在古阳洞南壁刻题记,内容如下:

> 大清同治九年二月,燕山德林祭告山川洞佛,立大木、起云架,拓老君洞魏造像,选最上乘者标名曰"龙门十品",同事人释了亮、拓手释海雨、布衣俞凤鸣。③
>
> 孙保(高太妃为亡孙元保造像龛)
>
> 侯太妃(503年,侯太妃为子嗣造像龛)

---

① 中国书法编辑组编:《龙门二十品》,7、14页。
② 包世臣:《历下笔谈》,载祝嘉注:《艺舟双楫疏证》,台北:华政书局,1980,38页。《张公清颂》刻于522年,载《书道全集》卷六,东京:平凡社,1966—1969,图版24—29;《贾使君》刻于519年,卷六,图版22、23;《孔羡》刻于221年,卷三,图版59、60。
③《题记》,2337。

图 9.2 《魏灵藏造像记》

贺兰汗（502 年，侯太妃为亡夫造像龛）

慈香（520 年，尼慈香开凿 660 窟的造像龛）

元燮（517 年，安定王元燮造像龛）

大觉（约 500—504 年，僧人大觉造像龛）

牛橛（495 年，尉迟夫人为亡子牛橛造像龛）

高树（502 年，邑主高树造像龛）

元详（498 年，北海王元详为母高太妃以及本人造像龛）

云阳伯（501 年，云阳伯郑长猷造像龛）

　　燕山德林为了编制自己独特的龙门造像记列表，一定有意排除了 18 世纪中期就已经被广为收藏的那四品篇幅长的造像记。

而其他一些学者也有各自的名单。艺术收藏家和金石学家方若观察到最初流行的龙门十品拓片是源于古阳洞四品内容很长的造像记以及尉迟夫人造像记、高树、惠感、道匠、侯太妃造像记和慈香造像记。①而被他称之为龙门二十品的造像记包括之前燕山德林所列的十品加上四品长造像记，以及下面位于古阳洞的六品造像记：

解伯达（499 年之前）

一弗（张元祖之妻，496 年）

僧惠感（502 年）

比丘法生（504 年）

齐郡王元祐（517 年）

优填王（初唐时期）

这些造像记中除了一品之外，其余都被列入龙门书品中。不过康有为（1858—1927）认为优填王造像记品质不高，称其是应当被剔出的杂草，方若也意识到这品造像记刻于唐代，不太适合和北魏造像记放在一起。②方若提出用 503 年的马振拜造像记代替优填王造像记，改过之后的列表就是目前龙门二十品的经典篇目。③今天，尽管观者不能轻易进入龙门石窟随意墨拓龙门碑刻题记，但是高品质的龙门二十品、龙门五十品甚至龙门百品的拓本

龙门石窟供养人

---

① 方若、王壮弘：《增补校碑随笔》，上海：上海书画出版社，1981，241 页。

② 祝嘉编：《广艺舟双楫疏证》卷十九，香港：中华书局，1979，175 页。优填王造像记刻在古阳洞最下层的一个北魏废弃龛旁，北壁魏灵藏龛下方。

③ 参见刘景龙编著：《龙门二十品：碑刻与造像艺术》以及中国书法编辑组编：《龙门二十品》。

在中国和日本都以精美的图片形式出版。廉价的二十品印刷复制版以字帖的方式被广泛利用,在中国大多数书店和全世界的中文书店都有出售。

二十世纪龙门的修整

根据 14 世纪萨都剌的描述,那时龙门石窟的造像就已经被肆意毁坏。但是大规模地偷盗佛头、佛手、佛像并将其在国际艺术市场上出售则发生在 20 世纪的第一个三十年。阿部贤次描述了这类交易的缘起:

> 具有讽刺意味的是,古阳洞佛像的出版和公布刺激了这种有利可图的盗卖产业的壮大和发展。在整个利益链条中,先由本地的代理人为北京、西安等其他城市的文物贩子提供他们盗凿的佛像,继而由这些中间商在国外收藏家、艺术品商人和博物馆的代理人中寻找买家。汉学家们的学术作品,诸如沙畹、喜龙仁(Siren)等其他学者的著作在不经意间成了外国买家选取商品的最佳图录;买主们可以从中选取他们想到公开的市场中购买和意向中的佛像,或者根据某种具体的需求下达"特殊订单"——也就是说,这些图录向潜在的买家展示了他们真正感兴趣的、想要从现场得到的实物。①

尽管国民政府在 20 世纪 30 年代中期并没有阻止这些掠夺

---

① Abe, *Ordinary Images*, p.191.

雕塑艺术品的行为，但是国家文物保护委员会决定修整这个地方，然而囿于种种因素，效果并不显著。①1949 年之后，共产党政府开始认真对龙门进行修整。1953 年，龙门文物保管所成立。1954 年，修复和调查工作同时开展。1961 年，龙门石窟被国务院列入全国第一批重点文物保护单位。次年，北京大学阎文儒教授对龙门石窟进行全面调查。1965 年，龙门石窟遭破坏的程度被详尽记录在案，管理部门就石窟遗址的修整向建筑学家梁思成、杨廷宝教授和陈明达工程师征求意见。

许多现代的参访者会认为龙门石窟大范围的破坏是在"文化大革命"（1966—1976）期间造成的，但实际上，在此期间龙门石窟没有遭受进一步的毁坏。有人描述："……1966 年 6 月某日，白马寺被砸的当天下午，原市委书记吕英即指示洛阳农机学院师生连夜进驻龙门石窟，并日夜守护，从而使龙门石窟避免了一次在特定历史条件下的大劫难。"②

"文革"结束之后，政府开始着手对卢舍那像龛的造像进行修整工作。据温玉成记载：

> 龙门文物保管所、河南省博物馆和国家文物局保护科学技术研究所于 1971 年对南壁天王、力士和迦叶像作了维修加固和局部复原工作，取得了良好的效果，达到了"整旧如

---

① Gustav Ecke（艾克），"On a Wei Relief Represented in a Rubbing," *Monumenta Serica* 2（1936—1937）：205—207.非常感谢我的学生 Jason Steuber（纳尔逊艺术博物馆早期中国艺术策展助理）为我提供的这些参考资料。

② 王振国：《龙门石窟破坏残迹调查》，载龙门石窟研究所编：《龙门流散雕像集》，107 页。

旧"的要求。①

修复需要在石头中注入环氧树脂塑胶,并且将铁铆钉嵌入石头。1974年大卢舍那像龛的修复工作完成,像龛上人字形的排水沟得以恢复使用。1975年整修伊阙佛龛之碑,1976年宾阳洞和潜溪寺窟得到整修。②工作人员在许多石窟上面搭建防水棚,在一些雕像上喷洒有机硅来防水。20世纪80年代初期,东山石窟得到整修。20世纪80年代晚期,为了让游客能够参观高处的石窟,政府开始修建栈道,而所有洞窟的窟门处都建有带尖头的栅栏。古阳洞、药房洞、宾阳洞洞口处清代砖垒成的壁面被拆除,长时间被其覆盖的雕塑和碑铭得以显露。20世纪90年代,日本和意大利出资并派专家来援助龙门石窟的修复工程。

对于当地居民来说,龙门石窟是一个旅游热点,每年有成千上百的游客来到这里参观,当地政府决定获取更多的国际认可。1999年,管理部门取缔了流动的小摊贩,门票价格也直线上升。西山南侧游乐场的龙宫被爆破拆除,当地卫视全程直播。2000年12月,龙门石窟被联合国教科文组织认定为世界遗产,并且获得100万美金用于进一步的修复。

① 温玉成:《略谈龙门奉先寺的几个问题》,57页。
② 刘景龙:《龙门石窟保护》,载美秀博物馆:《龙门石窟》,156页。

译后记

先说说翻译这本书的缘起吧。

倪雅梅教授的原著在 2007 年由夏威夷大学出版社出版，这一年我硕士毕业后正式入职龙门石窟研究院。说来惭愧，我是到了 2015 年才看到这本书的电子版。此前我原希望自己能够深入研究龙门供养人这个课题，由于资质驽钝，所学专业和从事工作又有一定的距离，故而吃了许多苦头，还是没有找到合适的思路。

2015 年，哈佛大学艺术与建筑史系的汪悦进教授到龙门来考察，院里安排了一场座谈会。座谈会上，我向汪教授请教供养人的相关问题，汪教授给我推荐了雅梅老师的著作，我才知道海外学者对龙门石窟供养人的关注已经有专著面世。我此时的心情也很复杂，很明显，我的计划要搁浅了，难免有点怅然若失；但是另一方面也很好奇，特别想看看这本书，看看作者的思路是怎么样的，她是从什么角度切入来研究供养人这个群体的。

我的同事——北京大学硕士研究生李澜通过各种渠道从网上帮我下载了一本电子书。我先通读了一遍，雅梅教授没有囿于对造像艺术、造像风格的讨论，而是挖掘龙门供养人背后的故事，史料丰富得超乎我的想象，这和雅梅教授对此类相关议题的熟悉程度息息相关，而这也正是我所欠缺的。合上书本的时候，我就萌生了一个想法,要把这本书翻译出来,我有责任和义务来做这件事情。

再说说翻译的过程。

说实话,当我决定翻译这本书的时候,内心是很惶恐的。虽说我大学时的专业是英语,但是面对这样一本佛教等专业术语随处可见、资料征引丰富磅礴的专业书籍,还是预感到自己会面临巨大的考验,除此之外,作者还引用了日文、意大利文等语种的著作,这方面挑战也是不小的。前三章的翻译非常慢,我一遍遍地去体会作者在文中想要表达的意思,更要艰难地找资料核查原文,对照核实专业用语。说实话,我曾不止一次想要放弃,但是一想到作者写作过程中必有的梳理资料的艰辛,想到文化交流之间的障碍,努力工作的决心就再一次被激起。走吧!既然决定了,就要向着标杆直奔。

这本译著如果没有众多师友的帮助是无法完成的。我的同事李澜和李兴隆在最初的阶段给我提供了很多帮助,不管电脑方面的技术问题还是资料搜集问题,只要我对他们一讲,他们夫妻二人总是欣然相助,帮我解决了很多难题。

更为幸运的是我有一个精通日语的师弟——洛阳师范学院的陈巍博士。他在日本待过,还有日文译著出版,所以有关的日文文章我都向他请教,着实给他带来了很多麻烦,但是他从来没有推辞过。

2016和2017年,家庭惨遭变故,我失去了婆婆和母亲,因为极度痛苦,翻译工作也被迫中断,断断续续直到2018年春才完成初稿。之前我是不敢告诉其他人我在从事这项工作,因为我这个人总是口号大于行动,生怕自己将来半途中辍,没法给外人交代。

随后，我进行了第一次校对，恰逢此时我的妹妹陈向阳在美国加州某大学访学，初译稿中一些理解含糊不清楚的地方，妹妹就通过请教美国本地教师，和我不断斟酌修改，算是基本上将顺成型。至此，我想应该找专家来给这本书把关了。联系了几位都被拒绝，因为校译工作并不比翻译工作轻松，两种文字的对照、注释的核对，工作量也非常繁重。

正在我苦于找不到专家校对译稿的时候，北京大学李崇峰教授建议我直接找雅梅教授，请她推荐她的助手或博士来完成校译，这样有问题的话可以直接沟通，使翻译更加精准，接近作者的本意。也算是机缘巧合，美国芝加哥大学东亚艺术中心副主任蒋人和（Katherine R. Tsiang）于 2016 年 10 月来龙门考察并在研究院做了一次讲座。《龙门石窟供养人研究》一书中引用了蒋教授的一些观点，我便向她请教了一些相关问题，并向她询问了雅梅教授的联系方式。蒋教授回去后很快就通过 e-mail 把雅梅的邮箱地址发给了我，随后还把自己关于龙门的研究成果发给我，真的非常感谢蒋教授的热心相助。

写信给雅梅教授说明情况后，我很快收到回信。雅梅教授非常亲切热情，并推荐高足赵诣博士和朱品岩博士来帮助我完成校译的工作。面对这份额外的重担，两位博士不仅要应对自己在堪萨斯大学繁重的工作和科研任务，还要抽出时间来校对，付出了很多时间和精力。这样时间又过了一年半，2019 年底，终于把稿子交给了中华书局。中华书局的书稿审校要求非常严格，每处引文都要求提供原文，以便核对。我和赵诣、品岩分头行动再次找原文拍照、扫描，尽量按照要求去做。此时有一个大的障碍就是疫情，中美两国大学图书馆全部关闭，所以我们只能尽可能地通过各种渠道搜集线上资料，没有线上资料的，我们就向师友求助，终于算是基本达到了要求。

最后想说说中华书局。

非常感谢单鹏师弟，在他的推荐下，本译稿遇到了中华书局的贾雪飞女士，她认可本书的学术和翻译价值，并负责项目对接的全部工作。丁睿女士对书稿近乎严苛的校对，最大限度地减少了文中的错讹，让我有更多底气来面对这部译稿。黄飞立先生负责后期的工作，不变的是严谨、高效和温和。在与他们三位接触的过程中，我深深感受到中华书局严肃、严谨、严格的大社风范。

感谢贺志军和张亚光为本书提供的部分照片。感谢王艳在扫描、打印、排版方面给我提供的帮助。感谢龙门石窟研究院和洛阳理工学院为本书提供的资助。

掩卷之余，内心并不能完全轻松下来。信、达、雅为译事三难，虽然尽力追求忠实于作者的本意，但我才疏学浅，错讹之处定然存在，恳请各位师友斧正指教！

335
译
后
记

陈朝阳

庚子年七夕于洛阳理工学院开元校区